▶ 中国服务经济丛书

中国服务业：

China's Service 发展与转型

Industry

DEVELOPMENT AND TRANSFORMATION 姜长云 著 ◀

山西出版传媒集团　山西经济出版社

序　言

当今世界，服务业已成为经济社会发展的战略引擎，成为世界经济增长的重点所在。服务业的兴旺发达，是现代经济的重要特征，也是国家竞争优势的重要解释变量。各国工业化、信息化、城镇化、市场化、国际化的深入发展，以及产业结构（供给结构）、需求结构、要素投入结构和产业组织结构的调整升级，正在与服务业发展之间形成广泛深入的互动效应。与此同时，我国发展中不平衡、不协调、不可持续的问题仍然比较突出，加快转变发展方式的要求日趋强烈，迫切要求加快发展服务业，加快形成三次产业在更高水平上协同发展的格局。《国民经济和社会发展第十二个五年规划》提出要以科学发展为主题，以加快转变经济发展方式为主线，坚持把经济结构战略性调整作为加快转变经济发展方式的主攻方向，把推动服务业大发展作为产业结构优化升级的战略重点。推动服务业大发展，有利于顺应我国发展的新的阶段性特征，推动经济社会结构加快转型，是推进经济发展方式转变的重要突破口。

"十二五"时期，是我国经济社会发展的重要战略机遇期，也是推动我国服务业大发展的良机。在此期间，我国全面建设小康社会正处于关键时期，深化改革开放、加快转变经济发展方式正处于攻坚时期。错过"十二五"，就会错过推动服务业大发展的契机！

在"十二五"期间，加快发展服务业，有一系列有利条件，也面临着严峻制约和挑战。特别是，我国经济社会发展面临若干重大阶段性乃至"拐点性"变化，为加快发展服务业提供了特殊机遇和新的要求。一是从2011年开始，我国城市人口将超过农村人口。这意味着城市发展和城市化对服务业发展的拉动作用将明显增强，城市生产方式和生活方式对发展方式转变的带动效应将显著增强。二是我国在总体上处于从中等收入国家向中等发达国家迈进的阶段，需要时刻警惕"中等收入陷阱"。这就要求我国通过发展服务业，在鼓励创新创业和扩大就业，在解决民生问题、缓解社会矛盾、增进社会和谐方面有更大作为。三是到"十二五"末，服务业很可能同时成为三次产业中占国内生产总值比重最高、吸纳就业人数最多的产业。因此，在产业结构优化升级和现代产业体系建设中，更需要把促进服务业大发展放在突出地位，在更广领域、更深层次上推进服务业与三次产业融合发展、协同发展和互动发展。四是我国人口老龄化进一步深化，由此将会深刻影响服务业的人才和劳动力供给，并深刻影响服务业需求（结构）和重点产业选择。到"十二五"末，我国 65 岁及以上老人占总人口的比重很可能超过 10%，60 岁及以上人口很可能超过 2 亿人。

在此背景下，加强对服务业发展的理论和政策研究至关重要。这也是许多发达国家加快服务业发展的重要经验之一。为了从理论与实践的结合上，更好地促进我国服务业发展的理论和政策研究，山西经济出版社邀请我担任主编，推出这套山西省重点图书——"中国服务经济丛书"。本套丛书冠名"中国服务经济丛书"，主要有两个原因。一是服务经济是以服务业为主导的经济形态，代表着以现代服务业为主导的发展方式；在发展服务经济的过程中，必须以发展服务业和促进服务业与三次产业融合发展为重点。这些恰好是本套丛书关注的重点。二是无论当前是按照服务业增加值占国内生产总值的比重，还是按服务业就业占全社会就业的比重，我国都还没有进入服务业占主导地位的服务经济时代。但是，我国已有部分地区、部分行业在发展服务经济方面走在全国前列，发展服务经济同样不可错过战略机遇期。2010 年，在我国 36 个省会城市和计划单列市中，已有 16 个城市服务业占国内生产总值的比重超过 50%。

本丛书的作者主要来自国家发改委宏观经济研究院。基于作者们的研究专长和工作特点，考虑当前国内服务业或服务经济图书市场的状况，本套丛书将力求突出 3 个特点：其一，突出宏观性或战略性。本套丛书大多针对中国服务业发展的宏观性、战略性问题，尽可能进行深入分析。虽有个别书的内容偏重于微观分析，但它关注的内容也是中国服务业发展中较为重要的战略性问题，或较具成长性的领域。其二，突出前瞻性和前沿性。邀请一批主要从事服务业或服务经济理论，特别是政策研究的学者，就中国服务业和服务经济发展的前沿问题进行前瞻性分析，避免空谈，力戒无病呻吟。其三，突出现实指导性和可读性。本套丛书力求有别于主要介绍国际经验或服务业发展一般理论的图书，坚持理论联系实际的原则，针对中国服务业或服务经济发展的现实问题进行探讨，并提出建设性意见。本套丛书还力求增强文字的可读性。当然，本套丛书实际上能否体现以上 3 个特点，最权威的评判是读者，而不是我们作者自己。

　　本套丛书的出版，首先应该感谢山西经济出版社的慷慨支持，尤其是总编辑赵建廷编审和第一编辑室主任李慧平副编审，他们对出版本套丛书的热情支持让我们感动，他们良好的敬业精神和优秀的专业素质，为提高本书编辑质量提供了保证。赵建廷先生和李慧平女士是我多年的老朋友，我多次受益于他们的支持，这次我又荣幸地获邀担任本套丛书的主编，借此机会感谢他们和山西经济出版社对我的信任，是必须的！本套丛书出版，还要感谢各位作者所在单位，尤其是国家发改委宏观经济研究院及其产业经济与技术经济研究所、经济体制与管理研究所提供了良好的科研环境。

　　实施"十二五"规划，等于吹响了服务业火热发展的号角。近年来，我国服务业发展的实践如火如荼，对加强服务业和服务经济研究的需求日趋旺盛。但是，坦率地说，我国服务业、服务经济发展的理论和政策研究，同推动服务业大发展的需求仍有很大差距。但愿本套丛书在加强服务业、服务经济理论和政策研究方面能够真正的有所贡献！但愿本套丛书能让广大读者，真正的有所启发，则幸甚！

2011 年 12 月 17 日
于北京西城区国宏大厦

目　录

第一编　总　论

第二编　家庭服务业

第一编 总 论

第一章 中国服务业发展的回顾与评论

《中华人民共和国国民经济和社会发展第十二个五年规划纲要》明确提出要"以科学发展为主题,以加快转变经济发展方式为主线","坚持把经济结构战略性调整作为加快转变经济发展方式的主攻方向","把推动服务业大发展作为产业结构优化升级的战略重点,营造有利于服务业发展的政策和体制环境"。在"十二五"期间,能否抓住和用好重要战略机遇期,促进经济长期平稳较快发展和社会稳定和谐,促进经济发展方式转变取得实质性的进展,为全面建成小康社会打下具有决定性意义的基础,服务业发展至关重要。

为了深入探讨"十二五"乃至更长时期内中国促进服务业大发展的战略思路和对策选择,本章将对新世纪以来中国服务业发展的状况进行回顾和评论。除特别说明外,本章的服务业等同于第三产业。

一、中国服务业发展的回顾与现状

(一)服务业规模迅速扩大,其增长速度明显快于国内生产总值(GDP)

2000～2010年,按当年价计算的全国服务业增加值,由38714.0亿元增加到173087.0亿元,增加了3.47倍(见表1-1)。同期,按2005年不变价计算的全国服务业增加值,由45488.3亿元增加到131486.5亿元,增加了2.89倍,明显快于20世纪最后一个10年(1990～2010年10年间增加了1.6倍,见图1-1)。按五年规划期计算,"十五"和"十一五"期间,按2005年不变价计算的全国服务业增加值分别年均递增 10.5% 和 11.9%；"十一五"期间，按不变价计算的全国服务业增加值的增长明显快于"十五"、"九五"和"八五"时期。[①]在"十五"和"十一五"期间，按不变价格计算，服务业增加值的年均增长速度，分别比 GDP 的年均增长速度快 0.73 个百分点和 0.71 个百分点。

表 1-1 2000 年以来中国工业和服务业增加值变化情况　　　　单位：亿元

年份	按 2005 年不变价格计算		按当年价格计算	
	工业	服务业	工业	服务业
2000	46067.76	45488.39	40033.6	38714.0
2001	50061.95	50154.32	43580.6	44361.6
2002	55053.36	55391.59	47431.3	49898.9
2003	62073.11	60655.45	54945.5	56004.7
2004	69217.73	66755.23	65210.0	64561.3
2005	77230.8	74919.3	77230.8	74919.3
2006	87175.1	85511.6	91310.9	88554.9
2007	100170.1	99179.7	110534.9	111351.9
2008	110117.4	109497.4	130260.2	131340.0
2009	119731.4	119969.4	135239.9	148038.0
2010	134338.7	131486.5	160029.6	171005.4

注：在本表、表 1-2 和图 1-1 中，2010 年的不变价格数据根据《中国统计年鉴》(2011)中 2009 年不变价格国内生产总值和 2010 年国内生产总值指数计算。

---

①在"八五"和"九五"期间，按 2005 年不变价计算的全国服务业增加值分别年均递增 10.9% 和 9.5%。本书数据凡未注明出处者，均据历年《中国统计年鉴》、2011 年《中国统计摘要》和《中华人民共和国 2010 年国民经济和社会发展统计公报》整理。

亿元

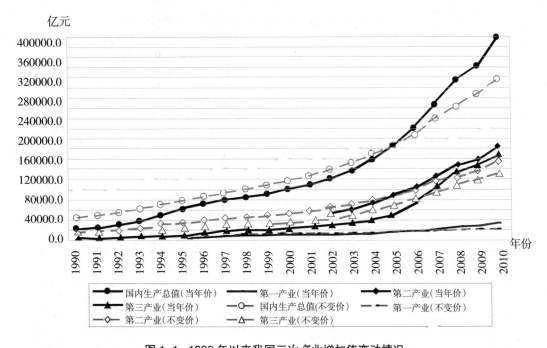

图 1-1 1990 年以来我国三次产业增加值变动情况

(二)服务业占 GDP 比重呈总体提高态势,已较为稳定地超过工业

按当年价格计算,2000~2010 年,全国服务业占 GDP 的比重由 39.0%提高到 43.1%,10 年间提高了 4.1 个百分点;尽管相对于 20 世纪的最后一个 10 年,服务业占 GDP 比重的提高幅度有所放慢,①但"十一五"期间服务业占 GDP 比重的提高幅度,已明显快于"十五"期间。在"十一五"期间的 5 年中,服务业占 GDP 的比重提高了 2.6 个百分点,比"十五"期间快 1.1 个百分点。与此同时,服务业占 GDP 的比重,2001 年首次超过工业,其后年份有所反复,但从 2007 年开始稳定地超过工业。相对于其他产业,服务业占 GDP 比重的提高,与其价格水平的提高有很大关系。按 2005 年不变价计算,2000~2010 年,全国服务业占 GDP 的比重仅提高了 2.6 个百分点,其中"十一五"期间的 5 年中提高了 1.3 个百分点;分别占按当年价格计算服务业比重提高幅度的 63.4%和 50.0%。

①按当年价格计算,1990~2000 年 10 年间,全国服务业占 GDP 的比重提高了 7.4 个百分点;尤其是"九五"期间,全国服务业占 GDP 的比重提高了 6.1 个百分点。

表 1-2　2000 年以来中国三次产业增加值结构的变化　　　　　　　单位：%

年份	按当年价计算				按 2005 年不变价计算			
	第一产业	第二产业	其中工业	第三产业	第一产业	第二产业	其中工业	第三产业
2000	15.1	45.9	40.4	39.0	15.9	45.1	39.7	39.2
2001	14.4	45.1	39.7	40.5	15.1	45.2	39.8	39.9
2002	13.7	44.8	39.4	41.5	14.3	45.5	40.1	40.4
2003	12.8	46.0	40.5	41.2	13.3	46.6	41.1	40.2
2004	13.4	46.2	40.8	40.4	12.8	47.0	41.7	40.2
2005	12.1	47.4	41.8	40.5	12.1	47.4	41.8	40.5
2006	11.1	47.9	42.2	40.9	11.3	47.7	41.8	41.0
2007	10.8	47.3	41.6	41.9	10.3	48.0	42.1	41.7
2008	10.7	47.4	41.5	41.8	9.9	48.2	42.2	42.0
2009	10.3	46.3	39.7	43.4	9.4	48.5	42.0	42.1
2010	10.2	46.9	40.2	43.1	8.9	49.3	42.7	41.8

（三）服务业固定资产投资迅速扩张，吸纳就业的作用迅速显现

未扣除价格因素，2005~2010 年，全国服务业固定资产投资总额由 47613.2 亿元增加到 152096.7 亿元，年均递增 26.2%，增速略快于全社会固定资产投资总额的增长速度（25.7%）。

同期，服务业固定资产投资占全社会固定资产投资总额的比重在波动中略有提高（见图 1-2 和图 1-3）。

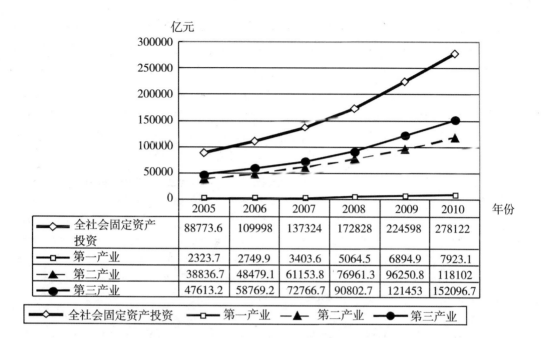

亿元	2005	2006	2007	2008	2009	2010
◇ 全社会固定资产投资	88773.6	109998	137324	172828	224598	278122
□ 第一产业	2323.7	2749.9	3403.6	5064.5	6894.9	7923.1
▲ 第二产业	38836.7	48479.1	61153.8	76961.3	96250.8	118102
● 第三产业	47613.2	58769.2	72766.7	90802.7	121453	152096.7

◇ 全社会固定资产投资　□ 第一产业　▲ 第二产业　● 第三产业

图1-2　2005年以来全社会固定资产投资情况

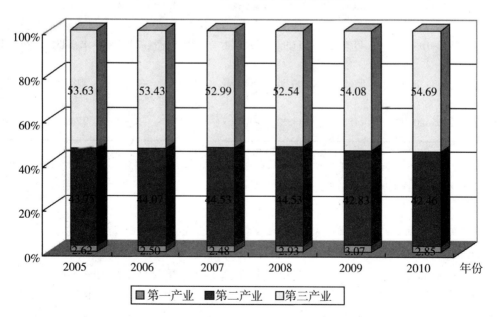

图1-3　2005年以来服务业占全社会固定资产投资比重的变化

与此同时，服务业吸纳就业的作用迅速显现。2001~2010年，全国服务业新增就业人数6508.96万人，相当于全社会新增就业人数的161.9%，超过第二产业新增就业人数885.95万人。在"十一五"期间，服务业新增就业人数虽然低于第二产业，但服务业占全社会新增就业人数的比重却高达198.4%，超过"十五"期间的141.1%（见表1-3）。因此，近年来，服务业占全社会就业人数的比重逐步提高，由2000年的27.5%提高到2010年的34.6%，10年间增加了7.1个百分点，"十一五"期间增加了3.2个百分点。

表1-3 20世纪90年代以来服务业新增就业人数及其占全社会新增就业人数之比重

1990~2000年	就业人数增量（万人）				占同期新增就业人数比重（%）		
	合计	第一产业	第二产业	第三产业	第一产业	第二产业	第三产业
1990~2000年	7336	−2871	2363	7844	−39.1	32.2	106.9
其中 1990~1995年	3316	−3384	1799	4901	−102.1	54.3	147.8
1995~2000年	4020	513	564	2943	12.8	14.0	73.2
2000~2010年	4020	−8111.97	5623.01	6508.96	−201.79	139.88	161.91
其中 2000~2005年	2562	−2600.64	1546.86	3615.78	−101.51	60.38	141.13
2005~2010年	1458	−5511.32	4076.15	2893.17	−378.01	279.57	198.43

注：本表根据《中国统计年鉴》（2011）中按三次产业分就业人员数（年底数）计算。在本表中，1990~2000年基期为1990年，其余按此类推。

（四）服务贸易呈现规模扩张、比重提高的态势，服务业利用外资在总体上快于制造业

2000~2009年，中国服务贸易进出口额由660亿美元增加到2867亿美元，年均递增17.7%。其中服务贸易出口额和进口额分别年均增长17.5%和17.9%，因此服务贸易逆差基本上呈现扩大态势，由2000年的58亿美元扩大到2009年的295亿美

元，年均递增 19.8%。①与此同时，中国服务贸易占世界的比重，也呈现明显的提高趋势。2000~2009 年，中国服务贸易进出口额占世界的比重由 2.2% 提高到 4.5%，中国服务贸易出口额占世界的比重由 2.0% 提高到 3.9%，中国服务贸易进口额占世界的比重由 2.5% 提高到 5.1%。到 2009 年，中国对外贸易总额 24930 亿美元，其中服务贸易和货物贸易分别占 11.5% 和 88.5%。在中国服务贸易进、出口额中，居于前三项的均为旅游、其他商业服务和运输。②近年来，中国服务贸易结构的变化情况（见图 1-4 和图 1-5）。

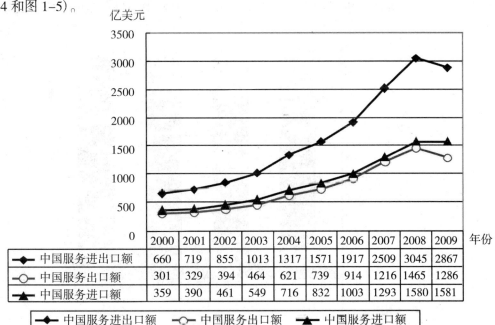

年份	2000	2001	2002	2003	2004	2005	2006	2007	2008	2009
中国服务进出口额	660	719	855	1013	1317	1571	1917	2509	3045	2867
中国服务出口额	301	329	394	464	621	739	914	1216	1465	1286
中国服务进口额	359	390	461	549	716	832	1003	1293	1580	1581

◆—中国服务进出口额　○—中国服务出口额　▲—中国服务进口额

图 1-4　2000 年以来中国服务贸易的增长情况

2006、2007 年，全国服务业外商直接投资总量分别较上年增长 34% 和 56%。③2010 年，全国服务业新设立外商投资企业 13905 家，同比增长 21.3%；实际使用外资金额 487.1 亿美元，同比增长 28.6%，分别占同期全国非金融领域新设立企业数和

①②此处根据中华人民共和国商务部网站"统计数据"栏目下"中国服务贸易统计 2010"相关数据整理。

③荆林波等主编：《中国服务业发展报告·NO.9——面向"十二五"的中国服务业》，第 4 页，北京，社会科学文献出版社，2011。

实际使用外资金额的 50.7%和 46.1%，增速明显快于制造业。同年，全国制造业和农、林、牧、渔业新设立外商投资企业数分别占非金融领域新设立外商投资企业数的 40.3%和 3.4%，实际使用外资金额分别占非金融领域实际使用外资金额的 46.9%和 1.8%。①到 2010 年年底，跨国公司在中国设立的研发中心已经超过 1400 家，较"十一五"末期增长近 1 倍。外资在华研发工作的重点，已由简单的市场应用服务转向基础研究和产品开发。在外资研发中心，从事先导技术研究的已近 50%，超过从事市场调试型研究的比重（40%）；并且超过 60%的研发中心将全球市场作为主要服务目标。②

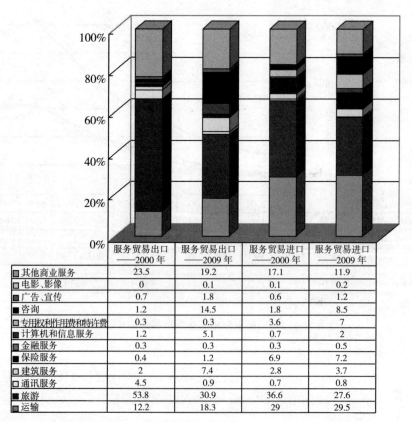

	服务贸易出口——2000 年	服务贸易出口——2009 年	服务贸易进口——2000 年	服务贸易进口——2009 年
▣ 其他商业服务	23.5	19.2	17.1	11.9
▢ 电影、影像	0	0.1	0.1	0.2
▪ 广告、宣传	0.7	1.8	0.6	1.2
▪ 咨询	1.2	14.5	1.8	8.5
▢ 专用权利用费和特许费	0.3	0.3	3.6	7
▪ 计算机和信息服务	1.2	5.1	0.7	2
▨ 金融服务	0.3	0.3	0.3	0.5
▪ 保险服务	0.4	1.2	6.9	7.2
▢ 建筑服务	2	7.4	2.8	3.7
▢ 通讯服务	4.5	0.9	0.7	0.8
▪ 旅游	53.8	30.9	36.6	27.6
▨ 运输	12.2	18.3	29	29.5

①姚坚：《2010 年我国吸收外资有三个主要特点》，《人民网——跨国公司频道》，2011 年 1 月 18 日。

②佚名：《"十一五"期间我国吸收外资质量水平稳步提高》，《中国新闻网》，2010-11-08。

（五）重点行业、重点地区服务业快速发展，新领域、新业态、新热点迅速形成

按不变价格计算，2000~2009 年，全国批发和零售业、金融业增加值分别年均递增 11.4%和 11.9%，增速分别快于同期服务业增加值 1.2 个和 1.7 个百分点。2009 年，服务业增加值位居全国各省（市、区）前 6 位的广东、江苏、山东、浙江、北京和上海等 6 省、市，合计占全国服务业增加值的 47.6%。同年，人均服务业增加值位居全国前 6 位的北京、上海、天津、浙江、广东、江苏等省、市，均位于京津冀或长三角、珠三角三大城市群，人均服务业增加值分别为 52303 元、46491 元、27726 元、19148 元、18731 元和 17643 元；服务业增加值占 GDP 比重位居全国前 6 位的北京、上海、西藏、贵州、广东、海南和天津 7 省（市、区），服务业增加值占 GDP 的比重分别为 75.5%、59.4%、54.6%、48.2%、45.7%、45.3%和 45.3%。2000~2009 年，在全国各省、市、区中，服务业增加值增长最快的前 6 个省分别是内蒙古、浙江、江苏、吉林、山东和贵州，其服务业增加值分别增加 234.3%、215.9%、210.4%、197.7%、193.4%、192.5%（见表 1-4 和图 1-6）。

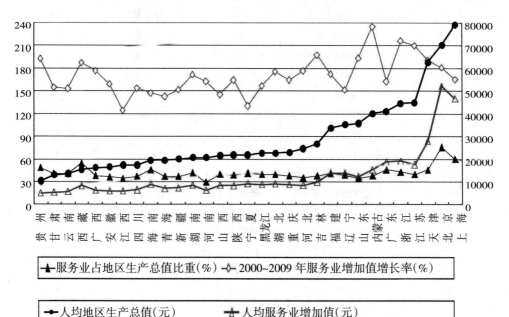

图 1-6 2000 年以来各省、市、区服务业增加值及其增长和占比情况

表 1-4 2000 年以来我国各省、市、区服务业发展情况之比较　　　单位：元、%

| 省、市、区 | 2009 年 | | | 2000～2009 年服务业增加值增长率 |
	人均地区生产总值	人均服务业增加值	服务业占地区生产总值比重	
北京	70452	52303	75.5	180.9
天津	62574	27726	45.3	190.8
河北	24581	8627	35.2	176.5
山西	21522	8423	39.2	145.0
内蒙古	40282	15262	38	234.3
辽宁	35239	13640	38.7	150.8
吉林	26595	10061	37.9	197.7
黑龙江	22447	8813	39.3	156.4
上海	78989	46491	59.4	165.3
江苏	44744	17643	39.6	210.4
浙江	44641	19148	43.1	215.9
安徽	16408	5973	36.4	159.3
福建	33840	13919	41.3	172.2
江西	17335	5950	34.4	124.0
山东	35894	12426	34.7	193.4
河南	20597	6009	29.3	162.7
湖北	22677	8963	39.6	176.2
湖南	20428	8434	41.4	171.4
广东	41166	18731	45.7	162.8
广西	16045	6011	37.6	177.1
海南	19254	8664	45.3	146.8
重庆	22920	8655	37.9	164.1
四川	17339	6352	36.7	153.8
贵州	10309	4965	48.2	192.5
云南	13539	5512	40.8	152.7
西藏	15295	8304	54.6	187.0
陕西	21688	8334	38.5	164.2
甘肃	12872	5173	40.2	154.8
青海	19454	7151	36.9	142.6
宁夏	21777	9017	41.7	130.5
新疆	19942	7355	37.1	150.9

注：在本表中，人均地区生产总值、人均服务业增加值分别根据按当年价计算的地区生产总值、服务业增加值除以年末人口数计算。服务业占地区生产总值比重按当年价计算。2000～2009年服务业增加值增长率根据各年《中国统计年鉴》中第三产业指数计算。由于统计资料限制，2006年前指数按可比价格计算，从2007年开始指数按不变价格计算。

近年来，在中国服务业迅速发展的同时，服务业创新活动蓬勃展开，新领域、新业态、新热点迅速形成，服务业发展的多样化和差异化格局逐步强化。如中国抓住国际服务业转移的机遇，积极发展服务外包等新兴业态，已成为国际第二大离岸外包目的地国家。到2010年年底，中国已登记的服务外包企业超过1万家，其中有离岸结汇记录的服务外包企业3000家以上。同年，中国在岸服务外包收入2381.2亿元人民币，同比增长36.1%；离岸服务外包收入144.5亿美元，同比增长43%。[①]到2010年，全国已有北京、上海、天津、大连等21个城市获得批准成为"中国服务外包示范城市"。这些成绩得益于信息化的支持带动，或通过促进服务业与文化、创意、科技结合，以及服务业内部不同行业融合，甚至服务业与工业、农业融合，新的服务业态、商业模式和经营方式不断形成。如总部经济、楼宇经济、网络经济、创意产业和动漫网游、电子商务、健康服务、环境服务、农业旅游、劳务派遣等。与此同时，服务业分工日益分化和细化。以家庭服务业为例，除家政服务外，还包括社区服务、家外病患陪护服务、养老助残服务、家庭外派委托服务、家庭专业（特色）服务和其他家庭服务业；家庭服务业的职业范围除保姆、病患陪护等传统职业外，还包括少儿托管、营养配餐、居家养老、家庭开荒保洁、涉外家庭服务员，以及家庭教师、家庭医生、家庭顾问、月嫂、育婴师、专业陪聊、家政咨询师等新的职业。

（六）服务业规模化、标准化、品牌化迅速发展，各具特色的服务业集聚区、功能区迅速形成

在服务业迅速发展的同时，一批服务业龙头企业、领军人物迅速成长，成为推进服务业规模化、标准化和品牌化的中坚力量与生力军（见案例1-1）。如腾讯公司、阿里巴巴等网络企业已经深刻影响并将加快影响社会的生产方式和生活方式。目前，腾讯公司已成为中国最大的互联网综合服务提供商之一，也是中国服务用户最多的互联网企业之一。阿里巴巴已成为中国最大、世界第二大网络公司。家庭服务业中的阳光大姐服务有限公司先后获得全国"三八"红旗集体、山东省富民兴鲁劳动奖

---

①佚名：《服务外包业驶入高速路》，《国际商报》，2011-06-01。

章等荣誉称号，是全国家庭服务业标准化试点单位、山东省著名商标。郑州爱馨养老集团 1993 年成立时只有 42 张床位，到 2010 年年初已成为拥有 8 家法人单位、6 家实体养老机构的大型养老集团，拥有资产近 3 亿元。该集团正在运营的 3 家养老机构入驻老人 500 多位，拥有职工近 300 人。为了提高服务品质，近年来，该集团始终注意加强员工培训，鼓励和资助员工考取职业资格证书。到 2009 年年底，在全国养老护理员中，拥有护理员资格证书的仅 10%左右，而爱馨养老机构的护理人员持证率已达 45%。

案例 1-1

近年来，山东盖世国际物流集团加快与国际或国家管理标准体系接轨，先后被评为中国 5A 级物流企业、中国物流示范基地、中国物流百强企业、中国物流产学研基地、"2010 中国物流杰出企业"。该集团 1998 年从 30 万元资金、300 亩土地起步，已由一个小型配货中心发展成全国最大的综合型物流园区之一，被山东省政府列为省级"重点服务业园区"和"重点服务业企业"。迄今为止，该集团已探索形成了储运、流通、综合服务三大功能园区互为依托、优势互补的运作模式，打造了包括水产、茶叶、粮食、蔬菜、酒水、农资等产品在内的一站式购齐交易平台，成为全国食品冷链物流定点联系企业，配套建设了宾馆、写字楼、信息中心、加油站、超市、汽修厂、消防站等综合服务设施。到 2010 年年底，该集团已入驻近千家国内外知名企业，农贸大市场的经营商户已达 1100 家，形成了以中远、格力等大型知名企业为主体的客户群，2010 年园区实现销售收入 220 亿元。从 2009 年开始，该集团通过连锁复制方式输出管理，在聊城等市县开发建设高标准物流园区。

（资料来源：山东盖世国际物流集团。）

与此同时，推进服务业集聚区、功能区建设，促进服务业聚集发展，打造现代服务业发展载体，成为近年来许多地方发展服务业的新趋势（见案例 1-2）。上海市早在 2004 年就提出了构筑现代服务业集聚区的工作设想。到 2011 年年初，该市 20 个现代服务业集聚区已初具规模。江苏、浙江、广东等省现代服务业集聚区建设也在加快推进。2010 年《国家发展改革委关于开展服务业综合改革试点工作的通知》明确提出，把建设生产性服务业集聚发展示范区作为试点的五大任务之一。从国际经验和中国实际来看，现代服务业集聚区大致有以下几种形式：微型 CBD、总部基地、软件与服务外包基地、科技创业园、创意产业园、物流园区、生产性服务集聚区、新型专业市场、文化商旅聚集区等。①这些现代服务业集聚区可能位居于不同规模、不同层级的城市内部，也可能临近现代制造业或现代农业基地。许多地方通过加强服务业集聚区、功能区建设，引领和带动了服务业的集聚集群发展，还有效促进了产业结构优化升级、产业集群和老城区改造，加快了城镇化和城市功能转型的进程。如上海市闸北区作为该市 9 个中心城区之一，已初步形成苏河湾高端商务商业集聚区、市北高新技术服务业园区、中国上海人力资源服务产业园区、多媒体谷、上海大学科技园等现代生产性服务业集聚区。

案例 1-2

台州先进制造业服务聚集区，已被列为浙江省现代服务业试点示范项目，成为浙江省首批省级现代服务业集聚示范区。该项目充分利用台州市东环大道星星电子集团的闲置厂房资源，面向台州市船舶制造业、汽摩配件产业、塑料模具产业等制造业增强竞争力的需求，按照"依托产业，面向产业和服务产业"的基本方针，"聚集要素，集成服务，集约运作"，构筑支撑先进制造业发展的生产性服务业平台，打造面向台州和浙东南的综合生产性服务集聚区，集特色制造业产品和原材料展示、采购代理、研发设计、金融服务、物流配送和电子商务等多种服务于一体。台州先进制造业服务集聚区以供应链管理理念为指导，以现代信息技术为支撑，打造"一区五中心五平台"的现代化、专业化、网络化的生产性服务业集聚模式，形成以集聚区综合管理中心为统领，以船舶、汽车零部件、金属材料、塑料模具 4 大先进制造业产业服务中心为重要载体，集信息服务、现代物流、金融服务、研发设计和集成营销等各类先进制造业功能服务平台于一体的生产性服务业综合体系。其中，台州船舶产品服务中心和台州汽车零部件产业服务中心分别已于 2007 年 4 月和 2008 年6 月开业。

（资料来源：笔者 2008 年对浙江台州市的调查。）

（七）政策体系和发展环境逐步完善，服务业改革加快推进

进入新世纪以来，尤其是"十一五"以来，从中央到地方层面，中国支持服务业发展的政策纷纷出台，服务业发展的政策环境不断改善。2002 年召开的中共十六

---

①浙江省发改委课题组：《加快浙江生产性服务业发展的若干意见》，《改革与发展研究》，2008 年(5)；浙江省发改委课题组：《现代服务业集聚区建设若干问题研究》，浙江省发改委网站，2009-12-10。

大提出，"推进产业结构优化升级，形成以高新技术产业为先导、基础产业和制造业为支撑、服务业全面发展的产业格局"。"加快发展现代服务业，提高第三产业在国民经济中的比重"。2007 年召开的中共十七大提出，要"促进经济增长……由主要依靠第二产业带动向依靠第一、第二、第三产业协同带动转变"，"发展现代服务业，提高服务业比重和水平"。2007 年出台的《国务院关于加快发展服务业的若干意见》，明确了加快发展服务业的总体要求和主要目标，提出要大力优化服务业发展结构，科学调整服务业发展布局，积极发展农村服务业，着力提高服务业对外开放水平，加快推进服务业改革，并加大投入和政策扶持力度，不断优化服务业发展环境，加强对服务业发展工作的组织领导等。同年还召开了全国服务业工作会议。2008 年，《国务院办公厅关于加快发展服务业若干政策措施的实施意见》出台。为应对国际金融危机，国务院又出台了《物流业调整和振兴规划》。嗣后，《国务院关于推进上海加快发展现代服务业和先进制造业建设国际金融中心和国际航运中心的意见》、《国务院关于加快发展旅游业的意见》等一系列涉及服务业发展的政策文件相继出台。

在中央政府的带动下，相关部门和地方政府密集出台了加快服务业发展的相关政策规定，服务业发展的政策环境不断改善。如财政部和国家税务总局出台了《关于扶持动漫产业发展有关税收政策问题的通知》等。江苏省相继出台了《关于加快建设现代服务业集聚区的意见》、《促进国际服务外包产业加快发展的若干政策意见》、《关于印发江苏省服务业提速计划的通知》、《关于印发进一步加快发展现代服务业若干政策的通知》和《江苏省省级现代服务业（金融业）发展专项引导资金管理暂行办法》等政策文件。山东省 2008 年就出台了《关于培育山东省服务业三大载体的意见》，提出集中培植 50 个重点服务业城区，重点培育 50 个重点服务业园区，重点培植 100 户重点服务业企业。

与此同时，服务业改革不断向广度和深度推进。农村金融改革、文化体制改革、医药卫生体制改革、科技服务体制改革、资本市场等方面的改革取得积极进展。值得重视的是，为积极探索加快发展服务业的有效途径，进一步创新发展模式，完善体制机制和政策环境，2010 年国家发改委首次决定在全国开展服务业综合改革试点工作，并在《服务业综合改革试点实施方案》中明确提出，要以加快发展服务业关键领域、薄弱环节为主线，以改革为动力，重点围绕培育主体功能突出的国家或区域服务业中心、建设生产服务业集聚发展示范区、创新生活服务业发展方式、完善农业综合服务体系、科学调整服务业结构和布局等 5 个方面进行试点。同年，全国已有青岛、济南、成都等 37 个城市（地区）成为全国首批服务业综合改革试点区域。

山东省 2005 年就出台了《关于进一步深化改革优化服务业发展环境的意见》。早在 2008 年，河南省就选择郑州、洛阳、开封、鹤壁市和固始县为省级服务业综合改革试点市（县）。2010 年，浙江省按照全省转变经济发展方式综合配套改革试点工作的总体部署，将金华市列为全省唯一的现代服务业发展综合配套改革试点。从 2010 年开始，上海、安徽、江苏、陕西、山东、湖北等省市，陆续开展了省级服务业综合改革试点工作。

二、中国服务业发展的主要经验

（一）加强对服务业的战略引导和规划统筹，完善服务业发展的政策环境

近年来，我国部分省（市、区）发展服务业成效显著，一个重要经验是，从战略和规划上加强对服务业发展的引导和统筹，完善服务业发展的政策环境。如 2000~2009 年服务业增加值增长率最高的内蒙古自治区，很早就制定了《内蒙古自治区 2004~2010 年第三产业发展规划纲要》，早在 2004 年就出台了《内蒙古自治区加快发展第三产业若干政策的规定》。近年来，服务业增加值增长较快的山东省，2004年就出台了《山东省人民政府关于振兴服务业的意见》，成为少数几个专门制定"十一五"服务业发展规划的省（市、区）之一，2011 年还出台了全国首个家庭服务业发展五年规划。上海市杨蒲区基于建设知识创新区的战略构想和发展规划，通过大力发展现代服务业推进城区功能转型的经验，也为我们提供了一个很好的案例（见案例 1-3）。

案例 1-3

20 世纪 90 年代，随着传统大工业优势的迅速弱化，上海市杨蒲区作为老工业城区的问题迅速凸显起来：产业结构老化，企业竞争力明显减弱，就业等社会负担沉重，历史遗留问题多，区级财政薄弱，城市基础设施落后。工业企业从 1200 家锐减到 200 家，产业工人由 60 万人锐减到 6 万人。为走出困境，杨蒲区曾寄希望于重振国有企业雄风，依靠大市政建设拉动和黄浦江综合开放带动；也尝试过通过导入大量人口和高强度建设住宅区，但均没有成功。2003 年以来，杨蒲区按照高起点、高水平加快杨蒲知识创新区开发建设的战略构想，坚持把老城区改造同发展知识经济和现代服务业结合起来，按照大学校区、科技园区和公共社区"三区融合，联动发展"的思路，整合发展资源，凝聚创新要素，推动官产学研用合作和公共服务平台建设，营造产业集聚环境，优先发展知识型生产性服务业，优先发展高新技术产业，

调整提升都市型产业，稳步提升基础性服务业，基本形成了以知识经济为特色、现代服务业为主导，富有活力和竞争力的新型产业体系，成功打造为全国首批"国家创新型试点城区"。2010 年，服务业占全区 GDP 的比重已达 76%，基本形成了汇集国内外风险投资机构的风险投资服务体系；以科技、金融、产业良性互动为特征，担保、风险投资、私募基金、知识产权质押、集合信托等多元发展的融资服务体系；以联合国南南全球技术产权交易所、环境能源交易所为代表的要素市场服务体系和包括全球创意经济城等项目的国际技术转移中心；以知识产权园为代表的咨询服务体系；由中国（上海）创业者公共实训基地和大学生科技创新基金引领的创业服务体系；由海外高层次人才基地、人才广场引领的人才服务体系；初步健全了从初创、成长到产业化不同阶段有机衔接的创新服务体系。

近年来，杨蒲区在发展现代服务业、建设知识创新区的过程中，坚持改革先行、开放带动和创新驱动。该区着力激发大学在城区转型发展中的智力引擎作用，通过打破大学围墙，支持大学就近拓展做大做强，培育区校联动、区校一体发展机制，搭建区、校、企业产学研战略联盟，积极引导大学资源向社区开放，并外溢转化为现代服务业或高新技术产业集群，已有 4300 余家中小科技企业在大学周边集群发展。为支持知识经济和现代服务业发展，杨蒲区坚持土地供应优先向高等学校、科研院所及研发孵化、科技商务、创意产业等倾斜，盘活旧区动拆迁、老厂房改造的土地资源，打造创意产业、高新技术或现代服务业集聚区，甚至结合规划，把高档社区建设同引进人才和创新企业结合起来。通过大力实施国际化战略，该区积极疏通运用国际先进理念、技术和人才，带动服务业发展和自主创新的渠道；吸引了一批跨国公司和国际高端研发机构向杨蒲集聚，已先后引进西门子和德国大陆集团等跨国公司总部进驻，并与位于杨蒲的高校、社区和企业对接，带动创新要素集聚和产业升级。该区还与美国硅谷银行合作，邀请其在杨蒲设立上海代表处，共同组建中早期风险投资基金、引导基金管理公司、股权估值公司和小额科技贷款公司。该区已建成的环同济知识经济圈国家级研发设计服务产业地和 6 个国家级、9 个专业化大学科技园，滨江、大连路海上海、五角场 800 号等 14 个创意产业园区，创智天地、知识产权园、风险投资服务园、人才广场、大学生创业基金等一批公共服务平台，已成为杨蒲区加快现代服务业发展和业态创新的重要载体与平台。

（资料来源：2011 年 6 月在上海市杨蒲区调研期间杨蒲区发改局提供。）

（二）坚持改革开放的基本方略，完善服务业发展的体制机制

近年来，我国服务业发展的经验表明，在哪些地区、哪些领域，服务业改革开放步伐较快，进而推进服务业市场化、产业化、社会化和国际化的机制较为健全，其服务业发展的势头、服务业企业的活力就较足。我国服务外包和互联网、手机等电信服务业的迅速发展足以说明这一点。相对于制造业，在体制机制和技术、理念、商业模式等方面，我国服务业发展的差距更大。因此，通过加快改革开放，完善服务业发展的体制机制，对于促进服务业发展往往起着更为突出的作用。案例 1-3 为此提供了一个生动的注释。上海市闸北区发展人力资源服务业的经验，也为我们提供了一个很好的说明（见案例 1-4）。加入 WTO 以来，中国电信服务业的迅速发展及其对中国经济社会发展提供的电信服务持续改善，足以说明开放对服务业发展的必要性和紧迫性。

案例 1-4

早在 2002 年，上海市就制定了人才市场发展战略，建立了人事与工商共同监管的制度，率先成立了上海第一家新型的行业协会——上海人才中介行业协会，依托其服务市场，自律发展。目前，上海市人力资源服务业已从政府主导阶段进入到市场完全放开阶段。随着对外开放的扩大，上海市人力资源服务业已经形成了国际商圈、亚太商圈、国内商圈、区域商圈和本地商圈等 5 个商圈的发展格局。世界排名前 10 位的人力资源综合服务企业中已有 6 家，高端人才咨询企业中已有 5 家进入上海为客户服务。2003 年以来，上海市人力资源服务业的营业收入，已由 2003 年的 40 亿元增加到 2010 年的 700 亿元。2010 年 6 月，中国上海人力资源服务产业园区经人社部同意筹建，2010 年 11 月正式挂牌。2010 年年底，入驻该园区的人力资源服务企业已达 47 家，涵盖人才中介、人事外包、人才培训、人事管理、人事代理、人才测评等服务内容，其中包括上海外服、任仕达、中智、上海人才网、智联人才等国内外知名的人力资源服务企业。为支持其发展，上海市人社局和园区所在的上海市闸北区建立了园区联席会议制度，还通过对园区范围内现有商务园区的功能调整，确立了以上海人才大厦为核心的人力资源服务产业集聚地、以上海人才培训广场为载体的人力资源培训机构集聚地、以上海人才大厦延伸楼宇为载体的人力资源服务外包产业基地。为促进园区人力资源服务企业的发展，闸北区还出台了《促进人力资源服务业发展实施意见》等优惠政策，积极吸引国内外知名的人力资源服务机构集聚，努力培育具有国际竞争力的本土人力资源服务企业。近年来，上海市闸北区

一直把人力资源服务业作为服务业对外开放和引进外资的重点之一。2010 年，引进的任仕达企业管理咨询（上海）有限公司属于首家外资劳务派遣公司。该园区还拟通过加强园区配套设施和公共服务平台建设等，进一步增强园区功能。

（资料来源：根据 2011 年 6 月在上海市闸北区调研期间座谈会资料整理。）

（三）积极发挥企业家对服务业发展的中坚作用，支持高端人才和领军人才成为服务业创新的生力军

计划经济是"官本位"的经济，市场经济是"企业家本位"的经济。近年来，中国在服务业迅速发展的同时，服务业结构不断优化，现代服务业的主导作用日趋增强。现代服务业由于其高度的顾客导向性、高知识和高技术含量、高人力资本特点，创新驱动成为其重要的动力特征。而创新恰恰是企业家精神的本质所在。在服务业尤其是现代服务业的发展中，企业家往往善于调动一切积极因素，整合一切可以利用的资源，推进服务业业态、商业模式和经营方式的创新（见案例 1-5）；甚至利用支持慈善、文化等公益事业的机会，提升企业的品牌形象，争取企业的发挥机会。因此，企业家往往是决定企业核心竞争力和可持续发展能力的关键要素。在许多服务业发展和创新的成功案例中，企业家的中坚作用清晰可见。

案例 1-5

郑州爱馨养老集团积极采取措施，多渠道开拓市场，增强开拓创新的能力和提供高品质养老服务的能力。除加强员工培训外，该集团还注意以下方面：一是了解行业发展信息和政策动向，学习借鉴国际先进的养老理念。该集团积极参加各种形式的涉老会议和组织，求教专家，主动到北京、上海、广州乃至美国、加拿大、新加坡等参观考察，争取合作，积极引进国际化的养老服务专业人才，培育追赶行业发展潮流的能力。二是积极组织养老服务与社区对接，创新养老模式。通过实施"阳光·真爱工程"，开展"精彩人生，快乐晚年"系列活动，引导老人走出家门参与社会，并将各种助老服务送到老人身边。通过为老人建立个人档案，了解老人的个性化需求，为优化服务奠定基础。该集团自主研发了公寓管理系统软件和阳光·真爱一卡通系统软件，接管了二七区民政局出资研发的"社区呼叫管理系统"，搭建行业信息化平台，促进养老服务的科学化、高效化和现代化。"社区呼叫管理系统"将服务终端安装在老人家中，根据老人发出的不同服务呼叫信号，管理中心可以安全、及时地满足老人的居家养老需求。三是加强与高端品牌机构的对接，通过借势发展

增强造势发展的能力。目前，爱馨养老集团已被列为中国老龄事业发展基金会孝文化研究中心、中国老龄科研中心老龄科研基地。该集团董事长豆雨霞现任全国社会福利社会化标准委员会委员、银龄基金管委会副主任。四是加强与外地行业龙头企业的合作，争取共赢。爱馨养老集团已与全国9家养老机构联手，搭建让健康老人走出家门、实现互动养老的平台。到2009年，该集团已组织实施了北戴河、海南、厦门等地的互动养老活动数十次，近千名老人参加。鉴于部分地区出现养老资源闲置，爱馨养老集团已联合众多养老机构向民政部申请成立了全国养老产业互动联盟，试图在整合行业资源方面进一步发挥作用。

郑州爱馨养老集团积极投身于养老公益事业。一是组织老年艺术大赛、十大寿星评比、全国敬老爱老助老主题教育活动等老年公益活动。二是筹备成立河南爱心养老基金会，以传播孝道文化、资助困难老人、繁荣老年事业、促进社会和谐。三是从技能和心态两方面培训义工，成立阳光·真爱社工服务站，以招募义工形式吸引大量健康的中老年人参与，探索出利用社工带动义工、吸引健康老人支持不健康老人的方式，通过助人自助，为无子女、无生活来源、无自理能力的"三无"老人提供免费服务。四是探索"政府引导，企业参与"的养老模式，与金水区政府、文化路办事处密切合作，由政府提供硬件基础设施，爱馨养老集团派驻专业人员，成立河南省农科院颐和家园养老服务中心，为社区老人提供就餐、送餐、文化娱乐、家政等服务。借此，提高了企业的知名度和品牌信誉，降低了宣传成本和市场开拓费用，得到了更多的社会认可；也有效争取了政府和退休老干部的支持，为获得政府的政策、资金和征地支持提供了便利。政府对集团面向三无老人的免费服务补贴，不仅能弥补成本，还可获得部分盈利。

（资料来源：根据郑州爱馨养老集团相关资料整理。）

由于服务无形性、异质性、不可储存性、顾客参与性、生产与消费的不可分离性等特性，服务业发展对人才的要求往往更高，不仅需要专业技能和管理能力，对服务人员与顾客沟通、交流和协调的能力要求更高。现代服务业创新性强和高技术化、高知识化、高信息化等特点，决定了相对于工业和农业，服务业发展对人才特别是高端人才和战略型[①]、复合型、领军型人才的需求敏感性更强。因此，在服务业

---

　　①一般而言，根据人才的能力结构，可将人才分为战略型人才、管理型人才和专业技术型人才，以及专业型人才和复合型人才。管理型人才和技能性人才比较容易理解。战略型人才具有较强的前瞻性思维，能够敏锐地发现中长期变化趋势，战略性、方向性的研判断能力较强。根据人才的能力结构，可将人才划分为专业型人才和复合型人才。专业型人才在特定领域具有技能优势。复合型人才具有跨专业、跨领域的综合技能和思维优势，有较强的灵活性和适应能力。

尤其是现代服务业发展中，依托一个领军人才，带动一个新兴产业的事例往往屡见不鲜。在现代服务业发展中，真正难以复制的、堪称企业核心竞争力的，往往是高端人才，尤其是领军人才及其与创新要素的优化组合。高端人才和领军人才，是服务业创新的生力军。

（四）高度重视城市化对服务业发展的重要带动作用，把发展服务业作为以城带乡和同步推进农业现代化的重要抓手

一般而言，城市是服务业企业的主要聚集地，也是服务业需求较为集中的地区。由于现代服务业的高集群性和高创新性特点，知识、技术、文化、人才、信息高度集中的城市，容易成为发展服务业的重要载体。城市功能转型和城市化质量的提高，也需要通过发展服务业来支撑。因此，近年来我国的经验证明，发展服务业必须高度重视城市化的重要带动力量。分析近年来我国重点地区服务业快速发展的现象可以看出，京津冀、长三角、珠三角三大城市群，已经成为中国服务业的三大主要增长极。根据 2009 年的数据计算，各省、市、自治区城镇人口占总人口比重（城镇化率）与服务业占 GDP 比重的相关系数为 0.5416，与人均服务业增加值的相关系数达0.8924。可见，各省、市、区服务业占 GDP 的比重和人均服务业增加值，与城镇化率之间均呈较强的正相关关系（详见图 1-7）。

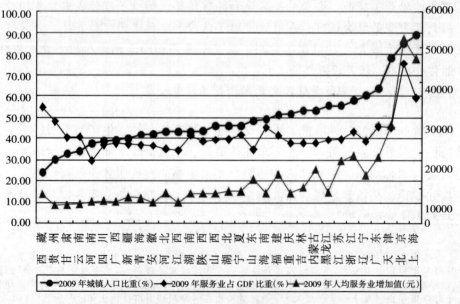

图 1-7　2009 年以来中国各省、市、区城镇化率与服务业相关指标的变动趋势

进入新世纪以来，在服务业迅速发展的同时，在统筹城乡发展和同步推进农业现代化方面，服务业的作用迅速显现。在农村劳动力向城市转移的过程中，服务业成为吸纳农民就业、带动农民增收的重要载体。城市带动农村生产方式、生活方式的转变，往往要通过金融、物流、信息、商贸等服务业来实现。近年来，许多地方积极发展休闲农业，实际上正是把发展农业与发展旅游业甚至文化产业有机结合起来。山东省平度市发展高端特色品牌农业的案例（见案例1-6），也为我们提供了很好的佐证：农业生产性服务业可以成为发展现代农业的战略引擎！

案例 1-6

山东平度市位居胶东半岛西部。近年来，该市瞄准发展高端特色品牌农业的方向下发展农业生产性服务业，为发展现代农业、促进农业发展方式的转变提供了重要引擎，也为增加农民收入、发展农村新兴产业提供了重要途径。如通过加强面向农业产业链的公共服务，优化了高端特色农业的发展环境，降低了农业乃至市场化生产性服务业的发展成本和风险，也为农业发展与高端市场的对接提供了便利。依托邮政部门和供销社的资源优势，加强农资、农产品配送和销售服务，从放心农资供应和高端市场销售网络两方面，加强了高端特色品牌农业发展的薄弱环节。通过加强农产品产地批发市场和农机市场建设，支持龙头企业、农民专业合作社、农产品行业协会面向农业产业链开展生产性服务，带动了农民经纪人、营销大户和农机服务主体迅速崛起，为发展高端特色品牌农业提供了重要支撑。市场化农业生产性服务机构，作为农业分工分业深化的结果，直接促进农业的节本增效和发展方式转变。目前，平度市已经成为全国粮食生产先进县、山东省超级产粮大县、山东省产油大县，建成优质蔬菜示范区、生态果品示范区、全省拥有国家地理标志保护产品最多的县级市，进入"中国商标发展百强县"行列。2009年，全市农民人均纯收入8850元，较上年增长8.8%，农民人均纯收入高出全国平均水平71.7%。同年，通过组织农机跨区作业，不仅大大延长了农机使用时间，提高了农机利用率；也拓展了农民通过农机增收的途径。

〔姜长云：发展农业生产性服务业的模式、启示与政策建议，《宏观经济研究》2011（3）。〕

第二章　当前服务业发展的问题与制约

如前所述，近年来中国服务业发展呈现了良好的势头，取得了积极的成效和发展经验。尽管如此，中国服务业发展仍然存在不少问题。那么，这些问题何在？制约中国服务业发展的主要因素有哪些？本章将对此展开分析。

一、当前服务业发展面临的主要问题

（一）服务业占 GDP 和就业的比重仍然不高，尤其是服务业占 GDP 比重的提高具有较大的不稳定性

按照当年价格计算，2009 年我国服务业增加值占 GDP 的比重为 43.4%，分别低于同年世界上高收入国家、中等偏上收入国家、中等偏下收入国家 24.6 个、17.0 个和 10.1 个百分点，甚至低于同年世界上低收入国家 0.7 个百分点。2007 年，我国服务业占三次产业就业人数的比重为 32.4%，虽然高于同年世界上低收入国家 5.1 个百分点，但分别低于同年世界上高收入国家、中等偏上收入国家和中等偏下收入国家 37.4 个、25.9 个和 12.1 个百分点。①与《中华人民共和国国民经济和社会发展第十一个五年规划纲要》设定的 2010 年预期目标相比，2010 年实现的服务业增加值比重和就业比重，分别低 0.2 个百分点和 0.7 个百分点。在我国经济较为发达的山东、江苏和福建等省，2010 年服务业增加值占 GDP 的比重，分别低于全国平均水平 6.5 个、1.7 个和 3.4 个百分点。同年，山东和福建两省服务业占全社会就业人数的比重，也分别低于全国平均水平 2.6 个和 1.2 个百分点。

值得注意的是：①自发生国际金融危机以来，服务业占 GDP 比重的提高，既与服务业的正常发展相关，又有以下两方面因素的作用。一是遭遇国际金融危机的重创，

---

①不同类型收入国家的服务业增加值和就业比重数据，见江小涓：《服务业增长：真实含义、多重影响和发展趋势》，《经济研究》，2011(4)。由于不同国家服务业的统计口径不同，此处数据仅具趋势性的参考意义。

工业增速放缓；二是为应对国际金融危机，中央出台了进一步扩大内需、搞活流通、鼓励消费等刺激经济的政策措施，有效地促进了服务业的发展。②近年来，服务业增加值比重的提高具有相当的不稳定性。如按当年价格计算，2010年服务业占GDP的比重较上年下降0.3个百分点。尤其是2011年，虽然一季度服务业增加值占GDP的比重达到45.2%，较上年同期增加0.1个百分点；但整个上半年服务业增加值占GDP的比重仅为42.3%，较上年同期下降0.3个百分点。按可比价格计算，2011年上半年服务业增加值同比增长9.2%，自2006年以来的6年间，上半年服务业增加值的同比增速，2011年仅略高于国际金融危机影响较重的2009年（8.3%），低于其他4年；而在2009年上半年，服务业增加值的同比增速虽然是6个上半年之最低，却高于同期GDP同比增速（7.1%）1.2个百分点；2011年上半年服务业增加值的同比增速却低于GDP同比增速（9.6%）0.4个百分点。

（二）服务业内部结构不合理的问题仍然突出，创新能力建设和现代化改造亟待加快

表2-1　近年来我国生产性服务业及其占比的变动情况　　　单位：亿元、%

		2004	2005	2006	2007	2008	2009
生产性服务业增加值		35774.50	40916.36	48971.80	62718.20	74869.33	82555.98
生产性服务业占GDP比重		22.38	22.12	22.64	23.60	23.84	24.22
生产性服务业占服务业比重		55.41	54.61	55.3	56.32	57.00	55.77
附:批发和零售业	占服务业比重	19.29	18.64	18.67	18.80	19.93	19.58
	占GDP比重	7.79	7.55	7.64	7.88	8.34	8.50

注：本表数据根据《中国第三产业统计年鉴》2007、2008、2010年和《中国统计年鉴》(2011)相关资料计算。表2-1中单独列出批发和零售业数据，主要原因是就行业属性而言，在分工分业和经济发展水平低的阶段，批发和零售业作为生活性服务业的属性往往更强；但随着分工分业的深化和经济发展水平的提高，越来越多的企业把原先由其内部完成的批发和零售服务外部化，导致批发和零售业作为生产性服务业的属性不断增强，以至于批发和零售业更多地具有生产性服务业的属性。

服务业内部结构不合理，首先表现为生产性服务业占服务业的比重较低，影响对产业结构优化升级和发展方式转变的引领带动能力。迄今为止，许多研究者对生产性服务业内涵的认识基本一致，但对于生产性服务业的具体范围则有很大的认识分歧。限于篇幅，本章不想就此展开讨论，只是在综合分析前人研究成果的基础上，按照现行统计口径，将生产性服务业界定为交通运输、仓储和邮政业，信息传输、计算机服务和软件业，批发和零售业，金融业，租赁和商务服务业，科学研究、技术服务和地质勘查业。计算结果显示，到 2009 年，全国生产性服务业占 GDP 和服务业的比重，分别仅为 24.2% 和 55.8%；而且，近年来全国生产性服务业的增长只是略快于服务业的增长，生产性服务业占 GDP 和服务业的比重都只是略有上升（见表2-1）。2004~2009 年间，全国生产性服务业占 GDP 的比重提高了 1.8 个百分点，占服务业的比重提高了 0.36 个百分点。同期，按当年价计算的生产性服务业增加值增长 1.31 倍，略快于服务业增加值的增长（增长 1.29 倍）。[1]需要指出的是，2009 年生产性服务业占服务业的比重较前两年有所下降，一个重要原因是，当年和上年年底国家出台了一系列鼓励消费的政策措施，促进了生活性服务业的更快发展。

服务业内部结构不合理，还表现为服务业整体层次较低，创新能力建设和现代化改造亟须加快，技术创新、业态创新、流程创新和服务方式创新亟须提速。传统服务业比重过大，新兴服务业和现代服务业[2]发展不足，且大多处于培育阶段。以知

---

[1]由于缺乏可比价格数据，在此只能用当年价计算，仅供参考。

[2]部分学者习惯于将某些服务行业整体划入现代服务业或传统服务业，但不同学者划分现代服务业或传统服务业的具体行业往往有较大差别。如有人将批发和零售业，住宿和餐饮业，交通运输、仓储和邮政业，居民服务、修理和其他服务业等行业作为传统服务业；而将金融业，科学研究和技术服务业，信息传输、软件和信息技术服务业等行业作为现代服务业，据此计算现代服务业增加值占服务业增加值的比重，并借此衡量服务业的现代化程度。笔者认为，现代服务业和传统服务业虽然在知识密集程度上有较大差别，但判断是否现代服务业关键还要看其发展方式。每个服务行业都有发展方式现代化的问题，简单地将某个行业归入传统服务业或现代服务业是不适当的，否则会带来很大问题。按照这种"以行业论现代的方式"推论，服务业现代化程度达到一定水平后并非越高越好。极端的例子是服务业现代化程度达到 100% 未必是好事，因为届时批发和零售业，住宿和餐饮业，交通运输、仓储和邮政业，居民服务、修理和其他服务业等所谓的"传统服务业"占服务业增加值的比重将为零，整个社会对住宿和餐饮，交通运输、仓储和邮政，居民服务、修理和其他服务等服务需求将不能得到满足，服务业结构同样不合理。多数专家将经过高新技术改造的传统服务业，统一归入现代服务业。我们认为，这也容易夸大现代服务业的发展水平和服务业的现代化程度。经过高新技术改造的传统服务业，是否可以归入现代服务业，还要看其运行方式是否出现了实质性的现代化改造。如果只是经过高新技术改造，但其运行方式没有出现质的变化，仍为传统服务业的运行方式，就不能归入现代服务业。这与下面的道理是一样的。一个边缘山区行为方式很传统的农民，某天他的亲戚给他一部手机让他用，我们可以说他从此开始接触现代化的生活方式，但如果他的其他生活方式和生产方式没有出现实质性变化，我们不能从此就称他为现代农民。

识产权服务业为例，当前就总体而言，我国知识产权服务的范围较窄，且多处于产业低端，多集中在传统知识产权服务领域，难以适应地理标志、遗传资源、传统知识、民间文艺等新兴领域和知识产权价值评估、代理、融资、预警、诉讼、信息、交易等中高端服务需求，更难以提供知识产权战略策划等高附加值、高水平服务。在相当一部分地区，过半数的物流企业尚未建立物流信息系统，甚至停留在手工操作阶段。物流业信息化程度低，成为制约现代物流业发展的主要瓶颈之一，甚至影响传统货运业向现代物流业的转型。近年来，中国动漫产业发展很快，未来市场前景更为广阔，许多投资者纷纷看好这种商业、文化、娱乐融合发展的产业。但是，中国动漫产业创新能力不足的问题已经日趋突出，如何规避抄袭、模仿和复制的问题，突出加强内容创新，一直是动漫产业发展难以回避的问题。[①]

（三）服务组织和服务平台"小、弱、散、同、低"的问题比较突出，重复建设、经营粗放等发展方式问题正在显现

当前，就总体而言，在我国服务业的运行中，无论是企业等服务组织，还是行业协会和公共服务平台，大多存在资金和经营规模小，经济实力或研发能力弱，经营分散且相互间缺乏分工协作和资源、信息共享机制，经营结构、产品结构雷同，技术水平、服务层次和经济效益低等问题，加剧其服务功能弱的问题。在许多行业，能够引领发展潮流的领军企业和具有较大影响的知名品牌较少，领军企业和知名品牌的示范带动作用发挥不够。许多服务企业内部管理不规范，人员流动性大，甚至缺乏社会认同，也与这种"小、弱、散、同、低"现象有关。如2010年年底，JS省[②]45家专利代理机构中，仅6家机构的年营业收入超500万元，17家机构的年收入不足100万元。在许多地方，缺乏真正以供应链服务理念运作的物流企业，也少见能提供综合性服务和供应链综合管理的大型物流公司。许多有一定规模的物流企业，是以出租场地为主的物业型企业。动漫产业最大的赢利点往往不在销售影视版权，而在衍生产品的开发和生产。但是，当前我国动漫产业各环节之间建立起互利共赢模式的成功案例并不多，由此导致动漫产业的"金矿"——衍生产品的开发和生产往往处于浅层甚至少人问津的状态，影响动漫产业竞争力和赢利能力的提高。[③]

服务业要在加快发展方式转变中发挥引领、支撑和带动作用，必须在加快自身

---

①③谢榕君:《动漫产业:繁荣背后的危机》,《国际商报》,2011-10-10,B1 版。
②为不至于对相关地方或单位形成负面影响,本书将其名称用英文字母表示,下同。

的发展方式转变中走在前列。但是，近年来，在许多地方，服务业自身的发展方式问题逐步显现，甚至在有些地方的服务业发展中，开始再现制造业传统的发展方式问题：追求"小而全"，分散布局、重复投资、盲目建设、粗放经营，甚至不注意服务业发展中的区域分工、层次差异和优势互补，不愿意参与服务业区域分工和协作体系，片面追求服务业发展的区域自给、自成体系和自我平衡，导致服务业区域结构雷同，影响服务业结构的优化升级，甚至加剧服务业发展中的人才短缺问题。[①]有些地方的服务业集聚区，实际上变成了别墅区；有些地方会展场馆分散建设，闲置率高，资源利用效率低，也是服务业发展方式问题的重要体现。许多地方中小企业公共服务平台建设的滞后，加剧中小企业产品成本高、质量差、创新能力和配套服务不足的问题，也与服务业发展方式问题有关。

（四）对服务需求的凝聚、引导和激发不够，服务业供不应求和供求错位的问题比较突出

当前就总体而言，我国仍以中小企业为主。相对于大企业，中小企业点多、面广、单体规模小。一方面，多数中小企业对生产性服务的需求表达成本较高，甚至相当一部分服务需求处于潜在或隐性状态；另一方面，服务业，尤其是较大规模的服务企业对中小企业的服务成本大多较高。最为典型的是，相对于大企业，大银行对中小企业的单位贷款成本往往高得多。因此，中小企业的生产性服务供求，更容易出现错位或供不应求的问题；中小企业对生产性服务的现实需求往往更需要凝聚、集成和整合，对生产性服务的潜在需求更需要引导和激发。但是，当前，由于一方面，中小企业公共服务平台建设滞后；另一方面，相当一部分生产性服务业层次低、质量差、功能弱，且服务费用高、价格不稳定，中小企业的相当一部分现实服务需求得不到有效凝聚，相当一部分潜在服务需求得不到有效引导和激发，从而加大了中小企业的发展成本、困难与风险，影响服务业对中小企业产业结构优化升级积极作用的发挥。服务业供不应求的问题，在服务质量上往往有明显体现。如据我们2009年对山东滕州、安徽凤阳、四川南部、广东三水4县区近200个中小企业的问卷调查，在农村中小企业中，77.6%的企业认为企业内部培训效果很大或较大，对委

---

①本来在服务业发展中，人才供给不足就是一个突出问题。在分散布局、重复投资、盲目建设、粗放经营的背景下，由于各地服务业人才竞争日趋激烈，本来只能胜任当"班长"的，不得不让其当"团长"。长此下去，服务业质量如何提高，不能不让人担忧。

托培训、网络学校培训、学历教育或到高校学习、政府或准政府组织的培训、行业协会组织的培训分别仅有 20.1%、9.6%、14.6%、23.6%、22.1% 的企业认为培训效果很大或较大；分别有 70.7% 和 23.6% 的企业认为，市场化培训机构的突出问题是培训质量不高和培训收费太贵。①据我们对 SD 省的调查，信息来源渠道不畅，准确性和时效性较差，服务模式和内容单　，缺乏合作交流，权威性不足，成为该省科技中介服务机构面临的突出问题。

与此同时，我国居民户以中小家庭居多，甚至近年来家庭小型化的趋势还在不断发展。同中小企业的情况类似，我国居民家庭对生活性服务的需求，也存在凝聚、引导和激发不够的问题。在发生国际金融危机的背景下，我国实行搞活流通、进一步扩大消费的政策措施，促进了消费需求的迅速扩张，也从侧面说明了这一点。当前家庭服务已成为我国服务消费的重要热点之一，但是服务供求矛盾突出，成为制约我国家庭服务业发展的突出问题之一，在养老服务、家政服务等方面均有突出表现。②

二、制约服务业发展的主要因素

（一）服务业改革严重滞后，体制机制障碍对服务业发展的制约比较突出

尽管近年来服务业改革积极推进，相关体制机制创新蓬勃展开，但就总体而言，服务业改革滞后的问题仍然比较突出，甚至服务业改革政策的创新也严重滞后于其发展政策的创新。服务业改革的进展严重滞后于工业和农业，成为三次产业中推进改革最慢、改革对发展带动作用最弱的领域；服务业改革也严重滞后于其发展的需求，导致体制机制问题成为制约服务业发展的重要障碍。服务业改革的滞后主要表现在以下 3 个方面：

1. 行政垄断③和市场准入问题突出，公平竞争机制和市场秩序亟待完善

---

①姜长云、杜志雄、刘志荣等：《农村中小企业转型发展论》，第 80～84 页，北京，经济科学出版社，2011(7)。
②见本书第 7 章。
③按照卢锋的解释，垄断是与完全竞争相反的市场结构，可以把垄断看做是不完全竞争的一种极端形态。垄断大致有三种类型，一是由规模经济派生的垄断，如自然垄断；二是市场竞争产生的垄断，主要源自新技术开发和专利制度，以及网络效应和需求方面的规模经济；三是行政权力确立的垄断。卢锋：《经济学原理·中国版》，第 201～204 页，北京，北京大学出版社，2002。

迄今为止，中国许多服务业领域国有资本比例过高，对民营经济的开放不够，导致行业进入难，存在"玻璃门"现象：看起来好进，实际上难进。在金融、信息通讯等服务业表现尤甚。一些商务服务或检测认证等专业技术服务机构，似乎已与行政部门脱钩，却与其保持或明或暗的联系，甚至仍是行政部门的附属物。那些真正通过市场化方式成长起来的服务机构，很难进入盈利性较强的服务领域。在部分政府培训资源支持较多的领域，也存在类似现象。如近年来，面向家庭服务业的培训活动日益引起政府相关部门的重视，但是政府主导的培训活动主要依靠政府主导的培训机构，市场化的培训机构和家庭服务企业很难获得政府培训资源的支持，更难获得与政府主导的培训机构公平竞争的机会。这些行业，竞争不足往往导致创新不够，服务质量和服务效果难以提高，行业自我发展能力和服务价格的市场决定机制难以形成，容易呈现价格偏高、质量偏低、可持续发展能力不强的问题。为什么有些中介服务组织缺乏社会认同度，影响市场空间的开拓，甚至难以对接现实的服务需求？为什么有些国内企业和居民过度青睐国外同类服务机构，与部分国内服务企业过度依赖行政资源的支持，缺乏有效的公平竞争机制有一定关系。①

2. 政企不分、政事不分、公益性服务与经营性服务、营利性服务与非营利性服务不分，市场化、产业化、社会化步伐较慢

有些中介服务，本应实行市场化经营或通过非营利组织提供服务，却仍按公益性社会事业的方式来运行，制约其创新能力和竞争能力的成长，容易形成对政府资源、政府保护的过度依赖，影响自我发展能力的成长，妨碍其从服务事业向服务产业的转化。由此还限制了相同领域企业和非营利组织依靠市场竞争谋发展的机会。服务业市场化、产业化发展不足，还表现在少数服务企业，尤其是政府倾力支持的新兴服务企业或大型服务企业过度依赖财政补贴，拓展市场的主动性、积极性和能力不足。

3. 部门分割、条块分割问题突出，宏观监管和统筹协调机制亟待培育

许多服务业涉及门类多，横跨领域广，且新的业态、经营模式和产业不断融合，容易出现部门分割、条块分割和政府交叉管理、缺位管理等问题。如目前全国产权

---

① 江小涓提出，改革以来的经验证明，竞争能够提高质量，降低成本，推动技术进步，从而促进服务业消费和增长。电信行业提供了一个很好的案例。在电信巨头拆分重组、同一领域多家企业进入后，竞争推动服务品种增多、价格下降和服务质量改善，消费潜力大量释放。江小涓：《服务业增长：真实含义、多重影响和发展趋势》，《经济研究》，2011(4)。

交易市场的发展，基本上呈现地方政府主导的格局；数百个产权交易市场多属国务院国有资产监督管理委员会主管，此外还有不少分属财政部门、发展和改革委员会或科技等部门主管。至于不同产权交易市场分属不同层级政府部门主管的现象也比较多见，容易形成重复建设和过度竞争问题，最为突出的是省级和省会所在城市产权交易市场的竞争。由此，一方面，容易导致产权交易分散，加大产权交易信息流动的障碍；另一方面，制约产权交易市场交易总规模的扩张和可持续发展能力的成长，加大市场运行和监管的成本及风险，甚至妨碍产权交易市场的改造升级，制约交易手段现代化和交易信息网络化。又如物流业的运输、仓储、装卸、配送、通关、检验等作业分属不同部门管理，物流服务的需求者还涉及工商企业及相关管理部门。多部门交叉管理往往固化为条块分割、多头审批、交叉执法的行业管理体制，妨碍行业内部生产要素的自由流动和分工协作，妨碍行业资源的整合和运行效率的提高。以会计服务业为例，其监管部门有财政、审计、税务、证监等，各部门对市场准入资格进行各自的认定，其中基建工程造价的资格审核由财政、审计、建设等部门同时开展认定。

多部门交叉管理，往往导致服务业发展中难以形成统一、协调、高效的监管体系，导致政府对服务业的支持难以形成整体合力，影响政府扶持资金的使用效果；甚至给服务业的信息化、标准化和基础设施建设带来新的障碍，影响服务业发展资源的优化配置和服务业的功能升级（见案例 2-1）。

案例 2-1

近年来我国产权交易市场之间，产权交易市场与技术交易市场、知识产权市场之间的联合和合作有所加强，但多处于业务交流层面，在交易规则、信息发布、准入资格和系统监测等方面的规范化、标准化和一体化建设尚处于启动阶段。多部门交叉管理的体制，制约着产权和要素市场的联合与合作向纵深推进，甚至加剧了产权或要素市场之间的竞争与摩擦，导致产权交易市场之间，产权交易市场、技术交易市场和知识产权交易市场之间服务标准的不统一，加剧其协调对接的困难。如据济南市产权交易所介绍，要在非上市公司制企业和股份制企业的股权登记、股权托管与闲置资产、不良资产的调剂处置等方面，形成与知识产权市场的对接合作，还有一定困难。近年来，越来越多的产权交易市场将业务领域拓展到企业国有产权交易之外，产权交易与技术交易、知识产权交易对接的需求迅速凸显。在此背景下，缺乏权威统一的监管机构，对于促进产权和要素流动的制约进一步增强。如随着征信服务体系建设的推进，公积金中心、小额贷款公司等部分非银行类金融机构要求加入人民银行的征信系统，但由于这类机构及其业务不归人民银行管辖，在接入人民银行征信服务体系的过程中，容易因标准不统一和不规范而出现障碍。

至于一些新兴的中介服务业，政府管理的缺位往往导致行业发展难以得到有效的规划引导和政策支持，影响服务业发展环境和市场秩序的优化，甚至形成监管盲区。如据我们2011年元月对JS省的调查，在该省各类征信机构中，纳入人民银行监管范围的主要是信用评级机构，尚无明确文件赋予人民银行对信用登记、信用调查类机构的监管职能，信用登记和信用调查类机构实际上处于监管盲区；对信用登记、信用调查类机构的市场准入和退出行为，尚无明确的法律法规或部门规章。

（二）服务业开放的水平和质量亟待提高，开放对改革发展的带动作用有待加强

改革开放以来，中国服务业乃至中国经济发展的一个重要经验是，坚持将"引进来"和"走出去"相结合，积极参与国际经济技术合作与竞争，充分利用好两种资源两个市场，不断提高对外开放的水平和质量，积极发挥开放对改革的促进作用和开放对发展的带动作用。近年来，服务业在扩大对外开放的同时，不仅引进了国外的资金和先进的技术、人才、管理经验、商业模式，还促进了服务业竞争机制的发育，激发了服务业的体制机制创新，甚至在一定程度上利于服务业发展环境的优化。2011年6月，我们曾就发展服务经济问题在上海市闸北区调研，参加会议的政府相关部门和企业、行业协会人士大多认为，服务业发展中的许多问题，按市场经济都有解，按计划经济都无解。但是，当前就总体而言，中国服务业对外开放的水平和质量仍亟待提升，主要表现在以下方面：

1. 服务业利用外资结构不合理，房地产业比重过大且增长过快

根据2005和2011年《中国统计年鉴》的资料，在中国服务业实际使用外商直接投资金额中，房地产业实际使用金额的占比2004年为42.3%，2010年提高到48.0%，6年间提高了5.7个百分点，房地产业实际使用增长的金额明显快于整个服务业实际使用增长的金额。同期，部分知识和技术密集型服务业的占比不升反降。如信息传输、计算机服务和软件业实际使用金额的占比由6.5%下降到5.0%，租赁和商务服务业实际使用金额的占比由20.1%下降到14.3%。

2. 服务业对外开放的领域亟待拓展，对外资的进入管制和竞争限制仍然较多

如在教育培训、文化创意、医疗卫生等领域，往往因意识形态、价值取向、公

益性质甚至保护幼稚产业和文化传统、不能产业化等原因，实行各种各样的外资进入管制和竞争限制。尽管其中有些是必要的，但更多的则是排斥竞争的借口，或被利益相关者误导。部分行业对外资进入的股权限制比例过高，也是对外资竞争限制的重要表现之一。如按照现行的《中外合资人才中介机构管理暂行规定》及其补充规定，除香港、澳门服务业提供者在内地设立合资人才中介机构外，设立中外合资人才中介机构时，外方合资者的出资比例不得低于25%，中方合资者的出资比例不得低于51%。换句话说，外方合资者的出资比例不得超过49%，①制约了部分外资在中国兴办人才中介机构的积极性。对外资的进入管制和竞争限制，不仅影响对外资的利用，妨碍国外优秀服务业人才和先进服务业业态的引进，也制约服务外包的发展，严重制约对外开放水平和质量的提高。此外，我国服务业"走出去"的规模和影响仍然较小，也是服务业对外开放面临的重要问题之一。

（三）政策好、落实难和政策创新滞后的问题比较突出，完善服务业发展的政策环境任重道远

近年来，各级政府支持服务业发展的政策措施频繁出台，服务业发展的政策环境不断优化，但就总体而言，由于服务业发展中的新情况、新问题、新业态迅速形成，服务业发展的政策创新在总体上仍然跟不上形势发展的要求，加之有些宏观方面的政策措施缺少具体的配套实施意见，导致政策好、落实难。

1. 政策好、落实难

如国发〔2007〕7号文件提出，对列入国家鼓励类的服务业在供地安排上给予倾斜。国办发〔2008〕11号文件提出，中心城市要逐步迁出或关闭市区污染大、占地多等不适应城市功能定位的工业企业，退出的土地优先用于发展服务业；积极支持以划拨方式取得土地的单位利用工业厂房、仓储用房、传统商业街等存量资产、土地资源兴办信息服务、研发设计、创意产业等现代服务业，土地用途和使用权人可暂不变更。但在具体实践中，往往存在各种各样的问题。如据我们2011年6月对上海市的调研，近年来该市积极支持利用工业老厂房兴办研发设计等现代服务业，但老厂房改建现代服务业园区时仍要坚持"不改变建设形态、不改变使用权人、不改变用途"的原则。工业老厂房一般层高较大，坚持这三个"不改变"，不利于产业集聚和土地资源的节约集约利用。况且，许多老厂房属于央企、市属大企业或部队，

---

① 到2010年底，仅有浦东新区等少数地方，外方合资者的出资比例可达70%。

有些业主宁愿闲置或依靠其收取租金也不愿流出。现行条块分割的体制，往往导致地方政府无权将其利用起来。又比如，按照国办发〔2008〕11号文件精神，服务业发展的税收优惠政策也要进一步扩大。但是地（市）以下在出台服务业税收优惠政策上基本没有操作空间。迄今为止，关于鼓励工业企业分离发展服务业，全国性系统化的税费优惠政策尚待出台。

2. 政策创新滞后

对于生产性服务业发展中的重复征税和税费歧视等问题，近年来已有较多讨论，此处不再重复。①近年来，许多地方出现了企业化运作的产业园区或服务业开发区、集聚区（以下简称园区）。其中作为园区运营主体的园区管理公司，在加强园区公共品供给中，往往发挥了重要作用，并程度不同地具有园区综合服务供应商的功能。通过加强财税、金融支持，鼓励园区管理公司通过自身的转型发展，更好地带动园区产业的转型发展和服务体系建设，不失为加快发展服务业、促进发展方式转变的一种重要方式。近年来，越来越多的园区管理公司正在实现由物业管理向提供增值服务、品牌创建和公共服务的功能转型，有效地提升了园区的服务能级。但是，当前，在许多地方，作为园区运营主体的园区管理公司往往被界定为商业地产开发商。在国家加强对房地产市场调控的背景下，融资难往往成为其转型发展面临的瓶颈制约，导致其在推动园区转型发展方面往往"心有余而力不足"。许多知识、技术密集型企业人员培训经费税前列支的比例较低，加重其人员培训的负担，成为高端服务业发展面临的重要约束。

（四）服务业企业融资难的问题比较突出，人才短缺的问题较为严重

就总体而言，服务企业的融资困难通常大于制造企业。有些服务业企业规模小、层次低、竞争能力弱、服务质量难以提高，与缺乏投资进行技术和设备升级，甚至缺少资金进行人员培训有很大关系。有些物流企业有意推进信息化建设，或进行信息系统的再开发，但开发建设的资金不足，往往导致其望而却步。有些前景良好的服务业科技产业化项目，由于缺乏后续资金而难以展开。近年来，在部分沿海地区，随着船舶更新向大吨位、集装箱、油船等特种船舶的发展，融资渠道已成为水运企业急需解决的瓶颈。类似现象在许多大型物流企业中同样存在。一般而言，导致服

①可喜的是，为进一步解决货物和劳务税制中的重复征税问题，完善税收制度，支持现代服务业发展，2011年10月26日召开的国务院常务会议决定从2012年元月1日起，在部分地区和行业开展深化增值税制度改革试点，逐步将目前征收营业税的行业改为征收增值税。

务业企业融资难的原因主要有：①在现行金融体制下，相当一部分服务业，其中以中小企业居多，甚至在许多新兴服务业中，小型企业、微型企业的比例更大，其中又有相当一部分处于创业阶段。难免出现融资难的问题。②许多服务业企业，尤其是以无形资产为主的生产性服务企业，可供抵押的固定资产和其他有效担保物少。③现代生产性服务业的某些行业和高端领域，如现代物流和商贸业等，或投资规模较大、建设和回收周期较长，单靠民间资本难以解决其融资困难；或资产流动性较强，难以在商业银行取得贷款抵押担保资格。如果没有特殊优惠政策、企业、银行都容易缺乏投资积极性。④部分现代服务业具有高风险或高潜在收益的特点，适应与风险投资、股权投资基金等新型投资方式对接，不适宜主要采取银行贷款、融资担保等风险较小的传统融资方式。但当前中国风险投资的发展在总体上仍是严重滞后的。

人才是服务业发展的生命线，高端人才更是发展集群服务业的重中之重。但是，专业人才短缺，特别是高端人才、领军人才稀缺，战略性或高技能人才较少，人才专业结构不合理，往往是制约服务业发展的突出问题之一。以知识产权服务业为例，加快发展方式转变，必然对加快发展高端知识产权中介服务机构提出更高要求。即令是在发达国家，或在设有知识产权专门机构的企业中，知识产权事务也不能事必躬亲；尤其是许多专利申请的代理或知识产权纠纷的处理，需要较高专业素质和有从业经验的专利代理人或律师。但是，当前在中国许多地方，不仅专利代理机构和专利代理人的总体规模难以适应专利申请量迅速增长的需要；专利代理人结构老化、职业能力不足的问题也比较严重，高端专利代理机构和专利代理人缺乏更是突出问题（见案例2-2）。有些专利代理机构甚至因缺乏有资质的代理人而难以为继，提高代理质量更无从谈起。相对于专利代理人，我国从事知识产权评估、经营和管理的人才更少。由于缺乏相应的准入门槛和资质认证，商标代理人素质参差不齐，甚至违反职业操守的现象时有发生。据SD省的调查，该省大多数技术经纪人主要停留在牵线搭桥和提供信息等低层次服务上，与参与技术经纪活动的国外专家相比，技术水平和经验明显不足。甚至相当一部分技术经纪人属于兼职。又如缺乏具有专业知识和丰富实践经验的专业人才，成为制约物流企业上规模、上水平的关键因素。许多知识、技术密集型中介服务机构，往往因高素质人才流失，导致经营和发展的稳定性下降。许多地方在打造服务外包基地的过程中发现，最头疼的是人才流动过频。

案例 2-2

在江苏省专利代理行业中，相当一部分专利代理机构过去与政府关系密切，来自政府机构的离退休人员较多，导致代理机构人员和知识结构老化。全省专利代理人队伍中，超过50岁的专利代理人已达51.3%。对信息技术、生物医药、新材料等高新技术缺乏了解，学习和创新能力相对不足，成为许多专利代理人的"软肋"，导致其服务质量难以适应市场需求。近年来，全省专利申请量迅速扩张，但专利代理机构和代理人的数量却增长缓慢，在相当程度上影响了专利代理的服务质量。2003~2009年，江苏省专利申请量增长了8.5倍，但专利代理机构和专利代理人仅分别增长了41.9%和55.5%。更为严重的是，近年来，随着国际化和经济全球化的推进，涉外知识产权事务大幅度增加，知识产权诉讼案迅速上升。但在江苏省，既熟练掌握外语，又能熟练处理涉外事务，甚至参与相关国际立法和谈判的知识产权涉外人才仍然比较奇缺，以至于在涉外知识产权诉讼中往往处于劣势；更缺少能代理重要涉外知识产权案件的大型专利事务所。

（五）对行业协会等非营利组织的发展尚未引起足够重视，服务业统计工作薄弱

在许多国家服务业的发展中，非营利组织往往发挥了重要作用。[1]这些非营利组织以供给某种公共服务或从事公共性事业为宗旨，不以营利为目标，其所提供的公共服务往往是政府或营利性部门不常做、不便做、不愿做或做得不好的事情，起着政府和企业不可替代的重要作用。[2]但在我国服务业的发展中，非营利组织的作用仍很有限。[3]如据江苏省反映，该省虽有专利代理人协会，但由于经费原因，该协会尚无专职聘用人员，会长作为某专利事务所负责人，也没有太多精力过问全省专利代理人和专利代理机构的建设，导致许多本应由行业协会开展的工作难以有效展开。美国等发达国家的经验表明，在服务业标准化建设中，行业协会可以在科学制定行业标准、引导行业标准化需求、提高社会和消费者的标准化意识，甚至在推进行业

---

①如德国物流协会作为该国最大的物流专业协会之一，现有6000多个会员。该协会将物流培训作为其重点工作之一，1994年还成立了物流研究会，主要从事物流人员的职业培训和新技术培训。该协会的其他工作还包括协助政府做好物流规划和政策制定，规范物流市场秩序、协调管理，开展物流研究，指导行业发展，组织行业交流，提供信息和咨询服务等。江苏省发改委等：《第一期赴德服务业人才培训班·现代物流研修班总结》(内部材料)，2009(12)。

②石国亮等：《国外公共服务理论与实践》，第20页，北京，中国言实出版社，2011。

③究其原因主要有以下几个方面。一是非营利组织的发展在总体上仍处于初级阶段，其内部治理、外部监管的完善仍需要一个过程，政府与非营利组织职能不清的现象仍比较严重，影响其功能的延伸和拓展；二是对非营利组织的地位和作用认识不足，政策支持和运行机制建设滞后，影响其功能的发挥。

标准化自律等方面发挥重要作用。①但目前在我国，这方面发挥的作用仍然处于起步阶段。非营利组织与政府、营利组织的竞争合作和优势互补关系更是有待形成。从国际经验显示来看，行业协会等非营利组织的发展，有利于完善服务业监管。尤其是在许多知识性、技术性较强的专业服务业中，行业协会较政府而言，往往更熟悉和了解本行业的技术情况和市场情况。行业协会制定的行为规范，往往更有利于维护本行业市场秩序，降低行业监管成本。②但是，目前在我国服务业监管中，行业协会发挥的作用仍很有限。以征信服务业为例，目前在我国征信服务业中，纯民营的征信机构很少，政府准政府机构的主导特征较强，全国性的行业协会尚待建立，更谈不上通过行业协会开展行业内交流、人员教育培训、制定行业技术标准或从业人员服务规范、保障整个行业利益和开展行业自律，严重制约了征信服务业发展及其对市场机制的利用。

与此同时，服务业统计工作薄弱也是一个突出问题，由此导致对服务业总体及其重点行业的研究缺乏必要的基础数据，严重影响对其发展现状和问题的把握，要据此制定服务业发展的战略和政策难度更大。当然，服务业统计薄弱是个世界性的现象。通常将国民经济中不属于第一产业、第二产业的所有产业都归入第三产业，并从与第三产业基本等同的含义来理解服务业；而服务业相对于第一产业和第二产业，难免存在更多的新兴产业和衍生行业，在一定时期内具有稳定性的统计指标难以对其进行全面、准确、及时的概括，由此增加了服务业统计的复杂性。③

三、问题和制约：从短期形势观察④

分析服务业发展面临的问题和制约，可以从不同角度展开。下文将通过对2011年前三季度中国服务业发展的形势分析，来进一步观察服务业发展的问题和制约。

---

①如在美国服务业标准化过程中，服务行业协会发挥了重要的引领作用。服务标准的制定主要集中在服务行业协会等社团组织。这些企业通过对市场需求的追踪和分析，提出服务标准需求，由服务行业协会组织制定，并发布为协会标准，供其会员使用。国家标准化管理委员会服务业标准部等：《服务业组织标准化工作指南》，第12页，北京，中国标准出版社，2010(2)。

②如在美国，信用管理协会、信用报告协会、美国收账协会、美国征信局联合会、消费者数据工业规范组织等一系列民间协会，在信用行业的自律管理和代表行业进行政府共管等方面发挥了重要作用。

③江小涓认为，服务业统计困难主要表现为服务业统计中的缺口和缺陷相对较多。各国经济统计中，服务经济的遗漏都较多。从最近两次经济普查的结果看，我国常规统计的主要问题是低估了服务业的规模和比重。江小涓：《服务业增长：真实含义、多重影响和发展趋势》，《经济研究》，2011(4)。

④感谢洪群联和中国人民大学硕士生王秀华对本节写作提供的资料支持。

（一）2011 年前三季度的服务业形势

1. 服务业平稳较快增长，但增速和占比均有所下降

2011 年前三季度，全国服务业增加值 135557 亿元，按可比价格计算，同比增长 9.0%，增速慢于 GDP 和第二产业增加值。自 2006 年以来，2011 年前三季度服务业增加值的增长速度，仅略快于国际金融危机影响较重的 2009 年，低于其他 4 年；而 2009 年前三季度服务业增加值的增速还快于同期 GDP。2011 年前三季度，全国服务业增加值的增速低于 GDP 0.4 个百分点（见表 2-2），导致服务业增加值占 GDP 的比重降到 42.3%。

表 2-2　近年来各年上半年三次产业增加值增长率之比较（可比价）

单位：%

年份	第一产业	第二产业	第三产业（服务业）	国内生产总值
2006	4.9	13.0	9.5	10.7
2007	4.3	13.5	11.0	11.5
2008	4.5	10.5	10.3	9.9
2009	4.0	7.5	8.8	7.7
2010	4.0	12.6	9.5	10.6
2011	3.8	10.8	9.0	9.4

2. 服务业与全社会固定资产投资增速基本接近，但近期增速下滑较为明显

2011 年以来，全社会固定资产投资增速基本平稳，在 25% 上下。服务业与全社会固定资产投资增速相近。但自 2011 年 5 月起，服务业固定资产投资增速逐月下降，前 9 个月已达 6 年来同期最低，明显低于上年同期。与全社会或第二产业固定资产投资增速相比，服务业固定资产投资增速已由前 4 个月的更高转为近 4 个月的更低（见图 2-1）。

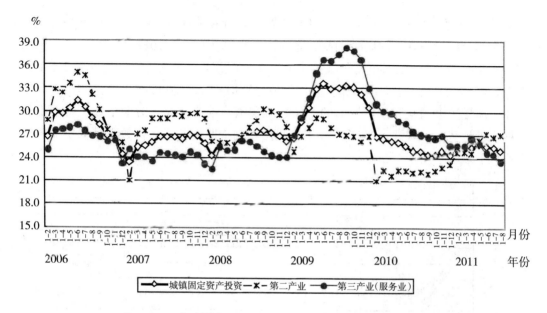

图 2-1　近年来服务业固定资产投资同比增速的变化及比较

3. 服务贸易快速增长，但逆差迅速扩大

2011 年上半年，我国服务贸易总额、服务出口、服务进口、服务贸易逆差同比分别增长 20.4%、16.9%、23.4% 和 66.7%。与上年同期相比，2011 年上半年我国服务贸易总额、服务出口和服务进口的增速分别减少 11.6 个、24.1 个和 1.6 个百分点，但服务贸易逆差却由上年同期的同比下降 30%，转为 2011 年同期的同比增长 66.7%。上半年服务贸易逆差占服务贸易进出口总额的比重，也由上年的 7.0% 提高到 2011 年的 9.7%。服务贸易总额占货物和服务贸易进出口总额的比重，由上年同期的 11.2%，下降到 2011 年同期的 10.5%。服务业提高国际竞争力日趋迫切。

4. 部分行业、地区服务业发展势头较好，但同期比较，不少企业发展势头差于上年

2011 年上半年，全国旅游接待总人数同比增长 12%；实现旅游总收入同比增长 20%，增速较上年同期提高 1 个百分点。尤其是 2011 年上半年国民旅游市场快速扩张，国内旅游人数、国内旅游收入的增速分别快于上年同期 4 个和 2.4 个百分点。同期，信息技术咨询服务、数据处理和运营服务、信息系统集成服务实现收入，同比分别增长 36.5%、34.5% 和 23.9%；软件外包服务出口同比增长 46.4%，增速快于上年同期 7.6 个百分点。服务业增加值位居全国前列的江苏、浙江两省，2011 年上半年服务业增加值分别同比增长 11.7% 和 10.3%，均高于所在省 GDP 和全国服务业增速。

但是，多数行业或地区服务业的增长势头差于上年。如 2011 年上半年，全国物流业增加值增长 14.2%，虽高于服务业增速 5 个百分点，却比上年同期回落 1.4 个百分点。同期，北京、上海两市服务业增加值分别增长 8.2% 和 8.8%，增速虽高于同期 GDP，却慢于全国服务业增加值的增长。从我国非制造业商务活动指数也可看出服务业发展形势的严峻性。2011 年以来，我国非制造业商务活动指数大多低于上年同期，8 月份尤为明显（见图 2-2）。

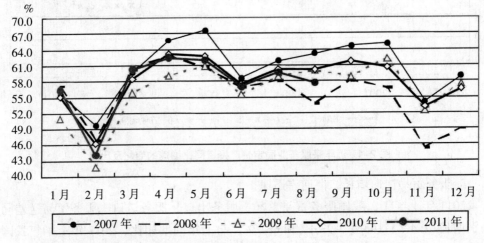

图 2-2　近年来中国非制造业商务活动指数的变化

5. 服务业改革和政策创新加快推进，但整体推进仍然任重道远

2011 年以来，各省、市、自治区和国家首批服务业综合改革试点城市（区）认真推进国家服务业综合改革试点。上海、安徽、江苏等省市陆续展开省级服务业综合改革试点工作。有关部委与北京市合作，在中关村启动国家自主创新示范区现代服务业综合试点。许多省、市、区积极创新服务业发展政策。如浙江出台《关于进一步加快发展服务业的若干政策意见》。但就总体而言，服务业改革和政策创新的进展在行业和地区之间仍有较大差别，总体推进亟待提速。

（二）影响服务业发展的主要问题

1. 国内外经济增长放缓，发展环境的复杂性和不确定性明显增加

2011 年以来，世界经济增速放缓，主要经济体经济增长形势不容乐观。欧债危机、美国主权信用评级下调、日本大地震和海啸引发连锁反应、中东北非动荡，美、

日等国实行量化宽松的货币政策加剧全球通胀压力等，加大了世界经济复苏的艰难性、复杂性和不确定性。2011年上半年，我国GDP增速较上年放缓1.5个百分点；前8个月，规模以上工业增加值增幅较上年同期回落2.4个百分点。国内经济运行环境的复杂性和不确定性也在明显增加。

经济运行和国际环境的变化，从服务需求和发展环境等方面制约服务业增长。2011年前7个月，按可比价格计算我国社会物流总额同比增长13.6%，增幅较上年同期回落4个百分点。由于原材料、燃料、动力价格和劳动力成本上升，社会物流总费用同比上升18.5%。消费者物价指数(CPI)高位上升等，影响批发和零售业、住宿和餐饮业等生活性服务业发展，制约社会消费品零售总额的增长（见图2-3）。2011年上半年，我国入境游发展较慢，旅游外汇收入仅同比增长3.0%，增幅较上年同期减少11.5个百分点。这与世界经济增速放缓有很大关系。

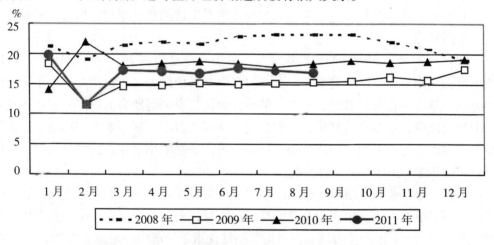

图2-3　近年来我国社会消费品零售总额同比增速的变化

2. 部分宏观调控政策的出台和应对国际金融危机的政策退出，影响房地产、金融等服务业发展

为应对国际金融危机，2008年年底以来，国家强力实施了一系列进一步扩大内需的政策措施，其中相当一部分有利于服务业发展。到去年年底，其中大多数临时性政策措施逐步退出，服务业发展开始由依靠政策刺激增长转向更多地依靠自主增长。2011年以来，我国把稳定物价总水平作为宏观调控的首要任务，实施稳健的货币政策，多次上调存款准备金率和存贷款基准利率等，也在一定程度上制约了金融等服务业扩张。尤其是2011年以来我国持续实行差别化住房信贷等房地产调控政

策，在部分城市实行住房、汽车限购等，在一定程度上抑制了房地产、汽车等关联产业服务需求的扩张。

3. 物价涨幅较大和城镇居民收入实际增长较慢，制约了服务业扩张

2011 年以来，我国物价总体涨幅较大。前 7 个月居民消费价格总水平逐月攀升，7 月份和 8 月份分别同比上涨 6.5% 和 6.2%。自 2011 年 4 月起，居民消费价格总水平的同比涨幅，一直高居 2008 年 8 月份以来之最高水平。2011 年上半年，扣除价格因素，城镇居民人均可支配收入和农民人均现金收入分别实际增长 7.6% 和 13.7%；城镇居民人均可支配收入的实际增长率，处于 6 年来较低水平。当前，我国城镇人口占总人口的比重接近 50%，城镇居民的人均收入水平显著高于农村居民。城镇居民收入增长较慢，难免影响生活性服务的需求和产业发展，间接拖累相关生产性服务业。

4. 中小企业尤其是小型、微型服务企业生存发展的难度增加，服务企业融资难进一步凸显

2011 年以来，国内外经济增速放缓，发展环境复杂多变，中小企业首当其冲。用电紧张、用工不足、信贷紧缩、劳动力和原材料价格上涨等，增加了中小企业的财务成本及其生存发展难度，相当一部分企业面临资金链断裂的风险。有些中小企业为规避风险，不愿多接订单，抑制其生产性服务需求。许多地方在用电、用地和融资等方面，优先保障大企业特别是财税大户，加剧中小企业，特别是小型、微型企业获得能源、土地和资金的困难。

在服务业企业中，中小企业中以小型、微型企业较多。许多服务业企业缺乏固定资产等有效抵押物，中小企业融资难问题在服务业企业中更重。中小企业生存发展的难度增加，对服务业发展和投资的影响往往重于一般中小企业。如 2011 年上半年在温州市私营企业中，制造业、批发和零售业、租赁和商务服务业分别占 51.9%、23.6% 和 7.2%；但在该市注销的 1215 户私营企业中，制造业、批发和零售业、租赁和商务服务业分别占 35.1%、30.7% 和 17.0%。

第三章　中国服务业发展的战略机遇与重点

在"十二五"乃至 2020 年前全面建设小康社会的阶段，推进经济结构战略性调整和发展方式转变能否取得实质性的进展，很大程度上取决于推动服务业大发展方面取得的成效。故本章将就 2020 年前中国服务业发展的战略机遇和重点进行分析。

一、中国服务业发展的战略机遇

"十二五"时期，是全面建设小康社会的关键时期。"十三五"时期，则是全面建设小康社会的攻坚时期。"十二五"、"十三五"两个五年规划期，同时也是深化改革开放、加快转变经济发展方式的攻坚时期。服务业国际转移向深度和广度的加速推进，将为服务业发展不断提供新的机遇，形成对中国服务业结构升级和创新能力建设的重要带动效应。全面建设小康社会和加快转变经济发展方式，将对推动服务业发展不断提出新的需求，并为优化服务业发展的政策环境不断提供新的支撑。与此同时，深化改革开放，将为优化服务业发展的体制机制、推动服务业大发展不断提供新的动力。因此，未来九年，即 2020 年前全面建设小康社会的阶段，既是我国经济发展的重要战略机遇期，更是推动服务业大发展的重要战略机遇期。这种战略机遇还表现在以下方面：

（一）工业化、城镇化和农业现代化的深入发展，将对服务业发展和结构升级不断提出新的需求

随着工业化的深入发展，对生产性服务业的需求将会迅速扩张。近年来这方面已有大量研究文献。[1]关于农业现代化深入发展对生产性服务业的要求，本书第三篇将进行专门讨论。限于篇幅，本章对这些问题不再赘述。这里着重分析城镇化深入

---

[1] 何德旭等：《中国服务业发展报告 No.6》，北京，社会科学文献出版社，2008；来有为：《生产性服务业的发展趋势和中国的战略抉择》等，就此进行了较为系统的研究。

发展对服务业的需求。自 1996 年以来，中国在总体上进入城镇化加速发展的阶段。1995～2010 年 15 年间，城镇人口占总人口的比重由 29.04%提高到 49.95%，年均提高 1.4 个百分点；到 2010 年，中国城镇人口已达 66978 万人。城镇化的深入发展，不仅会带动基础设施建设和物流、房地产等服务业规模的迅速扩张；还会优化金融业、批发和零售业、租赁和商务服务业等服务业发展和聚集的环境，为加快其发展创造条件。特别是，城镇人口规模的扩张及其占总人口比重的提高，直接有利于消费性服务业的发展。以 2010 年为例，城镇居民人均服务消费支出①25890.27 元，农村居民人均服务消费支出仅 1481.94 元，前者相当于后者的 3.97 倍；服务消费支出占总消费支出的比重，城镇居民为 43.7%，农村居民仅 33.8%。

（二）当前我国正处于从中等收入国家向中高收入国家迈进的阶段，收入水平的提高有利于扩大服务消费

2010 年，我国人均 GDP 29992 元人民币。按现行汇率计，我国人均 GDP 已经超过 4000 美元，进入中等收入国家行列。2020 年前，我国仍处于从中等收入国家向中高收入国家迈进的阶段。在此阶段，随着收入水平的迅速提高和消费结构的加快升级，服务消费总量迅速扩张，占消费总支出的比重呈现逐步提高的态势。如未扣除价格因素，2000～2010 年，全国城镇居民家庭人均消费性支出增加 8473.45 元，其中人均服务消费支出增加 3929.35 元，人均服务消费支出增量占人均消费支出增量的比重达到 46.4%。同期，全国农村居民家庭人均生活消费总支出增加了 2711.69 元，其中人均服务消费支出增加了 986.61 元，人均服务消费支出增量占人均消费总支出增量的比重达到 36.4%（见表 3-1）。从不同收入等级城乡居民人均服务消费支出及其占比的比较，可以清楚地看出收入水平提高对扩大服务消费、提高其占比的作用（见表 3-2 和表 3-3）。到"十二五"末或"十三五"期间，城镇居民服务消费的增长，很可能成为城镇居民消费性支出增长的主体。2010 年，我国城镇高收入户服务消费支出占消费性支出的比重已达 53.7%。由此也可以看出这一点（见表 3-2）。

---

①此处的服务消费支出对应于《中国统计年鉴》上八大类消费性支出中的家庭设备用品及服务、医疗保健、交通和通信、教育文化娱乐服务、其他商品和服务等 5 类消费性支出。但在这 5 类消费性支出中，包括了部分商品性消费支出，不应纳入服务消费计算，未剔除这些商品性消费支出的原因，一是家庭设备用品及服务中的耐用消费品，在《中国统计年鉴》的农村消费性支出中未单列，无法剔除；为保持城镇和农村服务消费支出在统计口径上的可比性，在城镇服务消费支出中未扣除耐用消费品支出。二是其他商品和服务支出中的其他商品，在《中国统计年鉴》中未单列，无法剔除。

表 3-1　2000～2010 年中国城镇和农村人均服务消费的增长情况　　　　　单位：倍、元、%

	人均纯收入增长倍数	人均消费性支出增长倍数	人均服务消费支出增长倍数	人均服务消费支出占消费性支出的比重		人均服务消费支出增量占消费性支出增量的比重
				2000	2010	
城镇	2.04	1.70	2.00	39.23	43.72	46.37
农村	1.63	1.62	1.99	29.66	33.82	36.38

注：在本表中，消费性支出一项对应于《中国统计年鉴》的生活消费总支出。

表 3-2　2010 年不同收入等级城镇居民人均服务消费支出及其占比　　　　　单位：元、%

	总平均	最低收入户（10%）	其中困难户(5%)	低收入户（10%）	中等偏下户（20%）	中等收入户（20%）	中等偏上户（20%）	高收入户（10%）	最高收入户（10%）
服务消费支出	5890.27	1776.68	1474.73	2533.66	3617.21	5167.22	7139.44	10017.70	17062.92
占消费性支出比重	43.72	32.47	31.28	34.42	37.49	40.98	44.23	47.70	53.72

表 3-3　2010 年按收入五等份分农村居民家庭人均服务消费支出及其占比　　　　　单位：元、%

	低收入户	中低收入户	中等收入户	中高收入户	高收入户
服务消费支出	729.68	1002.05	1288.28	1737.87	3077.18
占生活消费总支出比重	28.78	31.12	32.50	34.58	37.57
服务消费现金支出	729.32	1001.27	1287.66	1737.44	3076.75
占生活消费现金总支出的比重	36.06	37.28	37.58	38.76	39.91

值得注意的是，收入水平提高对扩大服务消费的带动作用，不仅表现在生活性服务业，同样表现在生产性服务业。因为随着收入水平的提高，城乡居民对闲暇的消费倾向进一步提高，有利于加快生活方式的转变。生活方式的转变，不仅会拉动消费性服务业的需求扩张，还有利于推动分工分业的深化，从而有利于扩张生产性

服务需求，并催生新的生产性服务业业态和经营方式。如近年来，随着农民收入水平的提高和生活方式的转变，农业生产追求简约化的趋势迅速显现，①成为推动农业分工深化和农机服务、植保服务等农业生产性服务业加快发展的重要原因之一。

（三）人口老龄化加快推进，成为拉动相关服务业发展的重要动力

近年来，我国人口老龄化加快推进。按第五、第六次全国人口普查标准时点计算，2000~2010 年，全国大陆人口增加了 7389 万人，其中 65 岁及以上人口增加了 3072.17 万人，占 41.6%；65 岁及以上人口占总人口的比重由 7.0% 提高到 8.9%，10 年间提高了 1.9 个百分点。在此期间，就总体而言，0~14 岁人口呈现规模减小、比重下降的趋势，15~64 岁人口在规模扩张的同时，占比也有较大程度的提高（见表 3-4）。按照这种趋势，借鉴近年来国内关于中国人口结构演变趋势的研究成果，在 2020 年前，中国人口老龄化仍将呈现加快推进的态势。人口老龄化的加快推进，不仅会直接带动养老服务、病患陪护等家庭服务需求的迅速扩张，还会通过带动休闲养生和健康产业的迅速发展，间接带动相关生产性服务、生活性服务甚至公共服务业的迅速发展，成为影响产业结构调整升级和服务业发展的重要动力。本书第二篇关于家庭服务业的分析，有利于更深入地理解这一点。

表 3-4　第五次、第六次全国人口普查大陆人口年龄构成比较　单位：万人、%

	数量		占总人口比重	
	第五次人口普查	第六次人口普查	第五次人口普查	第六次人口普查
总人口	126583	133972	100.00	100.00
0~14 岁人口	28979	22245.97	22.89	16.60
15~64 岁人口	88793	99843.34	70.15	74.53
65 岁及以上人口	8811	11883.17	6.96	8.87

　　注：本表中大陆人口系指大陆 31 个省、自治区、直辖市和现役军人。资料来源：国家统计局网站有关第五次、第六次全国人口普查数据公报。

---

　　①"十一五"以来，我国谷物尤其是玉米播种面积迅速扩张，并快于蔬菜和油菜籽播种面积的增加，棉花的播种面积不增反减。形成这种现象，有比较利益等多方面的原因，但农业生产追求简约化也是重要原因之一。2005~2010 年，全国谷物播种面积增加了 9.7%，其中稻谷、小麦、玉米播种面积分别增加了 3.6%、6.4% 和 23.3%；全国蔬菜和油菜籽的播种面积分别增加了 7.2% 和 1.3%，棉花播种面积却减少了 4.2%。

二、中国服务业发展的战略重点

(一) 选择服务业发展的重点行业必须注意几个原则

1. 坚持培育新增长点与增强服务业功能并重,优先瞄准经济结构战略性调整和发展方式转变的需求

发展服务业,必须注意扩大服务业规模,提高服务业水平及其占 GDP 和就业的比重,为此积极培育服务业新增长点。但是,发展服务业,更应重视其对经济结构战略性调整和发展方式转变的引领、支撑、适应能力,实现服务业发展从产业导向到功能导向的转变,优先注意增强服务业功能。换句话说,服务业发展重点行业的选择,要面向全面建设小康社会、构建社会主义和谐社会的战略和现实需求,服从和服务于产业结构优化升级、发展方式转变的大局,基于不同类型服务行业的实际功能,实现服务业发展从片面强调激励和增加服务业供给,向面向需求引导增加有效供给和利用新型供给引导服务需求的方向转变。经济结构战略性调整包括产业结构 (供给结构)、需求结构、要素投入结构和产业组织结构的调整。发展服务业,提高服务业的水平和比重,本身就是经济结构战略性调整的重要内容,是培育新的经济增长点的重要方式,并会对产业结构、需求结构、要素投入结构和产业组织结构的优化调整产生深刻影响。通过科学选择服务业发展的行业重点,优先支持产业关联效应显著的服务业重点发展,增强服务业对农业、制造业乃至服务业自身发展的引领、支撑和适应能力,强化服务业同第一产业、第二产业乃至服务业自身的优势互补关系,为创新产业发展形态、发展模式、发展动力和丰富现代产业体系的内涵创造条件。要顺应国内外信息化迅速发展的潮流,促进服务业对农业、制造业乃至服务业自身的融合和渗透,推动农业服务化、制造业服务化和服务产业化互动发展,积极创造条件,发挥服务链对产业链优化升级和产业体系建设的主导作用。

2. 扩大服务业就业与增强其可持续发展能力并重,服务业结构升级和竞争力提升适度优先

就业是民生之本。建设和谐社会,必须从扩大就业做起,创造平等就业机会,提高就业质量。服务业许多行业,具有劳动力吸纳能力强的优势。世界上许多国家,

服务业已成为创造就业的主渠道。①我国服务业的就业人员数早已超过第二产业。②"十二五"期间，我国劳动力供大于求的矛盾在总体上仍然比较突出，劳动力供求的结构性矛盾进一步加剧。当前，国际金融危机的影响进一步发酵，经济增长减速的风险很难根本消除，经济运行环境的严峻性、复杂性和不确定性难以完全避免，甚至有可能不减反增，从而进一步增加了通过经济增长带动就业的困难与风险。特别是"十二五"期间，高校毕业生、高龄农民工、农村老弱劳动力等特殊人群的就业困难将会趋于加重；新生代农民工对职业发展和就业稳定性的需求将会迅速提高，其劳动力素质的不适应性很可能进一步加大。因此，发展服务业必须把扩大就业放在突出地位，作为实施就业优先战略的重要组成部分。

但是，扩大服务业就业应该与增强服务业可持续发展能力并重，为增强服务业就业吸纳能力提高长效机制。况且，过度重视服务业的就业吸纳功能，有可能妨碍服务业结构升级和竞争力提升，影响其可持续发展能力的成长。③在"十三五"期间，特别是 2020 年以后，我国劳动力就业压力的增长很可能在总量上趋于缓和，劳动力供给很可能从无限供给阶段转入有限剩余阶段，这为我们提供了相对宽松的环境，有可能跳出片面强调服务业扩大就业的局限，加快服务业结构升级和竞争力提升。

重视服务业结构升级和竞争力提升，必须把提高服务业就业者素质放在优先地位，建立有利于服务业人才引进和开发利用的激励机制，完善服务业人才培养培训的长效机制，激活服务业在解决高校毕业生、高龄农民工、农村老弱劳动力等特殊人群就业困难方面的潜能。因此，重视服务业结构升级和竞争力提升，不仅有利于改变当前服务业发展严重滞后的状况，还有利于加强研发、人力资源等知识、技术密集型服务业，为提升劳动力素质、克服劳动力供求中的结构性矛盾创造条件。④加之，随着服务业结构升级的推进，新兴服务业迅速崛起；随着服务业竞争力的提升，

---

①任兴洲、王微：《服务业发展：制度、政策与实践》，第 10 页，北京，中国发展出版社，2011。

②以 2010 年为例，第一、第二、第三产业就业人员数分别占就业人员总数的 36.7%、28.7% 和 34.6%。

③因为有些劳动密集、就业门槛低的服务业属于传统服务业，位居国内外服务业发展的低端，竞争能力和可持续发展能力较弱，甚至存在严重的进入过剩问题。

④根据中国社会科学院人口与劳动经济研究所蔡昉等人的研究，我国劳动年龄人口的绝对数量，到 2010 年前后将稳定下来，到 2021 年前后将趋于下降。参见中国社会科学院人口与劳动经济研究所网站转载大洋网 2004 年 4 月 22 日对蔡昉的采访。随着经济的发展、收入水平的提高和受教育机会的增加，劳动力参与率将会趋于下降，由此会进一步弱化劳动力供给增长的势头。

服务业市场空间逐步扩大，这些都会引发新的服务业就业需求。因此，选择服务业发展的重点行业，应该适度优先地考虑促进服务业结构升级和竞争力提升。

3. 坚持生产性服务业和消费性服务业并重，向生产性服务业适度倾斜

推进产业结构优化升级和发展方式转变，必然要求生产性服务业加快发展。从国际经验来看，当工业化进入中期阶段后，工业比重的上升趋于缓慢，工业发展对知识和技术密集型生产性服务的需求逐步凸显；服务业比重往往在波动中上升，服务业结构也呈现明显的调整升级趋势，表现为金融、信息、研发等知识和技术密集型服务业快速发展，生产性服务业占服务业增加值的比重不断提升。[1]当前，我国正处于这一阶段，选择服务业发展的重点行业，应该向生产性服务业适度倾斜。

但是，向生产性适度倾斜，应该以生产性服务业和消费性服务业并重发展为前提，不可偏废。主要有三方面的原因。第一，生产性服务业和消费性服务业有时不是截然分开的，有些服务业同时兼具生产性服务和消费性服务功能，批发和零售服务业就是典型一例。片面强调生产性服务业发展，可能会误伤这些生产性服务行业。第二，有些生产性服务业的发展，包括其人才成长和培养，往往需要通过生活性服务业的适度发展提供"土壤"。[2]第三，更为重要的是，发展方式转变不仅包括生产方式转变，还包括生活方式转变。推进生活方式转变，只能靠生活性服务业。如前所述，近年来，在我国城乡居民消费需求的增长中，服务消费的重要性正在迅速凸显。况且，要构建扩大内需的长效机制，把扩大消费需求作为扩大内需的战略重点，要积极稳妥地推进城镇化，坚持把保障和改善民生作为加快转变经济发展方式的根本出发点和落脚点，都必须通过生活性服务业来实现。

4. 坚持现代服务业和传统服务业并重，发展现代服务业适度优先。

"十二五"规划提出，坚持把科技进步和创新作为加快转变经济发展方式的重要支撑。加快发展服务业，也要重视科技进步和创新的重要作用，为推进服务业结构转型升级提供动力，为增强服务业对发展方式转变的主导作用创造条件。鉴于现代

---

①任兴洲、王微：《服务业发展：制度、政策与实践》，第20页，北京，中国发展出版社，2011。

②如据我们2008年对浙江省的调查，TZ市由于交通不便、缺乏相应的生活和服务设施，出现服务企业招聘人才难、留住人才更难的现象。尤其是像WL这样的县级市，面向产业集群发展中介服务业更是人才难得。近年来，HZ、TZ乃至WL市房价和生活费用迅速上涨，在相当程度上影响生产性服务业的人才引进，制约外地生产性服务企业的进入。一些跨国公司反映，HZ等中心城市房价已达到国内一流水平，但跨国公司的员工薪酬仍按二类城市标准支付，因此很难留住优秀人才。2006年，我们对广东佛山市NH区的调查也显示，近年来，该区XQ镇为引进优秀的服务人才，采取了许多得力措施，但许多高端服务人才进来后很难长期留下来，一是因为缺乏良好的娱乐设施和环境，二是当地很难有好的中小学供子女入学。

服务业主要提供知识、技术密集型的创新服务活动，选择服务业发展的重点行业，应该坚持现代服务业适度优先的方针，优先支持服务业业态创新、技术创新、理念创新和商业模式创新等。现代服务业往往以知识、信息、高素质人才等高级生产要素或专业型生产要素为主要支撑，优先发展现代服务业，也有利于提升服务业乃至整个经济发展的要素投入结构，减少经济发展对资源、能源和传统生产要素的依赖，切实推动发展方式转变。但是，在发展服务业的过程中，应该注意现代服务业与传统服务业统筹兼顾，片面强调发展现代服务业，轻视传统服务业是不足取的。因为建设和谐社会，保障和改善民生，使发展成果惠及全体人民，都离不开便民利民的传统服务业。有些传统服务业在扩大就业、调节收入分配和推进基本公共服务均等化等方面，可以发挥特殊重要的作用。况且，多数服务行业之间，只有现代化程度的不同，但都有逐步实现现代化的问题；简单地将某些行业划入传统服务业，另一些行业划入现代服务业，有时未必是准确的。

(二) 中国服务业发展的重点行业

《中华人民共和国国民经济和社会发展第十二个五年规划纲要》提出，要有序拓展金融服务业、大力发展现代物流业、培育壮大高技术服务业、规范提升商务服务业、优化发展商贸服务业、积极发展旅游业、鼓励发展家庭服务业、全面发展体育事业和体育产业。基于前述原则，综合考虑需求扩张潜力、创新能力、产业关联效应，以及对增强就业能力和深化现代服务业对经济发展方式转变的影响，我们认为，在 2020 年前我国服务业发展的重点行业，除应包括"十二五"规划确立的这些行业外，还应包括以下行业。①

1. 人力资源服务业

人力资源服务业主要涵盖人力资源管理体系设计和人才中介、培训、规划、咨询、测评及人事外包、人才派遣等领域，由人力资源咨询公司和人力资源管理顾问公司等组成，为企业或社会提供战略和策略层面的人力资源服务。人才是第一资源，人力资源服务业涉及经济社会的方方面面，覆盖领域广，对经济社会发展具有基础性、引领性作用。人力资源服务业已成为当今世界的"朝阳产业"，发展前景广阔。2011 年 6 月，我们在上海调查时，上海人才服务行业协会提供的资料显示，2008

---

① 需要说明的是，以下行业有一定的交叉，甚至部分行业在国内外均无统一定义，有的甚至缺乏一致的分类和统计标准。如信息服务业、文化服务业等。

年，据不完全统计，全球人力资源服务业的总营业额近 8000 亿美元，仅世界排名前三位的人力资源服务公司营业额就达 800 亿美元。

但是，当前我国人力资源服务业的发展，与加快转变经济发展方式的要求，仍有很大差距。[①]"十二五"期间，以加快转变经济发展方式为主线，必然对提高劳动力素质提出更高要求，加快发展人力资源服务业，积极推进其专业化、产业化、市场化、国际化和规范化，健全人才引进、开发、利用和培训提升的长效机制，可以为推进产业结构优化升级和发展方式转变，提供持续加强的人才保障。况且，就业是民生之本。建设和谐社会，必须从扩大就业做起，创造平等就业机会，提高就业质量。"十二五"期间，我国劳动力供大于求的矛盾在总体上仍然比较突出，劳动力供求的结构性矛盾进一步加剧。随着国际金融危机影响的进一步发酵，经济增长减速的风险很难根本消除，经济运行环境的严峻性、复杂性和不确定性难以完全避免，甚至有可能不减反增，由此会进一步增加通过经济增长带动就业的困难。特别是"十二五"期间，高校毕业生、高龄农民工、农村老弱劳动力等特殊人群的就业困难仍将有所加重，新生代农民工对职业发展和就业稳定性的需求将会迅速强化，由此也会加大其劳动力素质的不适应性。加快发展人力资源服务业，对于解决"十二五"期间仍较严重的就业问题，特别是上述特殊人群的就业问题，具有重要作用。今后，应将加快发展人力资源服务业，作为实施就业优先战略的重要组成部分。加快发展人力资源服务业，也有利于强化服务业对经济形态、现代服务业对发展方式转变的主导作用。

2. 信息服务业

信息服务业利用计算机和通信网络等现代科技对信息进行生产、收集、加工处理、存储、传输、检索和利用，并以信息产品为社会提供服务，主要包括信息技术服务业、互联网服务业和信息传输服务业，也有人将信息服务业划分为信息传输服

[①] 以人力资源培训服务为例，许多研究者批评企业培训观念保守，不愿接受市场化培训服务。但我们 2009 年对山东滕州、安徽凤阳、四川南部、广东三水 4 县区近 200 个中小企业的问卷调查显示，市场化培训服务的质量确实令人担忧，至少在当前，简单地批评企业不愿意将培训服务外包是不合理的，面对如此难以让人满意的市场化培训，企业如果不加区分地将培训服务外包，至少有对企业自身发展不负责任之嫌。在我们的调查中，77.6%的企业认为企业内部培训效果很大或较大，对委托培训、网络学校培训、学历教育或到高校学习、政府或准政府组织的培训、行业协会组织的培训分别仅有 20.1%、9.6%、14.6%、23.6%、22.1%的企业认为培训效果很大或较大；分别有 70.7%和 23.6%的企业认为，市场化培训机构的突出问题是培训质量不高和培训收费太贵。姜长云、杜志雄、刘志荣等：《农村中小企业转型发展论》，第 80～84 页，北京，经济科学出版社，2011(7)。

务业、信息技术服务业（IT 服务业）和以信息内容产业为主的信息资源产业。信息服务业主要提供系统集成、增值网络服务、数据库服务、咨询服务、维修培训、电子出版、展览等服务。[①]当今世界，信息化迅速发展，信息技术与互联网的融合进一步深化；甚至基于互联网，将用户端延伸和扩张到任何物品和物品之间，进行信息交换和通信，形成了物联网的概念。这为加快发展信息服务业创造了更为优越的条件。随着服务业乃至三次产业的加快发展，对信息服务业提供平台支撑的需求也会不断强化。在一定意义上说，信息服务业是服务业乃至产业发展的重要社会性基础设施。

国际经验显示，信息服务业对生产和消费的带动作用强，产业关联度高，创新引领作用突出。随着信息技术的广泛应用和互联网的快速发展，以及物联网等新型网络体系的出现，信息服务业的功能迅速强化，信息服务市场化、产业化和平台化的趋势迅速凸显，以信息技术为主导的服务外包规模不断扩大，深刻影响着人类社会的生产方式和生活方式，甚至催生出大量新兴产业、服务业态和商业模式，[②]对增强服务业乃至产业、企业的创新能力正在发挥难以估量的重要作用。今后，我国要在全球信息化浪潮中不至落伍，要顺应信息化深入发展的潮流加快发展方式转变，促进信息化和工业化、城镇化深度融合，推进经济社会各领域的信息化，必须将信息服务业作为未来服务业发展的重点。借此，不仅有利于提升工业化、城市化和农业现代化的发展质量，还有利于发挥现代信息服务业对发展方式转变的主导作用，更好地培育服务业和服务经济的发展环境。

3.文化服务业

参考 2004 年国家统计局关于印发《文化及相关产业分类》的通知，[③]文化服务业包括新闻服务，出版发行和版权服务，广播、电视、电影服务，文化艺术服务，网络文化服务，文化休闲娱乐服务，文化艺术商务代理、文化产品出租与拍卖服务、广告和会展文化服务等其他文化服务，文化用品、设备及相关文化产品的销售服务等。近年来，科技在文化领域的应用与融合、现代电子信息和计算机技术的发展，

---

①上海市经济和信息化委员会、上海科学技术情报研究所编著：《2010 年世界服务业重点行业发展动态》，第 109～112 页，上海，上海科学技术文献出版社，2011；http://baike.baidu.com/view/71931. htm"信息服务业"词条。

②上海市经济和信息化委员会，上海科学技术情报研究所编著：《2010 年世界服务业重点行业发展动态》，第 21 页，上海，上海科学技术文献出版社，2011。

③国家统计局网站。www.stats.gov.cn/tjbz/t20040518_402369832.htm。

推动了文化服务领域的迅速拓展。工业化、信息化、城市化、市场化、老龄化和全球化的迅速发展，推动了文化服务业的娱乐化，促进了文化服务业跨行业、跨媒体的融合发展和文化服务业发展模式的创新。[①]重点发展文化服务业，不仅有利于推动文化产业成为国民经济的支柱性产业，还有利于提升产业竞争力和国家软实力，推动创新型国家建设。

文化服务业从功能上看，包括生产性服务和生活性服务两个部分。随着我国从中等收入国家向高收入国家的迈进，随着城乡居民需求结构的升级，对文化等精神产品的边际消费倾向逐步提高，文化服务业的需求扩张很可能进一步加快。[②]许多生产性服务业同文化结合，会迅速提升其服务功能和市场价值，加快提升企业品位、塑造产品品牌，增强企业竞争力，甚至会不断引发新的服务需求。如工业设计、品牌服务及通常所说的文化创意产业等。在许多发达国家，生产性的文化服务业快速发展，成为推动制造业结构升级、增强产业创新能力的重要支撑。文化服务业的发展，也有利于快速提升城市品位，增强城市特色，提高城市化的发展质量。因此，未来我国服务业的发展，应该把文化服务业作为重点之一。

4.健康服务业

健康服务业是以生命技术和生物技术为先导，以健康养生理念为指导，涵盖健康检查、疾病防治、医疗卫生、营养健康、身体养护、健身娱乐、康复治疗与休养、身心健康与精神治疗等多领域的复合型产业。近年来，美国经济学家保罗·皮尔泽在其《财富第五波》一书中预言，全球下一个兆亿产业将是健康产业。当前，健康服务业已经成为美国最大的产业，2006年和2007年，健康服务业分别占美国国民生产总值（GNP）的14%和17%。[③]

随着经济发展和收入水平的提高，特别是随着和谐社会建设的推进，加强基本健康服务、改善民生、促进基本健康服务均等化的需求迅速凸显。随着国内外高收

---

①上海市经济和信息化委员会、上海科学技术情报研究所编著：《2009年世界服务业重点行业发展动态》，第287～291页，上海，上海科学技术文献出版社，2009。

②以2010年为例，最低收入户（10%）、低收入户（10%）、中等偏下户（20%）、中等收入户（20%）、中等偏上户（20%）、高收入户（10%）和最高收入户（10%）全年人均教育文化娱乐服务支出分别为9.19元、10.14元、10.76元、11.27元、12.40元、13.05元和14.22元。最低收入户中的困难户，人均教育文化娱乐服务支出仅8.99元。括弧中数据为占调查户的比重。此处的教育文化娱乐服务支出与文化服务支出在统计口径上有一定差别，仅供参考。

③夏杰长、姚战琪：《中国健康服务业发展现状、问题与政策建议》，见荆林波、史丹、夏杰长主编：《中国服务业发展报告·No.9》，北京，社会科学文献出版社，2011。

入群体数量的迅速增加，随着国内外消费结构的加快升级，扩大健康消费已经成为国内外发展的潮流。信息技术的迅速发展，生物医学模式由防病治病为主向以维护和改善健康、提高生命质量为主的转变，不断唤醒了人们的健康意识，推动着健康服务成为新的消费热点。随着工作节奏的加快和消费水平的提高，心脑血管疾病、营养性疾病、慢性病患者和亚健康人群迅速增加，催生出大量的健康服务需求。人口老龄化和家庭小型化的迅速推进，也在推动健康服务需求的迅速扩张和释放。我国人口老龄化的发展，呈现老龄人口规模大、人口老龄化速度快和老年人口高龄化并存的特点，由此会进一步强化对健康服务的需求。

此外，当前国内外精神性疾病和精神健康问题已经日趋严重。[①]今后，随着我国经济社会结构的加速转型，工作节奏不断加快、社会竞争压力不断加大，还会不断形成对居民心理适应性的挑战，加剧精神性疾病和精神健康问题，甚至导致抑郁症等大量发生，自杀现象逐步增多。通过加强健康服务业，舒缓人们的精神压力，促进其精神健康，对于改善民生、促进社会和谐，其重要性和紧迫性与日俱增。对外、对内开放的扩大，也为开拓健康服务业的市场空间创造了条件。因此，从中长期的角度看，我国健康服务业具有广阔的市场空间，未来发展潜力巨大，在未来服务业发展的重点行业中，具有不可或缺的地位。

5. 面向农业产业链的生产性服务业

从中长期趋势来看，加强面向农业产业链的生产性服务业，也应作为服务业发展的重点行业之一。因为，从国内外经验来看，生产性服务业是现代农业发展的战略引擎，也是现代农业产业体系建设的重要组成部分。在工业化、城市化深入推进中同步推进农业现代化，必须以同步发展面向农业产业链的生产性服务业为前提。当前，我国农业发展，包括农业发展方式中的许多问题，往往与面向农业产业链的生产性服务业不发达密切相关。如近年来农产品价格的上涨和波动问题，与农产品物流特别是冷链物流发展滞后、农业供应链管理落后、农产品市场和信息服务体系不健全有关。农产品成本的迅速上升，在相当程度上是因为专业化、市场化、产业化的农业生产性服务业不发达，农业公共服务能力不足。近年来，农业劳动力老弱

---

①世界卫生组织认为，劳动者的精神健康问题已经成为与工作关联的健康问题之首。欧盟估计，有20%的成年劳动人口存在不同类型的精神健康问题。韩国职场劳动者的80%有过由于职场压力致病的经历，40%曾因工作压力致病接受过治疗，抑郁症患病率达到15.9%。2009年，日本因失业、就职失败和生活困苦自杀的人数比前一年分别增长了66.3%、39.9%和34.3%。刘燕斌：《借鉴国际经验保护劳动者精神健康》，《中国组织人事报》，2010-07-05。

化的问题迅速凸显，形成所谓的"386199"，引发人们对我国现代农业发展前景的担忧。其实，如果面向农业产业链的生产性服务业较为发达，再有少量的发展现代农业带头人，那么农业劳动力老弱化，正是推进农业发展方式转变的良机，并没有多少可怕之处。因为这些发展现代农业的带头人，通过示范带动，可以帮助老弱化的农民更好地选择发展现代农业的方向。在不断加强农业公共服务的前提下，如果专业化、市场化、产业化的农业生产性服务业较为发达，老弱化的农民家庭可以把其农业生产性服务业外包给专业化、市场化、产业化的植保服务、疫病防控服务、农产品物流服务和市场营销服务等。这不仅不会阻碍现代农业的发展，反而正是发达国家发展现代农业的重要方式。因此，选择服务业发展的行业重点，也应将面向农业产业链的生产性服务业作为重点之一。只是面向农业产业链的生产性服务业，与前述服务业发展的重点行业，如物流服务业、信息服务业等具有较大的重复性，对此需要引起重视。

第四章　中国服务业发展的战略选择

"十二五"规划把推动服务业大发展作为产业结构优化升级的战略重点。那么，如何才能促进服务业大发展呢？

一、实行更加积极主动的服务业开放战略

当今世界，信息化、全球化深入推进，科技创新不断孕育新的突破。在此背景下，按照互利共赢原则，实行更加主动积极的开放战略，有利于更好地利用世界范围内发展服务业的创新成果，拓宽借鉴国外先进经验、技术、管理模式的渠道，加快改变我国在发展服务业方面严重滞后的格局。要按照反垄断、鼓励竞争和平等对待外资的原则，积极利用外资跨国公司进入形成的"鲶鱼效应"[1]，提升我国服务业乃至产业经济的运行效率和竞争能力。在积极、有效利用外资的前提下，按照逐步扩大，以我为主，为我所用的原则，采取长远的眼光和宽容、开放、包容的心态，鼓励外资跨国公司进入服务业的高端领域。除少数战略性环节和关键性领域外，要适当放宽对外资持股的比例限制，有效利用跨国公司带动我国现代服务业发展。[2]要把加强国际服务外包基地（城市、园区）建设，作为扩大服务业对外开放的重要载

---

[1]鲶鱼效应说的是渔民在运送沙丁鱼的过程中，沙丁鱼由于追求安静，在途中容易因窒息而死亡。如果在其中放入一条以鱼为主要食物的鲶鱼，鲶鱼的四处游动，导致沙丁鱼紧张躲避，很容易解决沙丁鱼缺氧而死的问题。

[2]以人才服务业为例，随着对外开放的扩大和经济全球化的发展，国际竞争国内化、国内竞争国际化成为大势所驱，由此将会带动人才流动、人才构成和人才竞争的国际化。甚至要增强与跨国公司的竞争能力，培养和招募国际化人才是不可或缺的。近年来，许多外资跨国公司为在我国推进本土化战略，努力推进人才本土化，并将其与推进人才国际化结合起来；甚至基于"思想全球化，行动本土化"的理念，推进人力资源培养培训体系的本土化。由此一方面会带动我国服务业人才培养培训能力的成长；另一方面从反面提醒我们，通过积极"走出去"，加强同国外行业协会、高等院校、科研院所甚至国外同行的交流合作，有利于带动我国服务业组织模式、运行机制和管理方式的创新，提高相关服务组织的国际竞争力。

体，强化支持政策。把鼓励发展服务贸易，提高其水平和发展质量，放在扩大服务业对外开放的突出地位。鼓励通过承接国际服务外包和发展服务贸易，吸引和凝聚国内外优质的发展要素，提高服务业发展质量及其对发展方式转变的主导能力。

当然，扩大对外开放也是一把"双刃剑"。如外资服务业的大量进入，也会加大我国服务业乃至产业发展面临的竞争压力，挤占我国服务业的市场空间和生存空间。有些跨国公司凭借其品牌效应、强大实力、竞争优势和先行地位，抢占我国服务业乃至产业发展的中高端环节，加大我国服务业乃至整个产业升级的难度，形成对我国产业安全的严重挑战。这一问题已经引起理论界和政策研究部门的高度关注。但是，如何对待这一问题，迄今为止仍有很大的认识分歧。

对于这一问题的不同态度，从根本上涉及两方面的问题。一是要不要对外开放。改革开放以来30余年的经验，对此提供了肯定的答案（见案例4-1）。尽管30余年来我国产业经济的对外开放面临一些问题，但这些问题大多数属于发展中的问题，应该在发展的过程中逐步加以解决。况且，开放带来的成效远远大于其引发的问题。因此，今后在我国发展服务业的过程中，要积极利用承接国际服务业转移的有利条件，加快引进服务业外资，鼓励外资向现代服务业等领域投资，带动国内服务业的理念和业态创新，强化开放对改革、创新和发展的促进效应。二是如何对待跨国公司占领服务业高端环节对产业安全的影响。在此方面，借鉴国际经验，加快建立和完善外资并购安全审查制度，是非常必要的。在涉及国家经济、技术、信息安全的战略性领域或战略性行业的关键性领域，要适度加强对本土企业的保护，严格控制外资控股或适当限制外资持股比例，必要时在少数关键领域严禁外资控股。[①]

案例 4-1

在移动电话和数据业务领域，中国经历了一个逐步扩大开放的过程。在此方面，加入 WTO 1 年后，外资可在北京、广州、上海设立持股比例不超过 25% 的合资公司；加入 WTO 3 年后，中国不仅对外资再开放了成都等 14 个城市，外资股权比例也提

[①]如日本企业评级必须有一家本土评级机构出具评级报告。在日本和韩国，美国评级机构的市场占有率均不超过 20%。资料来源：佚名，《美国控制我 2/3 信用评级市场，外资 1 年赚万亿利润》，《经济参考报》，2010-04-12。为维护国家经济安全，印度、泰国、马来西亚规定，电信合资企业的外商参股比例最高分别为 25%、20% 和 30%；韩国政府规定，韩国电信最大的股东必须是韩国政府或韩国人。上海市经济委员会、上海科学技术情报研究所编著：《2007~2008 年世界服务业重点行业发展动态》，第 592 页，上海，上海科学技术文献出版社，2007。

高到不超过35%；加入WTO 5年后，中国所有城市对外资开放，外资持股比例进一步提高到不超过49%。同时，中国还开放了国内和国际基础电信业务。加入WTO 3年后，外资可从事北京、上海、广州3个城市内部和之间的有关基础电信服务，并且不受数量限制地建立中外合资企业，外资股权比例不超过25%。中国电信业在对外资开放的同时，也逐步加快了"走出去"和同国外大运营商合作的步伐。2000年11月，中国电信在美国成立办事处，嗣后，又在亚洲、北美和欧洲市场开设驻外机构。迄今为止，中国电信的国际业务已延伸到纽约、莫斯科等世界主要城市和地区。事实证明，中国电信服务业扩大开放10年来，外资冲击和信息安全问题远没有预期的那么严重；但却带来了加入WTO 10年来中国电信业务的快速发展和服务质量的迅速提升，有效地促进了电信消费市场的扩张，推动了国民经济和社会发展。目前，中国已成为世界上最大的电信消费市场。加入WTO之初，浙江电信使用的程控交换机、移动设备等是由进口商提供的；但近年来，浙江电信主要采用贝尔、中兴、华为等大型国产或合资商的设备。

（参见于盟："电信行业：开放带来服务概念"，《国际商报》，2011年10月10日第1版、第3版。）

当前，在部分地区的招商引资过程中，存在着对外资的超国民待遇，形成了一些妨碍产业安全的隐患，加剧了本土服务企业乃至本土产业发展的困难，甚至在一定程度上导致本土企业在政策和市场上面临歧视性待遇。加之，由于我国中介服务组织的成长尚处于初级阶段，市场主体对相关中介服务机构的评价容易形成"褒外贬内"效应，加剧我国中介服务组织的成长困难。要借鉴政府支持中小企业、弱势群体的思路，通过完善政府公共服务外包制度，建立鼓励自主创新的公共服务政府采购制度①，鼓励面向中小企业的金融创新，甚至鼓励开发蕴涵民族文化和本土特色的行业标准等措施，"同等优先"地支持本土中介服务组织的成长。要加快培育鼓励自主创新、自主发展的体制、机制和文化氛围，借鉴国际经验，加快培育鼓励内外资企业公平竞争，营造合作共赢的发展环境和政策环境。把扩大对内开放作为扩大开放的重要内容，放到扩大开放的突出地位。当然，也要防止涉及滥用国家安全之名，排斥对外资的开放、交流和合作，并对外资持股实行过严的比例限制。要按照有利于增强产业自主创新、自我发展能力的要求，优先鼓励外资同内资企业形成分工协作和优势互补关系。

---

①如规定政府采购本土企业公共服务的最低比例。

二、完善服务业发展和三次产业融合互动的体制机制

相对于农业和制造业，服务业改革滞后的问题往往更为突出。完善服务业发展的体制机制，不仅是加快服务业发展和结构升级的迫切要求，也是促进服务业与其他产业融合发展、增强现代服务业对发展方式转变主导能力的迫切要求。发展服务业，要加快改革和制度创新，促进产业融合，突出重视以下问题：

（一）完善服务业发展的宏观监管或统筹协调机制，放宽服务业发展的市场准入

当今世界，各国政府对服务业的管制经历了一个逐步放松的过程。甚至在自然垄断性服务业中，引进竞争机制加强行业监管，也成为一种趋势。[①]要加快健全服务业发展的监管体系，完善主管部门牵头、跨部门合作的监管协调机制，加强对服务业运行的统筹协调、宏观引导和监督管理，规范市场秩序，完善运行环境。要结合推进政府职能转变和政府管理体制改革，以检验检测、产品认证和其他公共服务平台建设为重点，优先支持生产性服务事业的市场化改造。结合完善社会管理体制，引导养老服务、家政服务等领域的非基本公共服务实现市场化、产业化、社会化，甚至国际化。结合建立统一、开放、竞争、有序的服务业市场，为不同类型经济平等参与服务业发展创造条件，鼓励民营经济参与服务业发展。按照"非禁即准"和公平、公正、公开的原则，放宽服务业发展的市场准入，形成鼓励竞争的市场环境和服务价格的市场决定机制。引导具有品牌效应和创新能力的民营企业进入服务业领域，优先进入各类服务业聚集区，发挥对服务业体制改革、发展方式转变和创新能力建设的示范带动作用。以金融服务、信息服务和商务服务等行业为重点，加快行政垄断性服务业改革。在试点、试验、示范基础上，推进行业协会和商会的体制创新，鼓励政府、企业、科研院所或行业协会等建立生产性服务业重大基础设施和科技信息资源的共享机制，建立面向生产性服务业的法律法规、政策、商务信息平台，建立生活性服务业动态监测和预警平台。加快行业协会承接政府职能转移的改革试点。

要鼓励民营企业通过领办或民办官助、市场化运作等方式，建设各具特色的服务业集聚区、功能区，兴办包括技术研发、工业设计、检验检测、人才培训、展示

---

①上海市经济委员会、上海科学技术情报研究所编著：《2007~2008 年世界服务业重点行业发展动态》，第 592 页，上海，上海科学技术文献出版社，2007。

营销、信息服务中心和电子商务网站等功能的科技创新公共服务平台。鼓励民营经济参与产业园区或中小企业孵化器的管理或运营，在培育园区生产性服务业体系中发挥作用，推进高新技术的研发、孵化、转移和产业化，推介新的商业模式。

（二）引导产业融合和制造业企业分离发展服务业，健全扩大服务消费的长效机制

结合相关财税金融支持政策的调整，通过深化改革，建立扩大市场化生产性服务需求的长效机制。通过财政补贴、税费减免、以奖代补和支持示范等方式，鼓励企业外包生产性服务，鼓励制造业企业向服务业企业转型或由提供产品向提供功能服务转型；推进企业分离发展服务业的改革试点，鼓励中小企业之间或农业、制造业与生产性服务业企业之间建立战略联盟，形成服务业与制造业或农业企业的联动发展机制，扩大市场化生产性服务需求。要引导政府机关、事业单位加快后勤服务、配套服务的社会化改革，实现由内部自我服务向依托市场化服务转型，建立扩大市场化生活服务需求的长效机制。通过政府采购公共服务、发放公共服务消费券、鼓励服务进社区等方式，引导部分生活性基本公共服务①实现需求的市场化，为完善社会管理和公共品供给探索新的路径。

三、完善服务业发展的财税、金融和要素供给政策

发展服务业，政府的推动固然重要，营造良好的政策环境更为关键。要在加强政策调研的基础上，按照鼓励分工协作和创新创业的要求，优化服务业发展的政策环境。从财税、金融和要素供给等方面，取消针对服务业发展的歧视性政策，加强对服务业重点领域、关键环节和创新创业的支持。关于在财税、金融和要素支持方面加强对服务业发展的政策倾斜，笔者曾经进行过详细探讨②，限于篇幅，对已经提出的措施不再过多重复。在下列方面需要补充的是：

（一）完善服务业发展的税收优惠政策，强化财政支持服务业的投入稳定增长机制

为解决重复征税问题，支持现代服务业发展，国务院已决定在部分地区和行业

---

① 如面向烈军属、老八路和农村五保老人的基本养老服务。

② 关于这一问题的详细分析，姜长云：《国际金融危机背景下的中国服务业发展态势及对策研究》《经济研究参考》，2010（9）；国家发改委产业经济与技术经济研究所编：《中国产业发展报告·2009》，第153～155页，北京，经济管理出版社，2010。

开展深化增值税制度改革试点，逐步将目前征收营业税的行业改为征收增值税，并确定 2012 年元月始在上海市先行试点。建议选择不同类型地区或服务业发展水平较高的地区在 2012 年上半年同步开展试点，通过不同类型地区的比较，加快探索完善增值税制度改革和在更大地区推广的办法。建议 2012 年上半年在江苏、浙江、广东、山东、内蒙古等省、区同步开展深化增值税制度改革试点。参照发达国家的经验，通过税收优惠政策，支持非营利性服务组织发展，引导社会资金进入新兴服务业，鼓励新兴服务业开展研发活动或加强企业合作，促进政府主导的技术成果转移到民间部门。对于知识密集型服务业的研发投入给予费用扣除和减免所得税等双重优惠。在国家鼓励发展的服务业领域，通过政府有倾向性的集中采购，支持符合支持条件的企业加快发展和服务提升，帮助其降低发展成本和风险，扩大市场空间。

要确保财政对服务业发展专项资金和引导资金的规模。随着国家财政经常性收入的增长，而保持更高比例的增长。要确保服务业发展专项资金和引导资金中，用于支持生产性服务业的比例，适当高于生产性服务业占服务业增加值的比重。要加强对服务业财政扶持资金的整合，以提高其使用效果，更好地带动民间资本和金融资本支持发展服务业。建议在增加服务业引导资金的基础上，通过以奖代补、投资补助等方式，加强对服务企业研发等创新活动的支持，鼓励中小服务企业开展创新合作；并切块支持产业园区转型发展服务业，加强产业园区综合服务体系建设，通过园区转型发展带动产业转型发展。鉴于当前国内外经济发展前景的复杂性、不确定性较强，经济增长速度放缓，经济运行风险加大，建议积极完善鼓励消费的政策措施，支持消费需求的扩张和消费性服务业发展。

(二) 加强对服务业发展的金融支持，创新对服务业的分类支持方式

从长远来看，加强对服务业发展的金融支持，需要加快金融结构改革，建立适应服务业发展特点的金融结构和服务体系；需要加快发展中小银行，完善中小企业信用担保体系，加快创业板市场和地方性多层次资本市场建设。鼓励探索建立市场化运作的服务业发展基金，引导民间和社会资本参与发展服务业。需要注意的是，对于市场收益预期较为稳定的服务业，可以通过优化贷款环境，引导金融机构，扩大贷款，支持融资担保业发展，扩大有效担保物范围，甚至取消小额贷款抵押等，帮助其解决融资困难。但是，有些现代服务业兼具潜在收益高、风险高的特点，常规的贷款和担保手段难以解决其融资困难，应通过大力支持风险投资、私募基金等方式，帮助其解决融资困难。有些大型现代服务业项目资金需求量大、建设周期长，

应该更多地通过银团贷款等方式，加大支持力度。

（三）完善服务业水、电、地等要素供给机制，加快消除服务业与制造业的差别待遇

建议针对国发〔2007〕7号、国办发〔2008〕11号文件精神，定期开展落实情况抽查，将其作为国家服务业支持项目的选择依据之一。尤其是确保优先保障服务业用地落到实处。按照现行政策，原工业用地、仓储用地转型为服务业用地时，要按经营性用地进行转让。为鼓励大城市、特大城市特别是大城市、特大城市的中心城区率先发展服务业，对于这些地区利用闲置的老工业厂房、传统商业街区和楼宇发展现代服务业，建议简化审批程序和操作办法，鼓励通过自主开发、土地折价入股合作开发、协议转让、土地租赁等方式，加快开发进程。韩国政府2007年出台的《增强服务业综合竞争力对策》中，撤消服务业与制造业的差别待遇，将服务业的土地开发负担金降低到与制造业同等水平。[1]类似经验值得借鉴。对于知识、技术密集型生产性服务业向发展服务业的重点地区或结点集聚，提供房租或土地租金补贴。

（四）把支持服务业发展同支持中小企业发展结合起来，优先支持创新创业和中小服务企业发展

多数服务业以中小企业为主。服务业发展面临的问题和障碍，往往以中小服务企业为最。把支持服务业发展同支持中小企业发展结合起来，不仅有利于中小服务企业加快发展和优化结构，还有利于更好地凝聚、引导和激发中小企业的服务需求，强化服务业发展的需求拉动。把支持服务业发展同支持中小企业发展结合起来，还有利于形成鼓励创新创业的产业发展环境，培育经济增长的内生动力和可持续发展能力；有利于改变我国居民收入在国民收入分配中比例不高、劳动报酬在初次分配中比例不高的状况，优化国民收入分配格局，促进城乡居民收入的增长和生活性服务业的发展，把发展服务业同建立扩大消费需求的长效机制结合起来。要把支持小型、微型服务企业发展，放在支持中小服务企业发展的突出地位。抓紧落实2011年10月12日国务院常务会议确定的支持小型和微型企业发展的金融财税政策措施。要借鉴国际经验，从减轻税费负担、放松管制、增加融资便利、鼓励研究和创新活动，

---

[1]上海市经济和信息化委员会等：《2009世界服务业重点行业发展动态》，第35页，上海，上海科学技术文献出版社，2009。

以及鼓励各类网络平台和中介服务机构提供信息、市场、供应链管理服务等方面，进一步创新对中小（服务）企业的支持政策，帮助其降低运行成本和发展风险。

四、健全服务业人才培养培训体系

人才是服务业发展的生命线，高端人才更是现代服务业发展的"点睛之笔"。发展现代服务业，人才至关重要。健全人才培养培训体系对产业发展的动态适应和预警机制更为关键。为此要进一步增加各级财政对人才培养培训的经费投入。在此基础上，注意以下方面：

——面向产业特别是服务业发展对人才培养培训的需求，加强前瞻性研究，优化人才培养培训的方向和结构。尤其要面向产业发展急需的高端人才、领军人才、复合型人才、战略型人才和骨干师资的培养培训，加强瞄准机制建设。

——健全以品德、能力和业绩为重点的产业人才评价、选用和激励机制，强化对知识产权服务、征信服务业等知识密集型服务业人才的市场准入和资格认证制度。注意把优化创新型人才成长的竞争机制、激励机制，同健全职业资格认证制度和引导各类人才优化工作态度、增强团队合作及敬业精神结合起来，提高从业者的职业道德水平，通过促进人才培养培训服务的标准化和规范化予以保证。

——通过加强部门合作等方式，加强对政府准政府培训资源的整合，改善其培训效果，并增强其对企业和非营利组织参与培训的引导与带动功能。

——鼓励企业和行业协会等非营利组织参与人才培养培训活动，鼓励企业、地方同高等院校、科研院所采取联姻方式培养培训服务业人才，鼓励引入市场化机制促进人才培养培训能力的成长，鼓励企业参与人才培养培训品牌建设。

——鼓励地方政府、行业协会或大型龙头企业创办或参与兴办人才培养培训基地或人才服务园区。

——借鉴国际经验，建立健全面向产业发展的职业教育体系。鼓励高等院校，特别是高等职业院校和中等职业学校开设相关课程，加强人才培养培训的长效机制建设。在此方面，日本的就业体验制度、哈佛商学院和肯尼迪政府学院富有特色的实习实践、欧洲国家竞争性职业培训机制、欧美国家创办虚拟大学的经验都值得借鉴。鉴于服务业人才供给短缺的问题尤其严重，要优先鼓励高等院校加强知识产权服务、征信服务等学科建设和案例教学、课外实训。

——积极营造人才培养培训市场分工协作、分层发展、优势互补和公平竞争的格局。一般而言，根据各自比较优势的不同，政府主导型培训应该集中于大众化、普惠式、中低端领域，受益面广、培训成本和对培训对象的要求较低，可以为个性化、特惠制、高端化培训提供良好基础，有利于降低后者的成本与风险。市场化培训在个性化、特惠式、高端化领域具有比较优势，直接惠及面小，培训成本和对培训对象的要求较高。非营利组织的培训介于二者之间。鼓励通过政府采购公共培训服务、适度放松市场化或非营利性培训机构参与竞争的资质条件，引导市场化或非营利性机构公平参与公共培训市场的竞争。

五、加强社会信用环境和信息化基础设施建设

服务品具有较强的经验品和信任品特征，加强社会信用环境建设，培育诚实守信的社会信用环境，有利于增强服务企业的诚信意识和提供优质服务的能力，降低服务品的营销成本和服务企业的运行风险，完善服务业乃至产业经济的运行秩序，开拓现代服务业的市场空间。因此，促进服务业发展，增强服务业对经济形态和发展方式的主导能力，都需要把加强社会信用环境建设放在突出地位。加强社会信用环境建设，要在政府率先垂范的基础上，注意引导和培育社会诚信意识、加大对失信行为的惩戒力度。要注意引导不同类型征信机构竞争发展、分层发展、互动发展和优势互补，逐步强化以公营征信机构为基础、私营征信机构为主体、协会征信机构为补充的方向，以重点城市、重点行业的先行试点为突破口，加快健全覆盖全社会、网络发展的征信系统和服务体系。鉴于大量中小企业缺乏有效的信誉评价、识别和对比工具，容易放大信用缺失对其运行发展的负面影响；要把面向中小企业加强公共征信服务平台建设，放在重要地位。采取发放征信服务消费券等方式，鼓励中小企业运用征信服务的成果，提高自身信誉。

在信息化、国际化和经济全球化深入发展的背景下，发展服务业必须把加强信息化基础设施和服务能力建设放在突出位置。要按照适度超前的原则，加强信息化基础设施和信息服务能力建设，为增强服务业功能、加快现代服务业发展、促进信息化与工业化、城市化深度融合创造条件，降低服务业的运行成本和风险。中小企业信息化是推进企业信息化的难点所在，在很大程度上影响着服务业对制造业的渗透能力。要突出加强对中小企业信息化的支持。

六、健全服务业标准化协调推进机制

健全服务业标准化协调推进机制，优化标准化服务的运行环境，不仅有利于提高服务质量和企业素质，规范市场秩序，拉动服务业发展方式的转变；还可以促进我国本土服务企业更好地参与国际服务贸易竞争，增强其国际竞争力。要按照政府引导、行业依托、部门联动、协会为主、试点示范的方针，加快健全服务业标准化协调推进机制。综合采取财政补贴、财政贴息、以奖代补、政府采购标准化公共服务等方式，鼓励企业积极采用国际标准或国内外先进标准，在服务贸易和服务外包等领域更要优先鼓励；鼓励企业和行业协会积极参与各级服务业标准的研修订，或在推进服务业标准化过程中先行先试，发挥示范带动作用；鼓励企业联合或通过行业协会参与服务业标准，特别是国家或国际服务标准的研修订；支持行业龙头企业或行业协会参与跨地区、跨行业的服务业标准化合作。引导企业、行业或地区以推进服务标准化为抓手，加强品牌建设，实施名牌带动战略。重点支持有自主知识产权的服务业标准研修订，鼓励企业以标准形式推广优势核心技术。优先支持技术先进、示范带动作用明显的企业标准上升为行业标准，鼓励其申报国家标准。要按照以人为本、民生优先的原则，优先推进涉及安全、卫生、健康、环境、消费者权益保护等方面的标准化工作。按照积极稳健、突出重点、分类推进的原则，重点推进服务外包和现代物流、金融服务、信息服务、科技服务、商务服务、商贸服务、旅游服务、家庭服务、体育健身休闲服务、房地产服务、征信服务等领域的标准化。引导并大力支持服务业企业采用先进的质量管理方法，鼓励其参加各类有品牌优势的服务业认证。根据不同类型服务业的需求和特点，确定不同服务行业推进标准化的重点。

要加快服务业标准体系建设，逐步建立权威、科学、统一、实用和结构合理、层次分明的服务业标准体系，统筹兼顾服务业标准化扩大覆盖面与提高质量的关系，提高服务业标准的研修订水平，增强标准之间的兼容性，减少由于标准兼容性不足导致的"标准化壁垒"。要加强对服务业标准化推广实施工作的引导。加强对服务业标准化咨询、信息、评估等服务能力建设的支持。

七、积极组织实施试点、试验和示范项目

近年来，从国家到地方层面的服务业综合改革试点，以及其他形式的服务业改

革，对于完善服务业发展的体制机制和政策环境，创新发展方式模式，正在产生重要影响。迄今为止，这项改革启动时间不长，不宜求全责备。但要注意在深化改革的过程中解决改革面临的问题。从农业、制造业乃至社会事业改革的经验来看，要注意防止以下倾向：一是用单项服务业改革，替代服务业整体性、系统性改革；二是用服务业发展代替服务业改革；三是用服务业领域的政策调整，替代服务业改革。

为此，针对服务业综合改革试点的绩效，加强综合考评机制建设，是至关重要的。

第二编　家庭服务业

第五章　家庭服务业及其产业特性

　　家庭是社会的细胞。家庭服务业服务家庭，促进就业，增进和谐，改善民生。发展家庭服务业，促进家务劳动的专业化和社会化，不仅会直接带动内需的扩张、社会的稳定，还可以促进生活方式的转变。在许多地方，家庭服务业已成为重要的消费热点。多数家庭服务业以社会弱势群体为主要就业者，以满足社会危困人群及其家庭需求为重点，以帮助中高收入家庭提高生活质量为新增长点，带动中低收入者提高收入水平和消费能力，重点惠及解决民生问题的薄弱环节和潜力领域。发展家庭服务业，对于加强基本公共服务、促进收入分配的均等化，对于维护社会公平正义，切实解决人民群众最关心、最直接、最现实的利益问题，还可以发挥特殊重要的作用。今后，随着工业化、城镇化、市场化、国际化和现代化的加快推进，随着人口老龄化、家庭小型化和生活方式转变的加快发展，发展家庭服务业具有广阔的需求前景和日益重要的战略意义。近年来，家庭服务业的发展引起了国务院领导的高度重视，国务院还专门制定了发展家庭服务业促进就业部际联席会议制度。为了立足当前，着眼长远，更好地促进家庭服务业健康发展，本章将在廓清家庭服务业的概念，揭示其产业特性和发展的国际经验。

一、家庭服务业是什么

　　近年来，虽然家庭服务业的发展引起了政府有关部门的重视。但是，在理论界、政府管理部门乃至行业协会，对于什么是家庭服务业，如何理解家庭服务业的内涵和外延，仍有很大的认识分歧，①由此容易形成以下两方面的负面影响。一是不利于有序开展家庭服务业统计工作，影响行业信息的准确性和决策的科学性，增加了把握行业发展态势的困难；二是不利于深入研究家庭服务业的产业特性和发展规律，影响相关政策的制定、执行和效果评价，甚至会降低相关研究结论的可信度，给相关业务工作的展开带来困难。因此，探讨家庭服务业的概念，明确其内涵和外延，对于研究发展家庭服务业的战略和政策问题，具有重要意义。

（一）现行定义的局限性

比较现有的家庭服务业定义，不难发现，除少数定义存在循环定义等低级错误外，突出的问题是对家庭服务业的本质特征缺乏科学、明晰的把握；对于家庭服务业的内涵和外延，缺乏清晰准确的表述。由此导致在讨论相关问题时公说公话，婆说婆话，不同方面谈论的家庭服务业在本质和边界上存在很大差别。这些问题突出地表现在以下几个方面：②

第一，范围过宽或过窄，影响家庭服务业研究的独特性和必要性。范围过宽，如将家庭服务业简单地等同于消费性服务业。范围过窄，如将家庭服务业简单地等同于家政服务业。

第二，对家庭服务业的本质特征缺乏科学界定，加剧了家庭服务业边界的模糊。有的甚至采用列举法来定义什么是家庭服务业。至于家庭服务业为什么要包括这些行业，不包括那些行业，家庭服务业的本质特征是什么，很难从中找到清晰的答案。随着分工分业的深化，家庭服务业会不断衍生出新的业态，采取列举法很难做到与时俱进，及时包容其新型业态。

第三，认识上的随心所欲，加剧了家庭服务业边界的混乱。有些研究者甚至根据自身的利益取向，来确定家庭服务业的范围。

第四，把家庭服务业简单等同于一个统计概念，忽视家庭服务业统计与现实的差别。在许多国家或地区的国民经济行业分类中，家庭服务业都有相应的门类或类、大组。但在行业分类制度中，不一定要将家庭服务业的所有行业都纳入家庭服务业

---

①形成这种状况的一个重要原因是，当前我国家庭服务业的发展在总体上仍处于初级阶段。

②需要特别说明的是，在当前家庭服务业缺乏严格界定的背景下，许多政府部门或行业协会基于推动家庭服务业发展的需要，提出了各种家庭服务业定义，尽管这些定义可能不甚完善，甚至存在各种问题，但实属没有办法的办法。笔者充分尊重这些实际部门的努力。

门类（或类、大组等）统计。如果家庭服务业的某些行业原先被归入其他门类、类或大组，在新修订的行业分类制度中，并未将其纳入家庭服务业门下，可能是基于对分类稳定性的考虑，也可能是基于对所涉分类进行彻底修改的成本／利益分析，避免不必要的改动；但在研究家庭服务业时，仍可将属于其他门类（或类、大组）的家庭服务行业与行业分类中的家庭服务业归并到一起进行研究。况且，从行业分类统计制度来看，将某些生活服务活动纳入或不纳入家庭服务业统计，均有其合理性；是否将其纳入家庭服务业，与这些活动是否重要，家庭服务业是否重要，未必存在太大联系。

第五，对家庭服务业的产业关联缺乏清晰认识，将家庭服务业所包含的产业混同于家庭服务业带动的产业和关联产业。从产业之间的相关性来看，家庭服务业与其相关产业之间可能形成三种关系。一是包含关系。如家庭服务业包括家政服务业、社区服务业、养老助残服务业、病患陪护服务业等。二是带动关系。如家庭服务业的发展，可以带动培训服务业和家庭服务设施产业的发展。养老服务业的发展，可以带动养老产品或老年产品的开发。三是关联关系。家庭服务业的发展，既会对其他产业的发展形成带动效应，又会受其他产业发展的带动和影响。因此，要重视区分家庭服务业与其关联产业的关系，积极地兴利去弊，培育家庭服务业关联产业群，有效利用其内部不同产业之间的互补共生效应，但也不要把家庭服务业与其带动产业、关联产业完全等同。比如说，养老产品的生产属于工业或制造业，我们不能因为养老服务业的发展可以带动养老产品的生产与开发，就把养老产品的生产列入养老服务业。

（二）廓清"家庭服务业"概念的几个要点

所谓"定义"即"对于一种事物的本质特征或一个概念的内涵和外延所作的确切表述"[1]。要准确定义"家庭服务业"，科学把握其内涵和外延，需要突出以家庭整体为中心的思想，注意以下几个要点：

1. 服务对象是居民家庭或其所在社区，而非居民个人或机构、单位

家庭服务业，顾名思义，是以居民家庭为服务对象，以居民家庭事务为服务内容，主要满足居民家庭服务需求的服务业。但是，那些主要面向居民个人提供服务

---

[1]李行健主编：《现代汉语规范词典》，北京，外语教学与研究出版社、语文出版社，2004年1月第1版。

的服务业，由于不足以对整个家庭运转或家庭发展形成直接、重要的公共影响，不是以家庭整体为中心，只能属于居民服务业，不能称之为家庭服务业。那些对居民家庭虽有影响，但影响比较间接或影响不大的服务业，如一般性的理发及美容保健服务、摄影扩印服务等，也不能称之为家庭服务业。否则，就容易将居民服务业纳入家庭服务业，或者将家庭服务业混同于居民服务业，甚至将家庭服务业等同于消费性服务业，导致家庭服务业研究的独特性和必要性显著下降。基于同样原因，那些主要以机构、企事业单位为服务对象的服务业，如企事业单位的保洁、餐饮和电器维修等，也不能称之为家庭服务业。

社区是家庭的依托。有些服务业不直接面向居民家庭提供服务，不直接以居民家庭事务为服务内容，也不直接满足居民家庭的服务需求；但以家庭所在社区为服务对象，以家庭所在社区的相关事务为服务内容，满足家庭所在社区的服务需求，有利于优化家庭赖以运转的社区环境，直接或间接但又显著影响家庭的服务需求，也应属于家庭服务业。有些服务业虽然面向居民个人提供服务，但对整个家庭运转或家庭发展具有直接或重要的公共影响，如婚姻服务、养老托幼服务、病残护理服务和殡葬服务等，在研究家庭服务业问题时，应该将其囊入其中。

2. 满足的是居民家庭的生活性服务需求，而不是生产性服务需求

家庭是以婚姻和血缘关系为基础的社会单位，生活性（消费性）服务需求是其基本需求。家庭服务业主要是满足居民家庭的生活性服务需求。有些服务业虽以居民家庭为服务对象，但主要是满足居民家庭的生产性服务需求。在此背景下，家庭不仅是个生活单位或社会单位，同时还演变成一个生产单位，类似于企业或经济实体。满足这些家庭的生产性服务需求，应该依靠生产性服务业，不是家庭服务业的职责所在。

3. 主要服务场所或服务需求者在居民家庭或所在社区，而不是在家庭内外的所有场所

有些学者乃至有关部门认可家庭服务业是以家庭为服务对象，向家庭提供各类劳务，满足家庭生活需求的服务业；但从家庭内服务、家庭外服务、社区服务3个方面，将家庭服务业进一步划分为不同大类、中类和小类①。这种划分的重要性和科学性是值得肯定的。但是，在这种划分方法中，家庭外服务仍应以家庭为服务对象，

①张一名：《发展家庭服务业促进就业问题研究》，2010年元月全国家庭服务业办公室和国际劳工组织北京局联合主办《家庭服务业问题研讨会》报告提要。

主要满足家庭生活对劳务的需求，或对家庭运转、家庭发展能够形成重要的公共影响。除此情况，就不应归入家庭服务业。如一般的鲜花礼仪服务，甚至面向机关、单位或企业的保安、保洁服务等，就不宜纳入家庭服务业。

基于前两个要点，除病患陪护等少数家庭服务业业态可以发生在家庭或所在社区之外，绝大多数家庭服务业的服务场所应该以居民家庭或所在社区为主，不宜将其服务场所盲目扩张到家庭内外的任何地方。因此，服务半径小、与居民家庭或社区联系比较直接、根植性强，应该是家庭服务业的基本特征之一。

当然，家庭服务业的主要服务场所在居民家庭或所在社区，并不排斥其对社区外居民或家庭提供服务的可能性。如社区服务中心，街道、社区办的小饭桌和校外活动站等，也可以向街道、社区外的居民开放；但其主要服务对象仍应集中在社区内部，主要服务场所仍在所在社区。有些家庭服务活动可以发生在家庭或所在社区外部，如学生接送、养老服务、病患陪护等，但其服务的需求者必须住在居民家庭或社区内部。

4.是否有偿、是否合法、是否正式，不应作为是否属于家庭服务业的判断依据

联合国《国际标准行业分类》将"产业定义为主要从事同样或类似种类的生产性经济活动的所有生产单位的集合"，并将生产活动定义为使用投入来产生产出的行为。《国际标准行业分类》不以所有权种类、法定组织类型或者经营方式进行区分，因为这类标准与活动本身的特性无关。《国际标准行业分类》不区分生产的正式与非正式、合法与非法，也不区分市场与非市场活动。①基于类似原因，有偿与否、合法与否、正式与否，均不应作为判断是否属于家庭服务业的依据。这与我国服务业中包括了公共服务、无偿服务、非法服务和非正式服务，是一个道理。况且，从发展趋势来看，家庭服务业的发展也存在一个需要市场化、产业化、社会化的问题；如果我们只是以非有偿、非正式、甚至非法，就将一部分以居民家庭为主要服务对象的服务业全部排斥在家庭服务业大门外，从当前来看，不利于更好地发挥家庭服务业吸纳就业、扩大内需、促进社会稳定和谐等作用，也不利于统筹发展家庭服务业，促进家庭服务业全面协调可持续发展；从长远来看，不利于培育家庭服务业的可持续发展能力，影响其战略作用的发挥。

---

①联合国经济和社会事务部统计司：《所有经济活动的国际标准行业分类》(修订本第4版)，《统计文件》M辑第4号，修订本第4版(联合国出版物，出售品编号：C08.XⅦ.25)，见联合国网站。

（三）家庭服务业到底是什么

基于前文分析，结合国内外家庭服务业的发展现状与趋势，我们认为，家庭服务业是主要从事家庭服务活动的各种经济单位的总称。所谓家庭服务业，概括地说，就是以家庭为服务对象，旨在满足家庭生活对劳务的需求或优化家庭赖以运转的社区环境，对整个家庭运转和家庭发展具有直接、重要的公共影响的服务业。家庭服务业的外延（见图 5-1）。

家庭服务业

家政服务业：住家保姆、家庭管理、家庭保育、家庭日常保洁、家庭烹饪、家庭内部洗衣、家庭园艺、家庭秘书、家庭护理、家庭宠物饲养等家庭事务的管理活动，包括钟点工等。

社区服务业：社区便民利民综合服务体系、废旧物资回收利用服务、社区环境服务、社区保安服务、社区信息化、社区福利服务、社区物业管理服务等。

家外病患陪护服务业：如医院病患陪护、在其他场所的病患陪护等。

养老助残服务业：包括社区养老助残服务、社会化养老助残服务等。

家庭外派委托服务：搬家服务、庆典服务、接送服务、家庭装饰装修服务、家庭开荒保洁服务等。

家庭专业（特色）服务业：应用专门知识、技能或专业化的实践经验，根据家庭需求向其提供在某一领域内的特殊服务，知识含量、科技含量和智力密集型程度较高。专业（特色）服务的提供者，是少数专业人士，往往具有较高学历或丰厚的培训、工作经历，是某领域的专门人才。如月嫂、育婴师、家庭教师、家庭医生、家庭顾问、家庭管家、专业陪聊、家政咨询师等。

其他家庭服务：包括上述方面尚未包括或尚未出现的新兴家庭服务业。

图 5-1 家庭服务业的外延

二、家庭服务业的产业特性

一般而言，产业发展政策和对策思路的选择，必须基于对产业发展现状、问题和产业特性的科学分析。近年来，我国家庭服务业发展的政策和支持措施不完善，固然有多种原因；但是，对家庭服务业的产业特性把握不够，不能不说是个重要原因。因此，本部分将在借鉴国际经验的基础上，结合对国内家庭服务业发展状况的分析，探讨家庭服务业的产业特性。

（一）产品具有较强的经验品和信任品特征，增进利益相关者的信任对于发展家庭服务业至关重要

家庭服务业的主要产品是家庭服务。同其他服务产品一样，家庭服务也具有无形性、异质性、不可分割性和不可储存性等特点。[①]家庭服务的质量如何，购买者（或消费者，下同）很难预先感知，只有通过实际的消费过程才能了解；与一般商品相比，消费者对于家庭服务质量的评价高度依赖其消费经验。因此，家庭服务具有强烈的经验品[②]属性。与此同时，家庭服务还具有较强的信任品特征，消费者如果没有必要的知识和经验，即使在购买或消费家庭服务后，也难以准确判断其质量。[③]家庭服务由于生产和消费过程的不可分割性，其质量如何不仅取决于服务供给者素质决定的服务产出，还取决于服务需求者（或消费者）对服务供给者及其服务过程的评价。因此，在家庭服务发生前和发生的过程之中，利益相关者之间的信任，特别是购买者、消费者对家庭服务供给者的信任，对于家庭服务业的发展至关重要。基于家庭服务较强的经验品和信任品特征，提高服务质量往往是家庭服务业发展面临的严峻挑战。同其他服务一样，家庭服务的质量如何，很大程度上取决于其可靠性、回应性、可信性和移情性等因素的综合作用。[④]家庭服务的可靠性、回应性、可信性和移情性，归根到底决定和影响着家庭服务供给者获得其购买者（或消费者）信任

①所谓无形性，即家庭服务业"看不见，摸不着，闻不到"，不能像普通商品那样可以真实地感知。家庭服务的异质性和不可储存性比较容易直观理解。家庭服务的不可分割性，即其生产和消费过程是不可分割的；家庭服务的生产和消费过程，也是其生产者和消费者共同参与的过程。

②美国学者尼尔森将商品分问搜寻品、经验品和信任品。对于经验品，消费者在购买过程中，通过外观等因素就能获得充分信息，从而准确判断商品质量，依靠市场机制可以对厂商作出优胜劣汰的选择。经验品只有在购买后，通过实际的消费过程才能获知其品质。早期的消费者容易上当受骗，导致市场机制失灵，但品牌效应能够很好地缓解这种市场失灵。信任品即使在消费后，消费者也难以完全判断其品质，因此市场机制完全失灵。解决问题的办法，只能是依靠专业、权威、公正的第三方进行监督检测，使消费者能够获得必要的信息。

③〔美〕卡尔·麦克丹尼尔等：《市场营销学》，（时启亮等译，上海，格致出版社、上海人民出版社，2009年9月第1版，第277～286页）对服务业营销活动的分析。

④〔美〕卡尔·麦克丹尼尔等著的《市场营销学》，时启亮等译，上海，格致出版社、上海人民出版社，2009年9月第一版，第277～286页对服务业营销活动的分析。可靠性系可靠、精确、持续地提供家庭服务的能力。回应性即能够迅速提供家庭服务的能力。可信性即通过员工的知识、礼仪甚至外表，通过企业形象、服务设施和关系营销等，甚至与企业、员工相关的有形标志或品牌等，使家庭服务的购买者或消费者建立对家庭服务信任感的能力。移情性要求家庭服务的提供者不仅具有友好、积极的服务态度，还要求其关注和关心服务消费者的个性化需求。

的能力。①

　　此外，下列 3 种情况导致家庭服务购买者对供给者的信任，对于发展家庭服务业的正面影响进一步增强。第一，在多数情况下，家庭服务供给者②相对于其购买者，在文化程度、社会地位乃至心态等方面，往往存在明显差距；由此容易形成二者心理沟通的困难，影响家庭服务供给者对于购买者（或消费者）家庭服务具体需求的理解能力。第二，在家政服务等家庭服务业重点行业和家庭专业（特色）服务等家庭服务业潜力行业中，家庭服务通常发生于较为封闭的环境和私密的空间，家庭服务需求的社会化，意味着要向作为"外人"的家庭服务从业者开放自己的家庭，容易形成家庭隐私的外泄。增强家庭服务供给者对购买者的可信度，有利于减少这种家庭隐私的外泄。第三，家庭服务的消费者和购买者可能是同一的，也可能是家庭中具有不同身份的成员。如在病患陪护和老人护理中，购买者往往是家庭中身体健康、有收入的人，甚至与老人分开居住的子女，消费者则是家庭中的老、弱、病、残者。对家庭服务的需求，可能是家庭服务消费者和购买者双方意愿综合作用的结果。相对于购买者和消费者身份同一的情况，在家庭服务购买者和消费者身份不一的情况下，家庭服务活动的发生，家庭服务潜在需求向现实需求的转化，对于购买者对供给者的信任度，具有更强的敏感性③。

　　增进利益相关者的信任，对于家庭服务业的发展至关重要，还因为由于以下三方面的原因，在家庭服务业中，要增进利益相关者的信任往往难度较大。一是在现有社会的分层结构中，家庭服务业的消费者大多处于高层，文化程度、收入水平、社会地位等较高，发展的机会较多；家庭服务从业者大多处于低层，文化程度、收入水平甚至社会地位较低，发展的机会较少。这种自身素质、社会分层的差异，容易导致双方行为方式的差异和心理沟通的困难，增加供求双方误解的机会和互不满意的可能，甚至容易加剧雇主对服务员的歧视心态。第二，家庭服务从业者由于文

---

　　①在许多国家，亲友介绍是家庭内服务的主要求职渠道之一，也是借助于对亲友的信任。如根据韩国女性政策研究院对 2007 年该国家政、患者看护、家庭内保育三种常见服务职业劳动者的调查。除患者看护的主要就业渠道是收费职业介绍所（占 34.8%）外，最受家政和家庭内保育劳动者青睐的求职渠道首先是亲友介绍（占 39.5%），其次是社会团体介绍（占 25.5%），在家庭内保育这个职业中，亲友介绍的比率高达 45.1%。

　　②家庭服务员甚至家庭服务企业的管理者。

　　③这些家庭服务的消费者相对于家庭服务的供给者，往往处于身体和精神方面的弱势地位，有时因为畏惧心理或能力限制，不敢或不能表达对服务质量的评价；有时因为容易出现情绪波动，难以准确评价服务质量。这种状况实际上加大了家庭服务购买者准确判断家庭服务质量的困难。

化程度低、社会地位低、工资水平低，容易形成脆弱、敏感、自卑的职业心态，形成对社会和雇主的抱怨情绪和消极、对立的服务态度。第三，家庭服务业直接服务于老、弱、病、残、孕等弱势群体，服务对象及其家庭成员由于精神、心理甚至经济负担较重容易出现情绪波动，形成脆弱、敏感和不合作的心态。

（二）大多数行业劳动密集程度高、吸纳就业能力强，且进入壁垒低、处于劳动力市场的低端

绝大多数家庭服务业劳动密集程度高，吸纳就业的能力强，甚至以手工劳动为主。随着经济的发展和现代化、信息化水平的提高，家庭服务业对机械、设备甚至电脑的应用日趋广泛，但大多数家庭服务业仍难以实现完全的机械化和自动化。在家庭服务业的成本构成中，人工成本仍然占据绝大比重，资本和设备费用的比重仍会明显低于人工成本。家庭服务业吸纳就业的能力强，还有一个重要原因：经济的发展、社会分工的深化和家庭、社会结构的分化，特别是家庭小型化、人口老龄化的发展，推动社会对家庭服务的需求迅速膨胀，导致家庭服务业表现出较强的抗周期波动特征。2006 年 4 月日本直接从事看护工作的就达 69.29 万人，加上看护工具生产企业等间接从业人员，日本看护关联产业创造的就业岗位更多。1990 年代的 10 年间，纽约家政业就业人数整体上升了 24%，相比之下，同期该市各行业平均就业人数仅上升了 10%。2003 年年底香港共 130 多万个家庭，其中 17 万多个家庭户拥有家佣即保姆。加上未统计的来自内地的非法佣工，大约 8 个家庭就有 1 个家佣。①近年来，美国旧金山市儿童看护行业每年可产生 1.91 亿美元的总收入，提供 4415 个全职就业岗位，可与该市计算机系统设计服务、服装商店和楼宇建造等重要产业相提并论。②尽管缺乏各国同口径的家庭服务业资料，但鉴于家庭服务业是各国社区、社会和私人服务业的重要内容，从表 5-1 各国社区、社会和私人服务业占总就业的比

①此处涉及日本、纽约、香港的数据均来自国际劳工所国外家庭服务业发展促进就业研究课题组：《国外家庭服务业发展促进就业研究》(内部打印稿),2009 年 7 月。来自葡萄牙和意大利的数据也支持上述判断。葡萄牙在 20 世纪末重视发展福利服务劳动力市场,1997 到 1999 年创造的 4000 个工作岗位,约 1/3 属于家庭服务业或相关行业。意大利家庭服务业在 1994 年到 1998 年间,社会合作组织的数量增加了两倍多,而这些部门的从业人数增加了几乎三倍(见张一名:《发展家庭服务业促进就业问题研究》,载于全国家庭服务业办公室和国际劳工组织北京局:《家庭服务业问题研讨会》报告摘要,2010 年 1 月 28 日)。

②佚名:《旧金山市儿童看护产业的挑战与建议》,www.istis.sh.cn,2010-02-16。

重高于占总增加值的比重，仍然可以粗略看出家庭服务业劳动密集程度高、吸纳就业能力强的特点。

表 5-1　1990~2001 年 OECD 国家社区、社会和私人服务业占总增加值、总就业比重

指标	澳大利亚	加拿大	英国	美国	均值				
					英美体制国家	大陆体制国家	新兴市场体制国家	转型国家	小国
GDP 比重(%)	21.7	22.1	19.7	21.6	21.3	21.1	17.3	18.7	21.9
就业比重(%)	28.6	32.2	26.8	28.7	29.1	29.1	21.6	23.1	29.8

资料来源：刘志彪、郑江淮等著：《服务业驱动长三角》，第 470、485 页，北京，中国人民大学出版社，2008（6）。

人无贵贱之分，但人的素质和职业往往是有层次差别的。从国际经验来看，除少数中高端的家庭服务业外，大多数家庭服务业进入壁垒低。相对于制造业和生产性服务业，大多数家庭服务业所需投资少，对人力资本的要求也不高，进入门槛低。如在我国许多地方，一部电话加几条桌椅板凳，就可以开个家政公司。与此相关的是，大多数家庭服务业的从业者处于劳动力市场的低端：文化素质低，职业技能差，就业竞争力弱，工资水平低，甚至以经济落后国家或地区的移民为主。[①]与此类似的是，在我国许多城市，大多数家庭服务业从业者来自外地农民工。大多数家庭服务业的从业者处于劳动力市场的低端，可能是三方面原因共同作用的结果。一是这些

①如香港的家佣主要来自菲律宾，其次是印尼和泰国。美国家政服务的提供者主要是其他国家的移民或美国城市之外的人员，其中 95% 是有色人种，65% 是黑人，女性占 93%；而雇佣这些家政人员的雇主是来自美国本土的白人。尽管相对于发达国家的居民来说，从事家庭服务业缺少更好的发展机会，其工作条件和内容也比较差；但国家之间巨大的收入差距，往往导致发达国家的家庭服务工作对于欠发达国家的中层阶级仍具有较强的吸引力。因为这些家庭服务业的从业者虽然在发达国家的社会地位比较低，但相对于他们自己的国家，其收入状况要明显好得多。多年前，香港发生的雇主虐待与强奸宾妹事件，导致菲律宾外交部扬言要撤回所有在港菲佣，后来不了了之。因为这些菲佣在香港的收入往往高出在国内工作的许多倍。国际劳工所国外家庭服务业发展促进就业研究课题组：《国外家庭服务业发展促进就业研究》（内部打印稿），2009（7）。

从业者文化程度低、职业技能差，人力资本质量低；二是制度环境带来的就业限制或歧视，如限制移民和农民工进入正规就业的机会等；三是由于初始条件不平等导致的信息渠道和进入机会不平等。从事家庭服务业，特别是家庭内服务业，可以方便移民或初次进入城市者获得居住的场所。家庭服务业工作场所的特点，还导致其不太容易受到警察和其他政府机构的控制。因为家庭服务业的教化功能、文化影响和低门槛特征，家庭服务业还为移民和外来人口适应城市的生产生活、沟通与城市的联系，提供了一条便捷的学习渠道；也为他们谋求进一步发展，提供了一个可供利用的跳板。在某些情况下，家庭服务业可能是通过移民方式进入其他国家或城市的便捷通道。对于没有签证的国际移民或部分初次进城的农民工，情况尤其如此。

（三）需求点多面广、单体规模小、分散性强，潜在需求向现实需求的转化面临较大弹性

家庭是社会的细胞，也是家庭服务的消费者。同其他需求一样，居民家庭对家庭服务的需求可分为现实需求和潜在需求两大类（见图5-2）。由于居民家庭数量多、规模小；由于家庭服务需求主要来自于城市，且城市家庭之间的联系较为松散；甚至由于城市家庭对家庭服务需求私密性的特点，居民家庭对家庭服务的需求往往具有点多面广、单体规模小、分散性强的特征。加之，如前所述，由于第一，家庭服务具有较强的经验品和信任品属性，增加了准确判断家庭服务质量的风险。第二，大多数家庭服务供给者相对于购买者，存在文化程度、社会地位乃至心态方面的较大落差及心里沟通的困难，由此容易导致家庭服务供给者实际提供的服务质量与家庭服务购买者对服务质量的需求之间，形成落差和错位。这方面的担心，也容易抑制居民家庭的家庭服务需求。第三，大多数家庭服务的消费者属于老、弱、病、残、孕等社会危困人群，部分消费者由于身心健康等方面的弱势，容易产生对家庭服务员的畏惧或排斥心理，形成对家庭服务需求的抑制效应。因此，居民家庭对家庭服务的需求更容易处于潜在状态，而难以转化为现实需求。此外，随着家庭小型化的发展、消费需求的分化和需求结构的升级，家庭服务需求的个性化程度将会日益提高。这种高端化、个性化的家庭服务需求，往往来自数量更少的中高收入群体，超脱了基本的家庭服务需求，更具有灵活性、伸缩性和分散性强的特点。家庭服务潜在需求向现实需求的转化面临较大弹性，还有一个重要原因：家庭服务同其他服务一样，需求规模容易受到临时性、季节性甚至时段性因素的影响，而出现不规则波

动；①相对于有形的商品，家庭服务的需求往往难以准确预测。加之家庭服务的不可储藏性，当其最大供给能力达到一定程度后，供给过剩和供给短缺的问题很容易交替发生。

家庭服务需求
- 现实需求：居民家庭有消费愿望且有支付能力的服务需求量。
- 潜在需求：居民家庭有消费愿望，但由于诸多原因不能变现）
  - 居民家庭购买力不足导致的潜在需求；
  - 适销服务短缺导致难以变现的潜在需求；
  - 需求分散、消费不便导致变现困难的潜在需求；
  - 对服务不熟悉或缺乏信任导致的潜在需求；
  - 市场竞争倾向型的潜在需求（服务供给者竞争激烈、消费者选择性强）。

图 5-2　家庭服务的现实需求和潜在需求

（四）行业和需求层次差异较大，大多数行业的外部性较强

家庭服务业门类众多，覆盖领域从最传统的行业到较现代的行业，前者如保姆业，后者如家庭医生、家庭教师等。一般而言，按照从事的服务层次，可将家庭服务业划分为简单劳务型、知识技能型和专家智慧型三大层次（详见图 5-3）。其中简单劳务型处于家庭服务业和劳动力市场的低端；知识技能型和专家智慧型分别处于家庭服务业或劳动力市场的中端、高端，其从业者大多数收入水平较高、工作体面，容易受人尊敬，但占家庭服务业从业人数的比重不高。三个层次的需求规模之间，容易形成金字塔式结构，简单劳务型处于塔底，专家智慧型处于塔顶。迄今为止，大多数家庭服务业处于家庭服务市场的中低端，但从国际和我国少数大城市的经验看，当收入和消费水平达到一定临界值后，随着消费水平的提高，处于市场中高端的知识技能型和专家智慧型家庭服务业，需求扩张的步伐明显加快，发展的态势日趋强劲。

随着家庭服务业需求结构和行业结构的升级，某些中低端的知识技能型或专家智慧型家庭服务业，会逐步"降格"为简单劳务型家庭服务业。

---

①张淑君主编:《服务管理》,第 39 页,北京,中国市场出版社,2010(3)。

简单劳务型：主要依靠简单的体力劳动和基本的经验，如能经过简单培训，获得一些专门知识更好。如普通保姆、简单的病患陪护等。

家庭服务业

知识技能型：需要一定的专门知识和技能，需要经过较为规范的专业培训，并积累较长时间的实际经验。如月嫂、营养师、育婴师、护理服务、家庭教师、老年专业护理等。

专家智慧型：需要具备较为高深的专业知识和丰富的从业经验，堪称某领域的专家，能够向家庭提供富有智慧、特色和创造性的问题解决方案。如家政咨询师、婚姻咨询师、高级医疗保健顾问等。

图 5-3　家庭服务业的层次

从居民家庭服务需求的层次性来看，可分为基本需求和非基本需求。所谓家庭服务的基本需求，就是居民家庭维持正常运转对家庭服务的基本需求，如保姆、钟点工、病患陪护等。如果这些基本需求得不到满足，居民家庭的正常生活就会面临较大冲击，甚至严重影响家庭基本功能的有序展开。如服侍孕妇和危重病人、护理高龄、失能老人等。有些最基本的家庭服务需求，甚至需要政府通过加强基本公共服务来满足。所谓家庭服务的非基本需求，即建立在上述最基本需求之上的家庭服务需求，大多为实现家庭发展对家庭服务的需求，属于享受性和发展型需求，往往同改善居民生活质量、培育家庭的发展潜能密切相关。如家庭医疗保健服务、健身美容服务、家庭教育和培训服务等。这些非基本的家庭服务需求如果得不到满足，不至于明显影响家庭的基本正常运转。相对而言，家庭服务的基本需求具有较强的刚性，多属于家庭服务的传统需求，更容易转换成现实需求。家庭服务的非基本需求，多与家庭服务的新型需求相关，属于高端化、个性化的家庭服务需求，需求弹性较大，对服务环境和服务质量的敏感性更强，更容易处于潜在状态。其潜在需求向现实需求的转化，往往具有更大的弹性或伸缩性。

现代经济学高度重视产品或服务的外部性问题。某人或企业从事经济活动时给其他个体或社会带来危害或利益，但他们并未因此支付相应的成本或得到相应的报酬，称为存在外部性。按照对其他个体或社会的影响是危害还是利益，分别称为正外部性和负外部性。大多数家庭服务业外部性较强，主要表现在它一方面吸纳就业的能力强，而且主要吸纳处于劳动力市场低端、就业困难较大的劳动者就业，有利于维持社会稳定，化解低收入的生存和发展难题；另一方面，主要解决老、弱、病、残、孕等社会危困群体的生存困难，甚至部分承担了政府的扶危济困职能。①此外，正如后文所述，多数家庭服务业人员流动性大、职业过渡性强，从业人员接受培训后转行从事其他产业，实际上导致其培训效益外溢，提高了其他产业乃至社会的劳动力素质。因此，面向家庭服务业的培训活动，相对于其他产业的培训活动，往往具有更强的外部性。

（五）标准化、规范化、产业化的难度和产业运行过程的风险较大，容易被排斥在社会保险等制度保护之外

家庭服务从业者之间，由于技术水平和人际协调能力的差异，其服务质量很容易出现差距。与普通商品相比，由于家庭服务的无形性、异质性及其生产、消费过程的不可分割性，由于其较强的经验品和信任品特征，大多数家庭服务业很难像制造业那样制定和执行严格的产品质量标准，家庭服务质量控制的难度也要远远大于制造业。此外，由于大多数家庭服务业进入门槛低，导致其容易出现低水平过度竞争和市场秩序混乱等问题，规范化的难度较大，非正规就业的比重较高。大多数家庭服务业具有较强的外部性，且处于劳动力市场的低端，这种状况加大了家庭服务业产业化的困难，甚至观念因素也容易成为妨碍家庭服务业产业化的重要障碍。大多数家庭服务业工资水平较低，不仅是因为处于劳动力市场的低端，还是因为家庭服务业标准化、规范化、产业化的困难，导致其难以通过市场规模的拓展和产业层次、产业效益的提升，提高工资水平。

与此相关的是，家庭服务业运行过程的风险较大，这种风险除来自企业经营的一般风险外，往往还来自以下几个方面，一是由于家庭服务供求双方身份核查的困

---

① 如在美国，随着经济发展和妇女地位的上升，中高层妇女在许多专业领域的作用越来越重要，家政服务业的发展帮助她们缓解了家庭劳动和工作的冲突，作为一个庞大产业在美国大中城市发展壮大，产生了良好的间接影响和长期潜在影响。旧金山市是美国生活成本最高的地区之一，有幼儿的家庭在该地生活和工作都不容易。有孩子的女性中62%属于就业人口。近年来，该市儿童人口日益多元化，公众越来越需要文化和语言较为适合的儿童看护项目和劳动力。父母获得优质可靠的儿童看护，有利于提高其工作效率，减少旷工和人员流动，增加企业价值。儿童获得优质可靠的看护，既可以为上幼儿园作更好的准备，有利于降低今后变坏的可能性；还可以促进其成为能满足未来全球经济要求的终身学习者，有利于提高城市居民的生活质量。因此，孩子们参加高质量的儿童看护课程，对旧金山市当前与未来的经济都是非常有益的。佚名：《旧金山市儿童看护产业的挑战与建议》，www.istis.sh.cn，2010-02-16。在我国也存在类似情况。

难，及家庭服务从业者介入居民家庭生活，容易导致恶性欺诈、情感纠纷甚至居民家庭的财产损失；二是家庭服务供求双方的健康问题，可能传导给对方的风险；三是家庭服务业的主要服务对象是老、弱、病、残、孕和婴幼儿，发生人身意外伤害的概率和影响较大，对供求双方进行权益保障的难度往往大于其他产业。家庭服务业的主要工作场所在居民家庭，与居民家庭的联系比较直接，对供求双方之外的私密性较强，导致家庭服务活动一旦出现不可预知的财产损失和风险责任，外人往往难以科学界定利益相关者的责任，甚至很难取证。

由于家庭服务业标准化、规范化和产业化的难度较大，运行风险较高，除少数发达国家外，在许多国家或地区，相当一部分家庭服务业从业者未签订劳动合同，甚至工资水平低于行业最低工资标准，或被排斥在社会保障等制度保障之外。如目前菲律宾和印尼在中东和东亚、东南亚的女性移民绝大多数从事家佣工作，且大多数收入微薄，工作条件恶劣，地位低下，缺乏保护，甚至容易受到雇主虐待。西班牙在就业和社会保障方面，涉及家庭工人的法律制度劣于其他工人，家庭工作也被视作一种特殊的社会关系，就业形式较不正规，约60%的家庭工人没有登记，其工资和工作条件较差，大多数家庭工人不参加社会保险。在不少国家，尽管政策赋予了家庭服务工人的合法身份，也不能保证其良好的工作条件。如在意大利，一些国际移民从事家庭服务业的工作时间非常长，老人护理者尤其如此。在韩国家庭服务业的部分主要行业中，从业者签订劳动合同和享受社会保障的程度也很低。[①]

（六）多数行业人员流动性大、职业过渡性强，培训的难度和需求很大

由于大多数家庭服务业进入壁垒低，且处于劳动力市场的低端；加之家庭服务业工资水平低，容易被排斥在社会保障等制度保护之外；家庭服务业的从业者容易受到雇主乃至社会的歧视，其个人福利和发展机会面临诸多限制。因此，无论是在

---

①根据韩国女性政策研究院对2007年该国家政、家庭内保育、患者看护劳动者的调查，分别仅有24.6%、23.1%和33.9%的从业人员签订了劳动合同。韩国家政和家庭内保育劳动者的工资水平都低于最低工资标准，工作时间也低于每周平均工作44小时的标准，属不充分就业。韩国患者看护的工资水平虽然多于家政和家庭内保育，但仍没有达到正规劳动者平均月薪的一半，劳动时间却长达每天大约16小时。在韩国，如被承认劳动者身份，即可自动加入就业、养老、医疗、工伤等4大保险，但韩国至今仍未将家政劳动者纳入劳动标准法的适用范围。因此，除大多数参加了地区医疗保险外，家庭内社会服务业的劳动者仅部分就职于福利设施者加入了就业保险，养老保险的参保率不足1/3。当然，相对于营利机构，在韩国的家庭服务业中，非营利机构劳动者的养老保险参保率较高。国际劳工所国外家庭服务业发展促进就业研究课题组：《国外家庭服务业发展促进就业研究》（内部打印稿），2009（7）。

国内还是在国外，家庭服务业大多数行业从业人员的流动性较大，职业的过渡性很强。如近年来在日本的老年看护行业中，虽然看护人力需求不断增加，但看护劳动者的待遇过低，仍引发了高离职率，导致看护人力不足的问题日趋突出。许多从业者仅仅把从事家庭服务业作为向其他更高层次职业跃升的跳板，作为向更好工作转换的桥梁。家庭服务业代表着一种过渡性的生存方式。甚至许多家庭服务业的从业者单纯是为了存钱后返回家乡，或更方便地另谋高就。[①]当然，在特定时期，家庭服务业工作的过渡性到底有多大，取决于从业者自身的素质、参照系、国家政策和制度提供的空间。[②]

由于家庭服务具有较强的经验品和信任品特征，由于家庭服务需求的分散性及其潜在需求向现实需求的转化面临较大弹性，家庭服务业的发展及其市场的开拓，很大程度上取决于服务质量及与服务质量相关的家庭服务供给者的可信度。从家庭服务从业者方面考察，这又主要取决于两点：一是家庭服务从业者的职业技能、理解力和学习能力；二是家庭服务从业者的职业道德和工作责任心、同雇主之间的心理沟通和人际交往能力，甚至对雇主的忠诚度（见专栏 5-1）。从这两方面来看，提高家庭服务业的服务质量，都需要加强培训活动。家庭服务业进入门槛低，从业人员素质低，且流动性大，还导致家庭服务业对从业人员进行培训的难度和需求进一步大于其他行业。许多国家或地区特别重视家庭服务业的职业培训，不仅是因为大多数家庭服务业公益性强，可成为社会运行的稳定器和减压机，与此也有很大关系。韩国家庭服务业从业者接受职业培训的比率普遍较高。家政业和家庭内保育达60%上下，平均培训时间分别约 28 小时和 48 小时，患者看护由于需要专业的医疗知识，几乎全部的从业人员都接受过职业培训。英国的托幼服务包括居家保姆、全天托幼服务、部分时段托幼服务、临时托幼、课后照顾等主要形式，要求从事托幼服务的

---

①与其他行业一样，也有少数人从事家庭服务业后出现向下流动的可能，但这并非主流。

②Cnel/Fondazione Silvano Andolfi（2003）通过对 400 名受访者的调查发现，70%的菲律宾人希望更换到其他行业工作，但在受教育程度较低的非洲人中这种愿望较弱。Parrefias（2001）通过对罗马和洛杉矶的比较研究发现，菲律宾人在罗马定居后往往较为稳定地作为家庭服务工人，但在洛杉矶的菲律宾人往往表现出对家庭服务工作的强烈不满甚至憎恶。形成这种现象的一个重要原因是，在罗马的菲律宾人几乎都是家庭服务工人，由于缺乏其他工作作为参照系，他们不渴望转换工作；许多在洛杉矶其他领域的菲律宾人获得了成功，给从事家庭服务的菲律宾佣工带来了极大压力。一些国家的政策限制移民入境，导致非法入境的人员更容易倾向于呆在别人家中，通过从事家庭服务获得比从事其他正规行业更多的保护。有些国家规定，在本国人不愿从事这些低工资工作时，政府会允许合法的外来劳力从事这些职业，导致家庭服务业成为部分移民进入国家或城市的便捷通道。

教师参加过大专课程的学习，重点研习理论与实务训练，且必须达到相应职务的资格水平，并在当地社会服务委员会注册通过。

专栏5-1：香港外佣的教育水平和职业素质

　　香港外佣的教育水平在亚洲最高，其中具有初中及以下、高中文化程度者各占1/4左右，大学预科程度者略超过1/4，具大专以上程度者约1/5。在香港近22万外籍家佣中，最多的是菲律宾人，约占58%，其中多数在香港打工7年以上。菲律宾籍佣人之所以广受欢迎，除学历水平较高外，还聪明好学，领悟力强，且英语较好，有良好的国际佣工经验。菲律宾政府长期重视外派劳工的技术培训，对此发挥了重要作用。在菲律宾的1000多所大专院校中，许多大学设有家政专业，菲律宾海外就业局也有专门的家政服务技术培训中心，并在各地设立分支机构。这些院校和培训机构根据不同国家对家政岗位的要求，经常修改和调整教材与培训计划，培育出著名的"菲律宾女佣"劳务品牌。此外，在香港家庭服务业市场上，印尼和泰国籍保姆会说广东话，印尼籍保姆素以忠心和服从见长，且刻苦耐劳，容易受到中年人欢迎；泰国籍保姆性格朴实，有耐心和爱心，部分还懂泰式按摩，容易受老年人欢迎。

　　〔资料来自国际劳工所国外家庭服务业发展促进就业研究课题组："国外家庭服务业发展促进就业研究"（打印稿），2009年7月。〕

第六章　家庭服务业发展的国际经验

长期以来，许多国家在积极发展家庭服务业的同时，逐步形成了一系列促进家庭服务业发展的经验。这些经验突出地表现为针对家庭服务业的产业特性，加强对家庭服务业发展的政府支持和政策引导，优化家庭服务业的发展环境，协调解决家庭服务业发展中的困难和问题。加强对家庭服务业发展的政府支持和政策引导，不仅是基于支持产业发展的一般需要，更是基于家庭服务业较强的外部性，体现了促进社会公平正义的要求。

一、超前谋划并从战略上重视和支持

在日本，随着人口老龄化的迅速发展，解决老人看护问题日趋迫切。因此，早在 1990 年，日本就实施了高龄者保健福利推行十年计划。按照该计划，在 20 世纪 90 年代的 10 年间，日本政府对家庭和福利机构的基础设施建设及看护人力培养，努力加大支持力度，以便为实施看护保险制度做好准备。1997 年制定的日本《看护保险法》，将看护保险制度由原来的老人福利和老人医疗合二为一，构建了便捷、公平、有效的老人看护支援机制。2000 年，日本制定的 2005～2009 年看护雇佣管理改善五年计划，包括改善看护劳动者雇佣管理、开发并提高看护劳动者能力、强化看护领域的人力需求调整等内容。尽管如此，下列两方面的事实仍然说明，日本养老服务的发展严重滞后于人口老龄化的需求，应对措施不及时已经导致一些被动，需要进一步加强对养老服务的支持。一是随着日本老龄化问题的加重，越来越多的老人独自生活，只能孤独地死去。目前，每 5 名日本人中，就有一名是大于 65 岁的老人。不少日本老人为了温饱，宁愿走进监狱，导致 60 岁以上的犯罪人数比 10 年前增长两倍。日本内阁府 2010 年 4 月公布的调查显示，在全国 60 岁以上的人群中，超过四成老人担心自己会孤独地死去，超过七成老人对未来生活感到不安。在大城市，这一问题更为突出。二是为应对社会的高龄化问题，近年来日本政府采取了很多措施让老人通过自食其力的方式养老，以缓解老龄化给国家带来的财政负担。如通过修改雇佣保险法，推动高龄雇佣；采取推迟退休年龄，为 65 岁以上老人提供工作，提供钟点工、合同工等非全职岗位和家庭扶助等措施，引导老年人由老有所养转变为老有所为；专门设立银色人才中心，专为 60 岁以上身体健康、有劳动愿望的人介绍工作。[1]

英国政府 1998 年提出国家儿童看护战略，同年发布了《迎接儿童看护的挑战》绿皮书，提出保证每位 0~14 岁适龄儿童都能享受高质量的看护计划。从 2003 年开始，韩国政府开始和 NGO（指在特定法律系统下，不被视为政府部门的协会、社团、基金会、慈善信托、非营利公司或其他法人，不以营利为目的非政府组织）联手创造社会性就业岗位。2007 年元月颁布的《社会性企业培养法》，旨在更好地向弱势群体提供就业岗位和服务。韩国劳动部实施支援低收入层就业的一揽子项目，对生活困难的失业者提供生活补助，向家庭主妇提供经历断层女性特别培训。在拥有著名国际劳务品牌"菲佣"的菲律宾，历届政府都把输出菲佣作为国民经济发展战略的一部分，制定了一系列政策措施，积极开拓海外劳动力市场，保护海外劳工权益。

二、鼓励多元发展和市场化、规范化、标准化、品牌化

大多数家庭服务业具有较强的外部性，但这不是其发展中可以排斥竞争和市场机制作用的理由。相反，许多国家积极采取措施，引入竞争机制，带动家庭服务质量的提高，为发挥市场机制对家庭服务业资源配置的基础性作用创造条件。1997 年日本实施的《看护保险法》，在很大程度上带动了看护服务质量的提高，一个重要原因是按照该法，在通过市町村看护认定的基础上，看护服务利用者可以根据自身需求选择理想的看护服务，也可以委托专业机构选择适合自己的服务项目，或调整看护服务企业，借此促进了民间企业的参与和看护市场的竞争。法国政府从 2006 年开始，在全国推行包括养老服务券在内的通用服务券，特别是预付定值消费券。预付定值消费券由少数几家通过家庭服务管理局认证的实力较强的公司发行，企业或个人均可购买。企业购买后，可作为员工福利以较低折扣出售，或发放给员工使用，员工也可转送给父母。使用者凭服务券向养老服务供应商要求服务，养老服务供应商再与服务券发行商结算。这种模式在服务券消费领域引入了市场机制提高服务质量，增加服务供给。与此同时，家庭服务管理局对服务券的发行商和养老机构实行

---

①佚名：《日本陷入严重老龄化 1/4 男性老人默默离世》，《广州日报》，2010-04-09。

严格的资质审核制度，只有通过审核的优秀企业才有资格进入养老服务领域。法国还建立医疗福利机构评估署，对养老等福利机构提供的服务进行监督，并由该署每年组织外部机构评估，对不达标企业吊销资质。这种模式通过上述方式，把促进家庭服务业的规范化、市场化、标准化和品牌化有机结合了起来。

尽管由于其异质性，家庭服务业难以实现标准化；但如能根据其产业特点，积极而又适度推进部分家庭服务领域的标准化，将会增进家庭服务的一致性和可靠性，有利于提高消费者对供给者的信任度。因此，许多国家都把推进标准化作为发展家庭服务业的重要措施。1999年，英国政府宣布托幼服务的提供者和居家保姆需要遵守"八岁以下儿童日间照料与托幼的国家标准"，该标准于2001～2003年施行，2003年正式实施。2000年英国通过的"照料标准法案2000"，包括"住家照料的国家最低技术标准"和"护理公司的国家最低标准"两个具体文件，对穿衣等个人照护服务、铺床等家务援助服务和换药等医疗服务，都有详细描述。进入新世纪以来，英国又制定了"成人安置照顾国家最低标准"等一系列国家标准。

一般而言，由于服务产品的无形性特点，以及客户购买前评价服务质量的困难，服务企业在促销时往往面临更大挑战。因此，许多服务企业往往采取以下促销策略①：一是通过强调商标标志等有形标志，推动无形服务具体化和有形化；二是利用熟人、名人、亲朋邻里效应等私人信息渠道，减少客户对购买服务的风险预期；三是通过管理好有形的服务设施、改善服务人员的着装、扩大品牌效应等，建立强有力的组织形象；四是加强企业与客户的售后沟通，推进服务业的关系营销等。许多家庭服务企业正是把推进家庭服务业的标准化、规范化和品牌化，同上述促销策略结合起来的。此外，服务企业通常采取两种方法提高服务质量，一是定点超越，二是流程分析。②所谓定点超越，即企业将自己的产品、服务和市场营销过程等，与市场上的竞争对手，特别是最强竞争对手的标准进行对比，在比较和检验中逐步提高自身水平；通过向竞争对手学习，获得竞争优势。所谓流程分析，即通过分解组织系统和架构，鉴别客户同服务人员的接触点，并由此出发分析影响服务质量和客户满意度的因素，改善服务质量。推进家庭服务业的品牌化，为更多的家庭服务企业实行定点超越提供了目标，有利于发挥品牌对行业发展和提高服务质量的带动效应。家庭服务业的标准化，往往正是以流程分析为基础的。

①〔美〕卡尔·麦克丹尼尔等：《市场营销学》，时启亮等译，上海，格致出版社、上海人民出版社，2009年9月第1版，第277～286页对服务业营销活动的分析。
②郭国庆主编：《市场营销学通论》，第404页，北京，中国人民大学出版社，2000(5)第2版。

三、加强从业人员的资格管理和职业培训

由于家庭服务强烈的经验品和信任品特征，借势权威公正的第三方评价来形成对服务质量的基本保证，不仅有利于引导和督促家庭服务业提高服务质量，增强家庭服务供给者的可信度，培育消费者对服务质量的信任感；还可以引导家庭服务潜在需求向现实需求的转化，有利于拓展其市场空间。许多国家重视家庭服务从业者的资格管理，不断完善从业人员的资格管理制度，正是基于这一点。如为了保证稳定、优质的看护服务，多年来日本政府高度重视对看护人力的资格管理。除部分教育课程外，各种地方自治团体也承担了绝大部分培训机构的监管和职业资格管理。日本相关的看护资格种类繁多，最主要的看护人力是看护福利师和访问看护员。通过厚生劳动大臣指定设施（多为大学）毕业，或积累3年以上看护经验以后参加每年一度的看护福利师国家考试者，均可获得看护福利师资格证。但从2012年起取消从指定设施毕业即可获得资格的方式，日益重视看护经验对获得看护福利师资格的作用。

由于家庭服务业从业人员的素质大多比较低，从业人员培训的难度和需求往往大于其他行业。因此，许多国家和地区特别重视家庭服务业的培训活动。如香港家佣的文化水平虽是亚洲最高，香港政府仍然高度重视家佣的培训活动，由香港雇员再培训局统筹培训家佣。具体的培训业务由该局通过严格评估认可的社会培训机构提供训练及就业介绍，由政府向每个符合条件的培训对象支付一定的培训费。培训课程由雇员再培训局制定，达到一定培训时限和考核标准，通过考核后对合格者发放技能卡，相当于上岗证。英国高度重视保姆的职业教育，百年老校、世界著名的保姆学校——诺兰德学院[1]已向世界各地输送了数万名优秀保姆。从皇室贵族到普通家庭，能请到一名诺兰德学院毕业的保姆都是引以为豪的事。目前，美国的家庭服务人员不仅要接受完整的义务教育，还必须接受专门的家庭服务培训。美国面向家庭服务业的教育培训，已形成系统、成熟、规范的课程设置和管理体系，家政学在美国高等教育中已占据重要地位。超过半数的大学设有家政系，有的还可授予硕士、

---

[1]目前主要开设幼儿教育和早期儿童研究两个专业，前者侧重于实践，后者侧重于理论探索。申请者先在学院从事一年勤杂工作，再开始为期两年的幼教专业学习，可减免学费50%～100%。诺兰德学院的毕业生不愁找不到工作，学院会终身负责帮助推荐工作，学院颁发的"诺兰德职业资格证书"全国承认，许多国家认可。

博士学位；参加家政教育课程的学生约占职业教育课程注册总人数的25%。美国政府对家政服务业的培训支持，主要表现在立法、资金和管理诸方面。按照1917年联邦议会通过的关于加强职业教育的《史密斯·休斯法》，联邦政府每年拨款资助各州兴办学院程度以下的家政等职业教育，联邦政府还与各州合作，开办家政等科目的师资培训，资助开办这类师资培训的教育机构。20世纪60年代以后通过的相关职业教育法，还提出了新的理念：职业教育不应仅仅满足社会的需要，还应适应社会的变化，以促进个人发展为目标。

如前所述，内部营销对于家庭服务业发展至关重要。许多国家和地区结合加强从业人员培训，做好家庭服务企业的内部营销工作。其具体方式如开展岗位竞赛，评比、奖励行业标兵和业绩突出者，推行公司文化和发展理念，鼓励团队合作，帮助员工解决私人问题和困难，引导员工为企业发展献计出策，甚至给员工必要的决策权。

四、加强劳动者权益保护

大多数家庭服务业虽然外部性较为显著，却容易被排斥在社会保险等制度保护之外。家庭服务从业者也很难通过组成工会来捍卫自身权益。[1]因此，许多国家日益重视家庭服务业劳动者的权益保护，提高劳动者的福利待遇。借此，也有利于培育家庭服务业从业人员的职业意识，减少该行业的人员流失，降低产业的运行风险。[2]通常，越是在财政实力较强、需求较为迫切的发达国家（地区），情况越是这样。如美国劳动法赋予所有劳动者的权利，不考虑种族、性别、年龄和移民。在美国家政服务业中，雇主要帮助家政工人支付全部或部分雇佣的健康保险，家政工人的医疗、失业等其他社会保险按《联邦保险费缴纳法》规定办理。2004年通过的欧盟第1663号提案提到，应该承认家庭服务这个职业，给予工作人员基本的工作权利和社会保护，包括最低工资、疾病、产假和养老金。在荷兰和爱尔兰，大量移民尤其是女性

---

①美国有18个以上的家庭服务业工会组织，但由于许多家政工人在雇主家里独立从事劳动，没有更多时间和其他同行联系，家政工会更多地具有行业协会的特点。目前，在美国的劳动法律中，没有赋予家政工人组成工会进行集体谈判的权益。

②对企业的一般研究表明，更换一个员工的成本，大约相当于员工年薪的1.5倍；拥有尽心尽职员工的公司，其股东收益率往往明显偏高。〔美〕卡尔·麦克丹尼尔等：《市场营销学》，时启亮等译，第286页，上海，格致出版社、上海人民出版社，2009。

移民从事家庭服务工作，其工作权利得到所有劳动法规的保护。家庭工人的小时工资不得低于最低工资标准。香港家佣市场的雇佣关系比较规范，《雇佣条例》作为调整雇佣关系，保障家务从业人员福利、安全的法规，规定所有家政佣工无论每周工作多少时间，都可享受法定假日、工资保障和不受歧视的保障。香港的家务雇主须与佣工签订规范的合同，家务佣工多按时计酬，雇主必须给佣工购买商业保险和工伤补偿保险。如雇主辞退佣工，商业保险关系可转给新的佣工。加拿大通过"家庭服务员计划"规范外国保姆进入加拿大工作的程序。保姆到加拿大后，应及时办理医疗保险和社会保险卡，以享受加拿大就业标准法规定的起码就业待遇。[1]

近年来，由于加快进入老龄化社会，日本社会对看护人力的需求迅速增加，对改善看护劳动者的雇佣管理、提高看护能力、确保看护人力、提高看护者的福利待遇，提出了迫切的要求。适应这种要求，1992年日本政府制定了《有关改善看护劳动者的雇佣管理等法律》。厚生劳动省还特别设置看护劳动安定中心，企业也可以向所属都道府县知事提交看护劳动者福利改善计划，如获批准即可获得经费支援。为了确保和稳定看护人力，改善大龄自由职业者的就业形势，日本政府还增加"看护人力确保职场稳定支援金"，对雇佣无看护经验劳动者的雇主，特别是雇佣大龄自由职业者6个月以上的雇主，增加支援金额。同时，日本政府还设立看护劳动者设备模范奖励金，为减轻看护劳动者的工作负担，对经厚生劳动省批准的企业引进辅助器械计划，给予相当于引进费用一半、上限为250万日元的支援。

五、加强职业介绍网络和公共服务平台等发展能力建设

网络经济中有个粗略的拇指规则：一个网络的价值量与它使用人数的平方成正比。[2]因此，许多国家（地区）在发展家庭服务业的过程中，积极利用信息化成果，加强家庭服务业职业介绍网络和公共服务平台建设，借此增强家庭服务业的发展能力，降低服务供求对接、劳动力供求对接的成本与风险。通过这些职业介绍网络和公共服务平台的结点效应，发现需求、引导需求，克服家庭服务分散性、潜在性强对市场培育和产业发展的制约见（见专栏6-1）。日本各都道府县的主要职业安定所设置"福利人才角"，向求职者提供职业介绍、职业咨询、求职指导等服务。为了帮

---

[1]杨学钢：《加拿大外籍劳务市场一般准入程序》，《中国经贸》，2004(4)。
[2]卢锋：《经济学原理·中国版》，北京，北京大学出版社，2002年4月第一版。

助父母便捷地获得关于托儿服务资源的信息，1999年英国就建立了儿童托管照料网络信息服务系统。该国的家庭信息服务国家协会，是一个具有全国网络、从事儿童信息服务的注册慈善机构，为父母提供儿童照顾等专业领域的建议与帮助，以及家庭相关服务。法国家庭服务协会和医疗互助会等正联手创立大型家庭服务电话平台，为需要服务的家庭提供信息，并将相关服务机构介绍给需要家庭服务的人。让有良好信誉的大企业参与平台建设，既可以引导企业做强做大做出品牌，又可以为家庭服务的供求双方带来安全感。

专栏6-1：香港家佣市场的职业介绍网络

香港家佣市场的职业介绍网络较为完善，后续管理服务也比较周到。2002年，香港雇员再培训局推出的本地家务助理计划——"家务通"，在香港设立13间就业转介服务机构，是香港网络规模最大、经验最丰富的家居服务平台，为雇主免费选配优质的家务助理课程毕业学员，并提供从登记、转介到聘用后三个月内的跟进服务。家务助理或乐活助理均已完成香港雇员再培训局人才发展计划的相关证书课程，并通过严格的技能评估、考核和甄别面试。目前，"家务通"已更名为"乐活一站"，并将转介服务范围扩大到包括家居、健康及护理等三大重点服务领域。香港从事海外家务佣工的机构均为中介组织，他们与佣工和雇主保持沟通联系，调解纠纷，并利用节假日对外佣进行再培训，或组织娱乐活动。

〔资料来自国际劳工所国外家庭服务业发展促进就业研究课题组：《国外家庭服务业发展促进就业研究》，（打印稿）2009（7）。〕

各国在发展家庭服务业的过程中，加强家庭服务业职业介绍网络和公共服务平台建设，还有一个重要原因是为了协调解决家庭服务个性化与标准化的矛盾。服务无形性和异质性的特点，往往导致服务的个性化和标准化难以兼得。标准化服务往往更为经济有效，便于拓展市场和扩张规模，但难以灵活、更好地满足客户需求。个性化服务能够灵活、更好地满足客户需求，但往往需要支付较高的价格。为解决服务个性化、标准化的矛盾，许多服务企业采取了规模定制服务的做法，运用技术集中地向客户提供个性化服务，以便将二者取长补短。①各国在发展家庭服务业的过程中，加强家庭服务业公共服务网络平台建设，成为实行规模定制服务的重要方式。

---

①〔美〕卡尔·麦克丹尼尔等：《市场营销学》，时启亮等译，第282页，上海，格致出版社、上海人民出版社，2009。

基于前文对家庭服务业产业特性的分析可见，由于家庭服务的经验品和信任品特征，由于家庭服务潜在需求向现实需求的转化面临较大弹性，在家庭服务业的发展中，供求双方的信息不对称是需要着力解决的突出问题。加强职业介绍网络和公共服务平台建设，可以将公众对这些网络和平台的信任，间接转换为对相关企业家庭服务质量的经验和信任，有利于解决家庭服务业发展中的信息不对称问题，为家庭服务业的借力发展提供渠道。从国际经验来看，家庭服务业借力发展，还表现为借助邻里效应来发现家庭服务需求，形成对家庭服务质量的"担保"机制，间接增强居民家庭对家庭服务质量的信任感。目前，国际上已有许多研究家庭服务的学者，将关注的中心放在如何围绕邻里效应来创造就业岗位，降低社会不平等，并提高家庭生活的质量。欧盟正把近邻服务作为潜在就业来源极力推动。在英国家庭服务的供给中，社区服务中心占据了重要地位。英国的社区服务中心通常有相对完善的设施条件，集成人教育、职业培训、老年保健、儿童看护、娱乐休闲、信息交流等功能于一体，面向社区家庭开展各种服务。英国对老年人社会福利性质的照顾服务，主要包括福利院与养老院、社区照顾、日间照顾、现场工作服务等形式。其中福利院与养老院的服务成本较高，居住开支几乎占费用的一半；社区照顾不需支付居住成本，又可维系服务对象的邻里关系，避免社会隔离感。因此，英国政府一直高度重视社区照顾。我国许多地方实行的"家庭服务进社区"，也是利用上述邻里效应。

六、加强和创新财税、金融支持

长期以来，许多国家或地区在发展家庭服务业的同时，注意从财政、金融等方面，不断加强对家庭服务业的支持，创新其支持方式。这种政策主要表现在两个方面，一是惠及家庭服务业的一般支持政策，二是针对家庭服务业的专门支持政策。惠及家庭服务业的一般支持政策，主要包括对劳动密集型行业实行低税率（见专栏6-2），实行针对中小企业和促进就业的税收优惠政策或财政贴息。如英国从1997年开始引入"工作福利"计划，以帮助单亲家庭、年轻人、残疾人及长期失业者就业。对小企业特别是自谋职业开办的微型企业，自开办之日起免征1～3年所得税。对自主开业的失业者提供每周40英镑的补贴。法国政府对于自主创业的失业者不仅提供补贴，还提供启动资金支持。美国政府从1977年开始实行新工作税收抵免政策，其实质是对私营企业提供就业补贴。按照规定，对本年超过年工资总额105%的超额部分，或根据联邦失业保险金交款超过上年102%的部分，选取二者中数额最低者，按

50%抵免公司（或个人）所得税。该政策可以促进新企业的进入和现行企业的扩大，像家庭服务业这样劳动力需求增长较快的行业，往往是受益较大者。美国还通过减少对企业新投资的税收、对中小企业实行较低的所得税率、推行加速折旧、实行特别的科技税收优惠、对企业科研经费增长额实行税收抵免等方式，实行针对中小企业的税收优惠政策。

针对家庭服务业的专门支持政策，除支持职业培训、职业介绍网络和公共服务平台等建设外，主要还包括以下内容：①引导需求，鼓励购买家庭服务。如美国规定对于一年内购买看护类服务3000美元以上的支出，最高可给予35%的税收抵免。日本《看护保险法》的最大特点是利用看护服务时，利用者只需支付10%的费用，其余90%由保险（50%）、国家（25%）、都道府县（12.5%）、市町村（12.5%）分摊。法国从1991年开始，对购买家庭服务的居民以减税形式予以间接补贴，购买服务支出的50%免税。当以家庭为单位购买照顾6岁以下儿童的服务时，可享受儿童看护补贴，并可免除雇员和雇主的全部或部分社会保障费用。甚至在排斥陌生人提供家庭服务的德国，1996年也提出了居民购买服务的优惠券计划。按照该计划，任何一个家庭中，只要有14岁以下儿童或需要照顾的家庭成员，每人每年可获得一定数额的优惠券。②降低供给成本，鼓励增加供给或优化供给。法国政府从20世纪60年代开始，就制定个人住所社会援助政策，推动上门帮助老年人、伤残人士和困难家庭的社会救助行业发展。2009年发布的个人服务业发展纲要提出，支持在家庭服务业相关领域创造就业机会、提高专业水平和服务质量等。

专栏6-2：欧盟对劳动密集型行业试点低税率

从2000年元月1日起，为应对就业和经济发展、提高社会保障与生活质量等欧盟面对的4大挑战，按照欧盟理事会通过的1999/85/EC号欧盟理事会指南，欧盟允许那些有意向的成员国在不影响跨国竞争的劳动密集型服务行业，试点实行增值税低档税率，以促进就业并减少地下经济。该试点目标实现的传导机制是：低增值税率的实施，可以降低最终消费价格，促进消费需求，需求增加将导致服务供给的增加，供给增加又会导致企业多雇工人，最终提高整个行业的就业率。由于减税与就业是间接关系，所以低税率能否实现预期目标必须满足三个条件：即减税必须使该行业的最终价格降低；行业的消费需求必须对价格高度敏感；服务总量增加必须通过新增雇员来实现，而不是通过提高现有雇员的工作量来实现。

为有效实现预期目标，欧盟理事会规定，选择低税率的试点行业必须满足四个要求，即是劳动密集型行业、是直接面对消费者的服务、不太可能扭曲市场竞争、该行业的价格弹性很高（价格下降会引发消费需求增加）。按规定，该项试点被严格限制在 5 类行业：一是小规模修理修配服务业，包括自行车、鞋、皮件、服装和家用亚麻布艺的修理；二是私人住宅翻修装潢；三是门窗玻璃清洗；四是家政服务；五是美容美发服务。

欧盟中小企业协会认为，低增值税税率试点对欧盟就业格局产生了非常积极的影响，低税率试点行业新增的就业岗位达到 20 万个。实施低税率，可以将中小企业从地下经济的边缘拉回来，促进就业水平的提高。2005 年年底，尽管不同国家对于是否要继续实行低税率试点存在较大分歧，但当时的欧盟委员会主席综合各方意见认为：如果低税率优惠只限于地区性服务行业，就不会损害欧盟内部正常的市场机制，也不会扭曲市场公平竞争；增值税优惠税率只应用于劳动密集型的地方性服务行业。

〔资料来源：《欧盟：劳动密集行业低税制能走多远》,《中国税务报》2005-12-15〕

第七章　家庭服务业：现状与问题

《中华人民共和国国民经济和社会发展第十二个五年规划纲要》提出，"面向城乡居民生活，丰富服务产品类型，扩大服务供给，提高服务质量，满足多样化需求"，并将鼓励发展家庭服务业作为大力发展生活性服务业的重要内容。为了更好地研究家庭服务业发展的战略问题，本章先对家庭服务业发展的现状和主要问题进行探讨。

一、发展现状

20 世纪 90 年代初期以前，我国家庭服务业的发展，在总体上处于自发状态。在局部地区，劳动、商业、妇联、共青团等部门结合自身工作，对于家庭服务业，特别是家政服务业的发展给予过不同程度的支持。但是，这种支持往往比较分散和零星，未形成系统支持的态势。20 世纪 90 年代中期以后，一方面，随着收入和消费水平的提高，以及城市生活节奏的加快，城市家庭对家务劳动社会化的需求迅速增加；另一方面，在全社会劳动力数量迅速增加的同时，农民工进城规模不断扩张，国有企业改革导致的下岗失业问题日趋严重，社会就业压力不断加大。劳动保障、商务、财政、工会、妇联、青年团等部门结合自身工作，加大了对家政等家庭服务业重点行业的支持力度。如 1998 年团中央支持、中国青年企业家协会牵头，成立了北京华夏中青家政服务有限公司，并在国家工商总局注册了"中青家政"商标。2001 年，劳动和社会保障部将郑州市等 10 个城市确定为全国家政服务业试点城市。1994 年成立的中国家庭服务业协会，以"为民、便民、利民、安民"为服务宗旨，积极开展"家庭服务行业管理、信息交流、业务培训、刊物编辑、国际合作、法律咨询服务"等业务工作，引导和促进家庭服务业发展。尤其是 2009 年国务院同意建立发展家庭服务业促进就业部际联席会议制度以来，各级政府进一步加强了对家庭服务业发展的引导和支持，政府重视、部门合作、协同推进家庭服务业发展的格局初步形成。近年来，我国家庭服务业的发展状况主要表现在以下几个方面：

（一）产业发展初具规模，新兴业态和经营方式不断形成

迄今为止，我国尚缺乏权威、连续的家庭服务业统计，相关部门比较认可的说法是：全国家庭服务业各类服务企业和网点近 50 万家，从业人员 1500 多万人，年营业额近 1600 亿元（以下简称部门数据）。我们认为，这套部门数据很可能严重低估了我国家庭服务业的实际规模（见专栏 7-1）。考虑到家庭服务业包括家政服务业，家政服务业在家庭服务业中占据重要地位，按照本书界定的家庭服务业边界，目前全国家庭服务业的实际规模可能要大于家政服务业 1 倍以上。生产总值从价值形态看，是所有常住单位在一定时期内生产的全部货物和服务价值超过同期投入的全部非固定资产货物和服务价值的差额。在家庭服务业全部营业收入中，投入的全部非固定资产货物和服务价值占比有限，根据经验判断平均不超过 10%。因此，结合考虑 2007 年以来我国家庭服务业的发展，可以粗略地估计到 2009 年，全国家庭服务业从业人数和生产总值分别在 3000 万人和 3000 亿元以上，分别约占同年末全国就业人数和生产总值的 3.8% 和 0.9%，占同年末全国城镇就业人数的 9.6%。[①]从地域分布来看，迄今为止，我国家庭服务业的发展主要集中在城市，特别是北京、天津、上海和各省会城市、计划单列市。如 2009 年北京市在工商局登记注册的家庭服务企业 2955 家，其中在城八区的占 57.5%，在近郊区的占 3.6%；在远郊区县的占 38.9%，且基本都是规模较小的个体工商户和民营企业。根据陕西省家庭服务业协会的不完全统计，同年全省登记在册的家政服务公司有 800 多家，其中西安市 350 家，地级市各有 30~40 家，县级各有 2~3 家。洛阳市家庭服务业协会提供的资料显示，在其 390 家会员企业中，市区 150 余家，从业人数 7000 余人；县（市）240 多家，从业人数 5000 多人。

专栏 7-1：家庭服务业统计低估的原因

至少有 4 方面的原因，足以证明现有的部门数据严重低估了家庭服务业的实际规模：

第一，这套数据最初来源于国家统计局（见张一名:《发展家庭服务业促进就业问题研究》，见全国家庭服务业办公室、国际劳工组织北京局联合主办的《家庭服务业问题研讨会》报告提要（PPT），2010 年 1 月 28 日）。而在国家统计局的国民经济

---

①需要说明的是，此处估计比较粗略，仅供参考。无论是否同意我们的判断，都不影响我们后文对家庭服务业发展目标的分析。也正因为考虑到对家庭服务业的实际规模可能有不同意见，本书对家庭服务业发展目标的分析，尽量采用增长率和扩大倍数等指标，以回避具体的规模数据。

行业分类中，家庭服务是指为居民家庭提供的各种家庭服务活动，包括保姆、家庭护理、厨师、洗衣工、园丁、门卫、司机、教师、私人秘书等，以及病床临时护理和陪诊服务；不仅将社区服务、养老助残服务、家庭外派委托服务等排除在外，甚至不包括保姆、家庭工、钟点工、陪护、家教等职业中介服务。而保姆、家庭工、钟点工、陪护等职业中介服务，正是目前许多家政服务公司的主要业务所在。可见，国家统计局现行的家庭服务业统计，比本文研究的家庭服务业统计范围要小得多。

第二，上述数据是国家统计局关于2007年年底全国家庭服务业的数据。从局部地区的调查或其他数据来看，2007年以来，我国家庭服务业在总体上呈现规模不断扩张的态势。因此，上述部门数据未能囊括2007年以来我国家庭服务业新的发展情况。

第三，在发展家庭服务业促进就业部际联席会议成员单位2009年8~9月对北京、上海等8省区的调研报告中，仅有安徽省同时具有家政服务业从业人数和营业收入的数据，分别为近50万人和近50亿元。2008年，在全国31个省、市、自治区中，安徽省人均GDP14485元，位列第27位，相当于全国平均水平（22698元）的63.8%；按年末总人口计算，安徽省6135万人，占全国的4.6%，位列第8位。人口规模和收入水平对家政服务业的发展都具有正向影响。按安徽省家政服务业规模相当于全国31个省、市、自治区的平均水平进行粗略推算，2009年，全国家政服务业的从业人数和年营业收入分别达到1550万人和1550亿元。显然，家政服务业的规模比包括家政服务业的家庭服务业要小得多。

第四，在许多地方的家庭服务业统计中，实际上存在着家庭服务业大口径和小口径的问题。如郑州市家庭服务业按经营范围分，又包括家庭服务、少儿午托、母婴护理、养老护理、社区服务等。2009年，郑州市大口径的家庭服务业年末就业人数48108人，其中家庭服务、少儿午托、母婴护理、养老护理、社区服务分别占33.0%、1.4%、24.6%、3.0%和37.9%。还有许多是亲戚介绍的，缺少统计。

近年来，随着收入水平的提高和生活方式的转变，特别是人口老龄化、家庭小型化的发展和产业分工的深化，我国家庭服务业的领域不断拓宽，服务内容日趋丰富，新的业态和经营方式不断涌现。这从局部地区的调研数据也可见一斑。如2009年，郑州市家庭服务业年末从业人数已达4.8万人，全年实现GDP 8.7亿元[①]，分别比2007年增加26.3%和11.5%。2003年洛阳市家庭服务业协会成立时，会员企业不

[①]需要说明的是，由于各地统计口径不一，本章中涉及各地家庭服务业规模的数据仅供参考。

足 10 家，从业人数 300 余人；到 2009 年底已有会员企业 390 多家，从业人数 1.2 万人，全年实现营业收入近 1.6 亿元，上缴税费 300 多万元。到 2009 年年底，天津市家庭服务业已覆盖家居购物、房屋维修等 26 个服务门类和 350 多个子项。从 2005 年 2 月成立到 2009 年年底，天津市家庭服务业协会的入会企业数已由 9800 多家增加到 21863 家，从业人员已由 11 万多人增加到 32.3 万人；全市家庭服务业共实现服务收入 42 亿元，年均递增 25% 以上。在许多地方，家庭服务业不仅包括保姆、病人陪护等传统职业和洗衣做饭、照看孩子、打扫卫生等传统工作，还包括少儿午托、营养配餐、配送、居家养老、家庭开荒保洁、涉外家庭服务员等新兴职业，保洁、月嫂、婚介、养老等服务的专业化分工日益深化和细化。尽管多数企业仍采取传统的单店经营方式，少数行业龙头企业已重视采用连锁经营等现代流通方式，甚至跨区域连锁化的态势已开始形成。

（二）企业化经营、中介制企业成为主体，员工制作为发展趋势开始引起重视

目前，无论是从供给主体，还是从管理模式来看，家庭服务业的发展都呈现多元化格局（见图 7-1 和图 7-2）。

家庭服务业供给主体

主业经营的家庭服务企业：经政府主管部门批准并在工商部门登记注册，主营或专营家庭服务业，不同经济成分均可，目前个体工商户和独资企业居多。少数未经批准或登记注册。

主业经营的家庭服务实体：经政府主管部门批准成立，主要由劳动保障、民政、妇联、工会、共青团、街道、社区居委会等开办，属半公益性、非企业机构，依托各部门的有利条件，主营或专营家庭服务。大多坚持保本或微利经营。如社区服务站等。

兼业经营的其他企业：由于主营业务的特殊需要，附属性或临时性地开展部分家庭服务；或向家庭服务领域延伸服务，但家庭服务尚未形成主业。如清洗公司、绿化公司等提供的部分家庭服务。

个人行为的家庭服务：通过亲朋好友介绍从事家庭服务，无正规组织形式，属家庭自聘式。目前，这种形式还有较大市场，容易被社会接受，主要原因是供需双方容易建立信任，或服务费用较低。

志愿者组织或个人提供的家庭服务

图 7-1　家庭服务业供给主体

家庭服务企业管理模式

中介制：企业作为中介，为雇主和家庭服务员牵线搭桥，一般不提供职业培训或只提供简单的职业培训，企业向消费者和服务员一次性收取介绍费，从业人员与雇主签订简易的服务合同，雇主将工资直接支付给服务员，企业对服务质量作简单监督甚至不监督。有些中介制企业实行会员制，会员每年向公司一次性交纳会费。

员工派遣制：家庭服务企业招聘家庭服务员作为员工，经过上岗培训后派遣到雇主家庭从事家庭服务。企业与雇主签订服务合同，规定服务收费和质量标准，企业收取服务费后按规定提取管理费并支付家庭服务员的工资。企业根据劳动合同法与员工签订劳动合同，员工参与社会保险等。有的则是家庭服务员、企业和雇主直接签订三方合同。

半员工派遣制（介于中介制和员工派遣制之间）

权益服务上的半员工派遣制：不与服务人员签订劳动同、不为其上社会保险，但提供岗前培训、绩效考核和服务回访等服务，对人员工资进行集中管理。企业按照服务协议向雇主收取服务费用，再按规定比例提取管理费和支付家庭服务员工资。

人员构成上的半员工派遣制：对部分家庭服务员实行员工制，对部分家庭服务员实行纯中介制。

图 7-2　家庭服务企业的管理模式

尽管仍有部分半公益性的家庭服务机构以保本经营或略有盈利为原则，未实行企业化经营；但企业或企业化经营已成为家庭服务业发展的主体。许多经政府主管部门批准成立的家庭服务业实体，特别是由民政、妇联、工会、街道、社区居委会开办的非企业机构，已经转变为家庭服务业企业，或正待实现向企业转型，或实行事业单位、企业化经营。2009 年，北京市家政服务业协会共有团体会员单位 236 家，其中家政服务公司 212 家，社区中心 14 家、搬家公司 3 家、培训学校 3 家、研究会4 家。安徽省共有家政服务企业超万家，社区服务中心 377 个、社区服务站 2135 个、社区服务项目 40 多项，此外还有社区志愿者组织 2121 个、志愿者个人 8 万余人。吉林省经工商部门登记批准的家政服务企业 777 户，经民政、劳动等部门登记批准和挂靠社区的家政服务组织约 600 户，工青妇下设事业机构开展家政服务的百余户，无照经营的小作坊则无法统计。①

---

①本文资料凡未注明出处者，均来自发展家庭服务业促进就业部际联席会议办公室组织各成员单位完成的调查资料（内部打印稿），调研时间均为 2009 年 8 月和 9 月。

　　企业或企业化经营的家庭服务业大致有中介制、员工派遣制（简称员工制或派遣制）、半员工派遣制（简称半员工制或半派遣制）三种管理模式（见图7-2）。就总体而言，家庭服务企业的主要管理模式仍是中介制，但在不同行业往往存在较大差别。如据天津市总工会介绍，目前该市家政服务业中，中介制的家政公司约占80%，员工制的家政公司约占15%，其余则是通过亲朋好友介绍，或由供需双方在人才市场自由协商形成雇佣关系。但在保安、搬家服务、配送服务、少儿午托、家庭保洁等行业中，员工制企业已经成为主体。在家政服务业等行业中，目前员工制的比重较低，但员工制作为发展趋势已开始引起重视。

（三）龙头企业迅速崛起，规范化、标准化和品牌化建设不断推进

　　近年来，在家庭服务业迅速发展的同时，一批龙头企业迅速崛起，成为推进家庭服务业发展及其规模扩张和发展方式转变的中坚力量。许多龙头企业还是家庭服务业规范化、标准化和品牌化的先行实践者（见案例7-1）。表7-1对于当前家庭服务业中大企业和小企业的经营行为、经营表现和依托条件进行了粗略比较。

表 7-1　家庭服务业中不同规模企业的粗略比较

内容	大企业	小企业
客户资源	由散在家庭户转向批量家庭户或集团客户	散在家庭户
员工管理	员工制和制度化管理	中介式为主
培训状况	培训较为系统	系统培训不够
品牌效应	通过品牌效应实现多元化战略	缺少品牌意识
创新能力	不断开发新的产品	产品单一
盈利能力	相对较强	低,甚至保本微利或亏损
扶持政策	享受有限的扶持政策	极少享受扶持政策
接受监管	方便监管,但政企结盟后监管机制容易失效	数量巨大,监管难度大

　　注:本表对于大企业、小企业没有严格的边界界定,本表的比较也只是一个相对概念。在本表中,散在家庭户指一个一个居民家庭。批量家庭户如通过家庭服务业进社区等方式成片开发社区范围的客户资源。集团客户如服务需求规模较大的企、事业单位,甚至在党政机关、车站、医院、学校、企事业单位后勤社会化过程中发掘服务需求,开发保安、保洁、绿化、维修、车辆管理、学生宿舍管理等就业岗位。公司与这些机构签订长期服务的承包协议,从而大大降低与数量众多的家庭客户的交易成本。

案例 7-1

济南阳光大姐服务有限公司先后荣获全国"三八"红旗集体、省富民兴鲁劳动奖章等荣誉称号，是全国家庭服务业标准化试点单位，山东省著名商标和济南市第三产业重点企业。自 2001 年 10 月创办以来，已在省内外设立 20 家连锁机构，固定从业人员 8000 余人，累计安置就业 26 万人次，为 15 万户家庭提供了服务。近年来，该公司坚持产业化方向，突出职业技能培训、突出家庭服务多元化和管理服务标准化，已先后开发出母婴用品配送、老年用品配送、儿童早期教育等 10 多个服务项目，实行了统一岗位培训、统一收费标准、统一持证上岗、统一服务标志、统一定期回访制度，建立了目标考核、员工培训、网络管理、财务审批等质量管理体系，通过了 ISO9001：2000 国际质量管理体系认证。该公司的母婴生活护理员、居家养老、育婴服务、家务服务、医院陪护等 5 项标准已成为山东省地方标准。该公司还注意从发展理念、行为规范和企业标志 3 方面加强企业文化建设，将其纳入培训内容；以标准化体系为支撑，明确和规范工作流程，完善家庭服务人员和用户信息，搭建供需双方沟通平台。该公司还突出社会责任意识，规范企业、从业者和家庭服务消费者的关系。如为家庭服务从业者集体办理意外伤害、重大疾病和三方责任保险，聘请法律专家无偿为从业者提供法律服务，对家庭困难从业者提供救助等。

〔见发展家庭服务业促进就业部际联席会议办公室：《发展家庭服务业促进就业部际联席会议简报》2009（8）。〕

除企业层面外，许多城市还依托政府部门和行业协会，从区域层面积极推动家庭服务业的规范化、标准化和品牌化建设。如郑州市出台了家庭服务业管理办法，举办家政服务人员技能竞赛，开展家庭服务诚信活动。该市家庭服务业协会成立了养老护理、保洁、月嫂、家庭服务员、育婴师等 5 个专业委员会，发布了保洁、母婴护理（月嫂）、养老护理、育婴师等 4 个专业化的服务质量标准。天津市制定并实施了家庭服务质量标准和行业公约。沈阳市从 2008 年开始，就在行业管理、技能培训、劳动关系、社会保障、争议仲裁等方面，进行了一系列规范化管理工作。洛阳市建立家庭服务业单位资格认定制度，引导家庭服务业培育品牌，鼓励家庭服务业走联合、兼并道路，实现资源整合等。北京市 2006～2008 年 3 年间，共筹集 3985万福利彩票公益金，完成了全市所有城市城市社区服务站的标准化建设工程。通过积极开展家庭服务业职业技能大赛等，四川、安徽巢湖、山东济南已分别推出了"川妹子"、"巢湖巧嫂"、"阳光大姐"等知名的家庭服务品牌。

（四）职业培训不断加强，行业协会和公共平台作用凸显

如前所述，从产业特性来看，面向家庭服务业的培训活动，其难度和需求往往都很大。与此同时，当前我国家庭服务业的主要从业者为农民工和城市下岗职工，大多数文化程度低、职业技能差。因此，为了提高服务质量和加强规范化、标准化和品牌化建设，部分企业积极加强职业培训（见案例7-1和7-2）。如为提高员工的职业技能和职业道德，作为中华好月嫂连锁品牌之一的"洛阳好月嫂"，同洛阳妇女儿童医院保健中心合作，所有月嫂都请他们培训，以便更好地贯彻"科学引导、诚信服务"的理念和"服务于民，满意于民"的经营宗旨。中央有关部门和部分地方政府、行业协会也把加强职业培训，作为促进家庭服务业发展的重要手段。在这两方面因素的共同作用下，面向家庭服务业的职业培训迅速推进，并初显成效。如洛阳市早在2003年就成为中国家庭服务业协会中西部地区家庭服务员培训基地，到2009年已累计培训家庭服务员5700多人，经过培训后，仅向北京和沿海发达地区输送的家庭服务员就达4000多人。上海市加强家政实训基地和培训课程建设，组织开展家政、老年护理、育婴师、保育员等专业培训，已初步形成初、中、高级技能培训相衔接的培训体系。

案例7-2

郑州爱馨养老集团1993年成立至今，已从最初的42家床位，发展到目前有8家法人单位，6家实体养老机构的大型养老集团，拥有资产近3亿元。正在运营的3家养老机构入驻老人500多位，拥有职工近300人。为了提高服务品质，近年来，该集团始终注意加强员工培训，鼓励和资助员工考取职业资格证书。全国现有养老护理员20万人，其中拥有护理员资格证书的仅占10%左右；而爱馨养老机构的护理人员持证率已达45%。

（根据郑州爱馨养老集团相关资料整理。）

同时，在各级政府的支持和先行地区的带动下，许多地方的行业协会和公共服务平台建设开始引起重视，其作用迅速凸显。到2009年8月，全国省、市两级已形成42个地方性家庭服务业协会，在引导行业自律、加强专业培训、促进行业发展方式转变方面，开始发挥重要作用。许多地方家庭服务业公共服务平台建设仍处于起步阶段，但已经运转的公共服务平台在整合行业资源、促进供求对接和潜在需求向

现实需求转化方面，正在发挥重要作用（见案例7-3）。有的家庭服务企业还联合起来，共同打造家庭服务平台。如成都市 7 家家政公司联合组成齐家公司，打造 96118 家庭服务平台，收集、管理家庭服务需求信息，整合行业资源，规范供应商的业务流程，促进供应商与家庭服务需求对接，并规范服务质量。

案例 7-3

洛阳市"12580"家庭服务呼叫中心将中国移动的网络平台优势、技术优势和家庭服务业协会的资源优势结合起来，对用户承诺"一按我帮您，24 小时全天候便捷、安全、优质的服务等着您"；对加盟企业承诺"永久免费入网运行，就近派单，只认服务不认人"。为保证家庭服务市场的纯洁和诚信，对失信加盟企业实行强硬的退出机制。该中心还与市家庭服务业门户网站对接。目前，先期入网运行的 140 余家优秀家庭服务企业运转良好。

（洛阳市家庭服务业协会提供。）

（五）政策研究和政策支持不断加强，政府重视、部门合作的机制初步形成

近年来，在家庭服务业持续发展的同时，从中央到地方两个层面，对于家庭服务业的政策研究和政策支持都在不断加强。如在广泛调研基础上，全国发展家庭服务业促进就业部际联席会议办公室起草的《国务院办公厅关于发展家庭服务业促进就业的指导意见》，已经经过相关部门的多次讨论。商务部、财政部在全国范围内推动家政服务网络体系建设和家政服务工程等重点工作。北京市从提高社会保险补贴标准，扩大享受社会保险补贴人员范围，降低灵活就业人员失业保险费率，加大培训力度，建立区县、街道、社区三级服务体系网络和电话热线平台，开展家庭服务从业人员技能竞赛，加强行业自律和规范服务市场，坚持正确的舆论引导等方面，出台了一系列的发展家庭服务业的政策措施。洛阳市仅 2009 年就先后出台了《中共洛阳市委、洛阳市人民政府关于加快发展家庭服务业促进就业的实施意见》、《洛阳市人民政府关于建立洛阳市发展家庭服务业促进就业部门联席会议制度的通知》、《洛阳市家庭服务业扶持资金暂行管理办法》等一系列文件，实行了对家庭服务业进社区、发放家庭服务消费券等一系列扶持政策。

与此同时，继中央政府建立发展家庭服务业促进就业部际联席会议制度以来，全国大多数省、市、区已经建立了发展家庭服务业促进就业部门联席会议制度。建立部门联席会议制度的地、市、县也在迅速增加。有些地方还将工商、税务、统计、

农委、人民银行、保监会等部门增加为联席会议成员单位，组织相关部门加紧研究促进家庭服务业发展的行业规范政策、税费减免、财政支持、人员培训、金融支持、社会保险补贴、就业援助等政策，形成政府重视、部门合作的发展家庭服务业促进就业的工作机制。

二、面临的主要问题

（一）供不应求的问题在总体上比较突出，员工队伍的稳定性较差

近年来，随着人口老龄化、家庭小型化和生活方式转变的加快推进，以城市为重点的家庭服务需求迅速扩张。与此同时，家庭服务供不应求的问题，在总体上却比较严重，农忙季节和春节期间更是如此。从养老服务业为例，到 2009 年，全国 65 岁以上老人已经超过 1.1 亿人，约需养老护理员 1000 万人；但全国养老机构职工才 22 万人，其中取得职业资格的仅 2 万多人。[①]目前发达国家养老床位数约为老年人总数的 5% ~ 7%，而我国养老床位数仅占老年人总数的 1.38%。[②]目前，郑州市总人口大约 800 万人，其中 60 岁以上的老人约 70 万人，空巢家庭约 10 万人。该市家庭服务业协会估计，目前该市家庭服务业用工缺口在 10 万人以上，接近家庭服务业现有的就业人数，其中最为短缺的是保姆。洛阳市家庭服务业协会估计，不包括劳务输出，该市家庭服务业市场至少可以容纳 2 万个就业岗位，多于现有就业人数达 2/3 左右。天津市家庭服务业协会反映，家庭服务业明显供小于求，尤其是月嫂、家庭保洁、养老护理三个行业的社会需求量很大。据发展家庭服务业促进就业部际联席会议办公室 2009 年 7、8 月份的调查，目前沈阳市老人总数已达 106 万，空巢老人家庭约 20 万个，护理需求迅速增加。全市仅家庭服务员就空缺 4 万个左右；上海、天津等大城市，节假日都存在比较严重的"保姆荒"；在山东青岛市，月嫂已预定到下一年；西安市家庭服务员不足 6 万人，但家庭服务员的需求量大约 16 万人；成都、宜昌等城市家庭服务企业员工缺岗率大约在 10% ~ 30%。家庭服务业从业人员不足的问题，尤以高级服务员为重。如洛阳市家政服务业很少有高级服务员。

当前，我国家庭服务业供不应求的问题，有招工难的原因；但更为重要的是，家庭服务业从业人员存在严重的流失问题，员工队伍的稳定性较差。除养老服务等

---

① 王红茹：《全国 80 岁以上老人将统一享有高龄津贴》，《中国经济周刊》，2010-04-13。
② 阎青春：《我国人口老龄化的状况及老年人社会福利政策》，《公益时报》，2009-12-10。

少数行业外，大多数家庭服务员在一个公司的工作时间不超过半年，多数只有两、三个月，工作时间超过一年的寥寥无几。许多家政公司经理最怕过年，因为服务员回家过年后可能不回来，员工的流动性让他们头疼。许多农民工进城，只是在找不到工作时，才愿意短期从事家庭服务业。一旦熟悉城市，或找到收入稍高的工作，往往很快辞职，从事该行业存在严重的"过客"心理。

(二) 多数家庭服务员职业技能低，服务质量亟待提高

由于从业人员严重不足，不少家庭服务员不经培训或稍加培训即直接上岗，更无暇顾及就业后的经常化再培训，导致职业技能低、服务质量差。有些家庭服务员缺乏良好的职业心态、职业道德及同雇主的沟通能力，与雇主互不满意。有些月嫂不知道怎么伺候孩子，有些养老护理员不知道如何服侍老人，甚至部分家庭服务员连敬业精神和工作责任心也让雇主头疼，其服务质量难以满足客户需求，甚至容易遭遇客户投诉。根据我们的调查，当前家庭服务业纠纷突出，尤以中介制企业为重。原因是这些中介制企业面向消费者和服务员一次性收取介绍费，但对家庭服务员的服务质量如何缺乏跟踪监督，对服务员的待遇和权益也缺乏保护，容易出现"乱收费"等问题。因此，多数家庭服务企业的服务功能弱，只能满足客户对家庭服务的简单、低层次和综合性需求，难以满足其专业化、精细化和高层次需求。

不少家庭服务员社会地位低，难以赢得雇主尊重，除传统观念形成的职业歧视和服务员的自卑心理外，一个重要原因是服务技能差、质量低，主要根据生活经验做事。有些家庭服务员同雇主双方都不满意，或许有雇主"高人一等"、缺乏宽容等心态问题，与家庭服务员职业技能差、不懂如何同雇主和谐相处，也有很大关系。这样的家庭服务员很难让雇主产生信任感。许多地方家庭服务业大量的高端需求处于潜在或抑制状态，一个重要原因是，严重缺乏高级保姆、高级月嫂、高级护理员等高级管理或技能型人才，影响服务品质的提高。

(三) 规模化、规范化、标准化、品牌化水平不高，发展方式转变较为滞后

目前，我国许多家庭服务业进入门槛低，企业经营规模小，固定资产少，经营方式较为粗放，甚至"马路市场"上无证照、无住址、"地摊"式经营的家政公司也不鲜见。2010年年初我们在河南调查时发现，洛阳市家庭服务企业大的三、五百人，小的才十几人。每年能交8000元到1万元税的，就算大的家政公司了。在郑州市家庭服务企业中，年经营总额在200万元以上的仅10~20家，家庭服务员在200

人以上的企业 74 家，200 人以下的企业 147 家，小的才几个人；该市能够提供保姆服务的企业，一般也就 20～30 个保姆，有百名以上保姆的公司屈指可数。像圆方家庭服务有限公司、爱馨养老集团等已形成良好品牌，形成跨区域经营的家庭服务企业比较少见。

许多家庭服务企业发展方式落后，还表现为以下两个方面：一是专业化程度低，企业之间缺乏分工协作，小而全和服务同质的问题比较普遍。在郑州市场上，许多做得好的家庭服务企业甚至不是专业化的公司，而是多元化经营的综合公司。有些家庭服务项目长期难以走出亏损，又因较大的"沉没成本"不忍关停，导致相关公司被迫延伸服务项目，通过多元化经营来弥补亏损。为了抢夺市场，许多家庭服务企业竞相压价，甚至被迫因此降低服务质量。二是家庭服务业标准化程度低。大多数家庭服务项目缺乏明确的等级标准和服务质量规范，家庭服务员在提供相关服务时缺乏参考依据，不仅影响了服务质量，还容易加剧服务纠纷，甚至形成服务安全隐患。有些地方虽在积极推进家庭服务业标准化，但是，迄今为止，即使是在家庭服务业标准化的先行地区，标准化的覆盖领域仍很有限。至于家庭服务业运行中合同管理不规范、培训教材和标准不统一等问题更是普遍。

（四）社会保障覆盖面较小，财产损失和意外伤害的风险较大

目前在家庭服务业从业人员中，仅持有下岗失业证的国有企业下岗职工，可以享受政府提供"三金"（养老、失业、医疗等社会保险）补贴，但这部分人占比不大，最多不超过 30%。农民工和其他城市无业人员从事家庭服务业，不能享受政府提供的社会保险补贴。多数家庭服务企业由于收费标准低、盈利能力差，也无力为员工缴纳每月几百元的社会保险费。如在洛阳市，家庭保姆按最低工资 600 元计算，缴纳"三金"需要 428 元，合计 1028 元。根据发展家庭服务业促进就业部际联席会议办公室的调查，在四川、湖北两省，不少超过 45 岁的家政服务员未能纳入现有的社会保障体系。许多家政公司通过为用户提供服务，最多每月收取 100 元的管理费，扣除各种税费和业务费所剩无几，根本无力承担从业人员每月 300 元左右的社会保险费。家庭服务员长期从事该行业，难以避免养老、看病等后顾之忧，由此加剧了从业人员的流失。在天津市，许多本地青年宁做收入更低的营业员和餐馆服务员，也不愿当保姆。除传统观念形成的职业歧视外，一个重要原因是保姆没有社会保障，且工作不稳定。[1]

---

[1] 2010 年元月，在天津市保洁、物业等公司，员工月收入一般在 800～1000 元，保姆月收入 1200 元左右，但许多人宁干物业不当保姆。

此外，在家庭服务业中，出现财产损失和意外伤害的风险较大，也是一个突出问题。如家庭服务员在客户家中发生煤气中毒，照顾的老人出现意外死亡，为客户提供家庭保洁时碰坏贵重物品等，类似事件一旦发生，解决起来往往费时费力，责任关系也难以清晰界定，一件事件很可能就把本小利微的家庭服务企业拖垮，甚至会"出现一例，倒闭一家，吓倒一片"。

（五）工资水平和盈利能力较低，融资难的问题比较突出

当前，就总体来说，大多数家庭服务业工资水平低，有些地方家庭服务员的工资水平接近最低工资标准。工资水平低，不仅加重了家庭服务业招工难和人员流失的问题，也容易助长家庭服务员和家庭服务企业对员工培训的短期行为和实用主义态度，加剧家庭服务业职业技能低、服务质量差的问题，进而导致雇主不愿提高服务员工资，形成恶性循环。无论是在实行员工制还是中介制的企业中，企业盈利都与家庭服务员的工资水平存在一定的比例关系。家庭服务员的工资水平低，自然会导致家庭服务企业的盈利能力差。

由于经营规模小、盈利能力差、可供抵押的固定资产少，中小企业融资难的问题，在家庭服务业中往往更为严重，增加其发展的困难。许多家庭服务企业从成立到盈利，往往需要一、两年的市场培训过程，融资难很容易导致其半途夭折。

（六）行业性抱怨情绪较浓，自强意识不足

2010年元月，我们在对郑州、洛阳、天津三市调查时，感受比较强烈的是：家庭服务业行业性的抱怨情绪较浓，对优惠政策的依赖情绪普遍较重。由此在相当程度上影响着服务质量的提高，制约其促进社会和谐的效果。如经营者抱怨行业利润低、优惠政策少，抱怨员工脱离公司单干，抱怨优秀员工流失；从业者抱怨收入低、社会地位低、工作时间长，抱怨户主歧视。这些抱怨的情况或许在一定程度上存在，但也在相当程度上被放大了。如许多家庭服务员从一个家庭服务企业流向另一个家庭服务企业，与原有企业提供的工资、福利待遇和权益保障水平较低，有很大关系。

三、问题为什么形成

（一）家庭服务业产业特性的影响

当前家庭服务业发展中的问题，有一部分是家庭服务业的产业特性使然，或者说是各国家庭服务业发展中的共性问题。如员工队伍的稳定性较差，与大多数家庭服务业处于劳动力市场的低端、从业人员流动性大、职业过渡性强有很大关系。多数家庭服务员职业技能差，服务质量低，一是因为多数家庭服务员文化程度低，年龄偏大，接受培训的能力较弱。[①]二是因为许多培训对象接受培训后，不愿继续从事家庭服务业，增加了企业的培训成本，削弱了企业开展培训的积极性。[②]国外家庭服务业的发展，很大程度上都存在类似问题。

（二）　当前经济运行环境的作用

如近年来各地经济普遍迅速发展，导致外地农民工和城市无业人员的就业机会明显增多，增加了家庭服务业吸纳就业的困难，加剧了家庭服务业从业人员不足和供不应求的问题。"保姆荒"只不过是"民工荒"的极端表现而已。此外，在现有经济运行环境下，传统观念形成的职业歧视，以及家庭服务业工资水平长期偏低，也导致家庭服务业缺乏对就业人员的吸引力。

（三）　支持家庭服务业的政策法规不健全

迄今为止，全国性的关于发展家庭服务业促进就业的指导意见尚待出台，发展家庭服务业的战略目标、指导思想尚待明晰，政策措施和法律法规尚不健全。在调研过程中，企业和地方政府同志普遍反映，国家对家庭服务业的支持政策是"只见楼梯响，不见人下来"。最近一两年来，有些先行地区密集出台了关于发展家庭服务业的政策措施或管理办法，但在调查过程中，许多企业仍感到，针对家庭服务业的政策倾斜不够，对于家庭服务业规模化、产业化、社会化的政策引导不足，对于其业态、项目和经营方式的创新支持资金不足；甚至处理消费者、经营者和服务员三方的权责纠纷，缺乏法律依据。况且，在未经试点许可的前提下，单个城市完善面

---

①以天津市为例，家庭服务业从业者年龄从 16 岁到 60 岁不等，主要集中在 30～45 岁这个年龄段；其中来自农民工的大约 80%只接受过小学或初中教育，来自下岗职工的大部分只接受过初、高中教育。发展家庭服务业促进就业部际联席会议办公室组织的调查显示，2009 年 8 月，山东省家庭服务业从业者中，35～50 岁年龄段的约占 88%，35 岁以下和 50 岁以上年龄段的共占 12%。

②2009 年，郑州市妇联培训家政服务员 200 人，最后从事家庭服务业的不足 100 人。许多经过培训达到较高层次的家庭服务员，转而流向收入水平更高的其他地区。如郑州市 2005 年以来共培训家庭服务员 3 万人次以上，其中经过培训被评为高级保姆者 3 人，一个流向上海，一个流向深圳，还有一个出国了。有些经过培训素质较好、雇主满意的家庭服务员直接从家政公司退出，自己跟客户签约，导致企业叫苦不迭。有的企业感叹：现在是培训越多，损失越大。

向家庭服务业的政策法规，其空间是有限的。目前，许多城市的月嫂、家庭保洁、养老护理等工种，有无职业等级证收入差别很大，职业等级较高的，社会需求缺口也很大。除技术含量较高、专业性较强外，导致这种现象的主要原因还有两个，一是这些高等级的家庭服务员培训门槛高，培训时间长，培训成本和机会成本都比较高，容易让潜在的就业者和家庭服务企业望而却步；①二是政府尚缺乏针对这些高端培训的专门支持。此外，当前我国家庭服务业员工队伍的稳定性较差，增加了企业的培训成本，削弱了企业开展培训的积极性。家庭服务业员工队伍的稳定性较差，反映了对于改善家庭服务员的收入、培训和权益保障，尚缺乏足够的引导措施。

对家庭服务业发展的优惠政策支持不够，突出表现是税费负担重，加剧了家庭服务业盈利难的问题。以洛阳市为例，除正常的流转税外，家庭服务业的税收负担还包括代征的残疾人基金、代征的价格调节基金、代征的工会会费，合计超过经营收入的10%。其中流转税不是执行一般的服务业税率（5.5%），而是将家庭服务业纳入劳务业，执行8.5%的税率。作为员工制的家庭服务企业更是苦不堪言。因为家庭服务业经营收入的90%以上都要支付人工工资。按照现行政策，对员工制企业征收营业税，不能将员工工资从纳税基数中扣除，导致员工制企业的营业税要远远高于中介制，生存难度陡然增大。天津市家庭服务业协会介绍，该市家政企业的税率合计高达8%，经营好的企业利润率仅10%～15%，交税之后所剩无几。天津泰康家庭服务公司、鑫康洁家政公司等，甚至因员工制企业较高的成本和税费负担、较大的社会保障压力，被迫改为中介制。

（四）家庭服务业现有培训体系的局限性和职业教育的缺位

目前就总体而言，面向家庭服务业的培训活动，主要依靠政府主导的培训体系，在培训市场上不同类型培训机构的公平竞争相对缺乏。市场化的培训机构和家庭服务企业开展的培训活动，难以得到有效的政策引导和资金支持，甚至达不到政府支持的门槛。如商务部、财政部、全国总工会实施的"家政服务工程"，主要依靠工会系统的培训机构进行培训。迄今为止，大型家政服务企业要获得其培训支持，往往面临很高的门槛，且仅限于自主招收员工的培训活动。在不少地方，政府主导的培训体系不太了解雇主和家庭服务企业对家庭服务员的素质要求，重理论、轻实务，教材陈旧，培训供给和需求脱节问题；多数只能满足家庭服务员的基本技术普及需

---

①如月嫂的培训一般需要150课时，还要到岗位实践。待干完几个岗，提高了技能和服务质量后，自己有门路找工作，很可能就抛开公司单干。

求，难以解决其技术升级和个性技术的培训问题，培训的专业化、精细化程度不够，面向家庭服务企业家的培训活动更为短缺。有些地方反映，部分依托政府的培训机构只重视上级拨给的培训经费补贴，不重视培训质量，培训容易"走过场"，导致培训对象"有文凭没水平"。面向家庭服务业开展的高端培训，还容易因两方面的困扰导致培训主体缺乏动力。一是骨干师资少、需求密度低，时间长、成本高、风险大；二是按照"阳光工程劳动力转移培训"和"家庭服务工程"的现行支持力度，开展这些专业化、精细化的高端培训，容易入不敷出。此外，当前政府主导型的培训体系，在培训方式和时间安排上往往缺乏灵活性。如大多数在白天开展培训，容易形成家庭服务员接受培训与提供家庭服务的时间冲突，加大其培训成本和机会成本，削弱其参加培训的积极性。至于面向家庭服务业的职业教育，基本上仍处于空白状态。

（五）社会媒体的正面引导不够

就总体而言，当前社会媒体对家庭服务业的负面报道较多，正面报道太少，在相当程度上制约了家庭服务业的发展，甚至加剧传统观念对家庭服务业的职业歧视。少数雇主把家庭服务员视作"丫鬟"、"下人"，任意加重家庭服务员的工作负担，对待家庭服务员要求苛刻，甚至缺乏起码的尊重。有些低层次的家庭服务企业，确实影响行业声誉。但社会媒体如果主要盯着这些负面事件，"报忧不报喜"，容易形成放大效应。近年来，在家庭服务业中，优秀的家庭服务员、服务质量良好、主雇之间关系协调的案例迅速增加，但往往缺乏宣传。有的企业家坦言，家庭服务业的发展经不起负面新闻报道。

当前，发展家庭服务业面临的问题，很大程度上是上述因素综合作用的结果。如当前家庭服务业的抱怨情绪较浓，是家庭服务业产业特性、传统观念形成的职业歧视和媒体正面引导不够共同造成的。从产业特性来看，大多数家庭服务业处于劳动力市场的低端，供求双方的信息不对称问题比较严重，要增进利益相关者的信任难度很大。①媒体正面引导不够，在一定程度上加剧了对家庭服务业发展的职业歧

---

①形成这种现象的主要原因在于以下3个方面：一是在现有社会的分层结构中，家庭服务业的消费者大多处于高层，文化程度、收入水平、社会地位等较高，发展的机会较多；家庭服务员大多处于低层，文化程度、收入水平甚至社会地位较低，发展的机会较少。这种自身素质、社会分层的差异，容易导致双方行为方式的差异和心理沟通的困难，增加供求双方误解的机会和互不满意的可能，甚至容易加剧雇主对服务员的歧视心态。第二，家庭服务员由于文化程度低、社会地位低、工资水平低，容易形成脆弱、敏感、自卑的职业心态，形成对社会和雇主的抱怨情绪和消极、对立的服务态度。第三，家庭服务业直接服务于老、弱、病、残、孕等弱势群体，服务对象及其家庭成员由于精神、心理甚至经济负担较重容易出现情绪波动，形成脆弱、敏感和不合作的心态。

视。当前家庭服务业供不应求和员工队伍缺乏稳定性的问题，一方面是因为大多数家庭服务业人员流动性大、职业过渡性强；另一方面反映了在当前经济运行环境的影响。尽管劳动力市场的低端行业不等于低贱行业，从事家庭服务业也不是低人一等；但部分劳动力从家庭服务业流向层次更高的职业，从整个社会的角度看，则是就业者自身发展和社会文明进步的结果，至少反映了两方面的积极变化：一是劳动力素质的提高，带来了其就业竞争力的强化；二是近年的改革和制度创新，为底层精英特别是农民工和下岗失业人员提供了更多、更具开放性的发展机会。

第八章　家庭服务业发展战略

当前在许多地方，家庭服务业已成为重要的消费热点。发展家庭服务业具有重要的战略意义和现实作用。因此，研究家庭服务业发展战略，具有重要性和紧迫性。

一、战略意义和现实作用

（一）发展家庭服务业的现实作用

1. 吸纳就业效果显著，解决就业困难群体的就业困难作用尤其突出

目前，就全国而言，在非农产业中，家庭服务业吸纳就业的规模，已经仅次于制造业和建筑业，成为第三大行业。洛阳市从 2003 年成立家庭服务业协会到 2009 年年底，通过组织较大规模的家庭服务专场招聘会，已累计安置下岗职工和进城农民工 2.71 万人次就业。2009 年年底，洛阳市家庭服务业从业人数 1.2 万人，相当于该市上年末城镇从业人数的 2.3%。天津市从 2005 年 2 月成立家庭服务业协会到 2009 年年底，5 年间会员企业从业人数共增加 21.3 万人，相当于该市 2009 年新增就业的 53.0%。到 2009 年，就业人数不足 5000 万人的四川省，已有大约 150 万人从事家庭服务业，其中在省内就业的约 70 万人，住家保姆约占从业人数的 70%。近年来，宁波市 1000 余家家庭服务企业，每年可安排就业 2 万多人，其中下岗失业人员和农村富余劳动力占 95% 以上。[①]

当前，我国劳动力供求的总量矛盾[②]和结构矛盾都比较突出，城镇下岗失业人员

[①] 此处数据根据笔者对天津、洛阳、郑州三市的调查及发展家庭服务业促进就业部际联席会议办公室 2009 年 8 月、9 月对相关省市的调查报告整理。但因相关地区对家庭服务业的统计口径与本文研究有所不同，有的更宽，有的更窄，此处数据仅供参考。

[②] 以 2009 年为例，全国城镇能够提供的新增就业岗位约 1200 万个，而需要就业的人数达 2400 多万人，其中新增就业人数 1300 多万人；此外，还有大量的新增农村劳动力需要转移就业。尹蔚民：《在发展家庭服务业促进就业部际联席会议第一次全体会议上的讲话》，《中国家庭服务业协会网站》，2009-12-30。

和农民工是最难解决就业的两大群体。大多数家庭服务业就业门槛低，吸纳就业的能力强，相对于多数行业，家庭服务业比较容易成为城镇下岗职工、农民工和其他就业困难群体的主要就业载体。如 2009 年年底，在天津市家庭服务业从业人员中，本市下岗职工占 40%，外来务工人员占 35%，本市农村富余劳动力占 13%。同期，郑州市家庭服务业从业人员中，城市下岗职工和失业人员占 30%，外来务工人员占 70%。当前，尽管"民工荒"的问题已开始凸显，并呈现从发达地区向中西部地区蔓延的趋势；但这种"民工荒"在总体上仍具有较强的季节性和区域性，仍有相当数量的农民工初到城市找不到工作，要把家庭服务业作为暂时谋生的手段，甚至进城之初的栖身之地，等待进一步发展的机会。农民工进城从事家庭服务业的过程，也为他们了解城市、融入城市提供了一个可望可及的台阶。

可见，家庭服务业对解决就业困难群体的就业问题，作用尤其突出。发展家庭服务业促进就业的效果，远远超出相关数量指标显示的结果。2008 年下半年发生国际金融危机后，我国家庭服务业促进就业的作用进一步得到清晰显示。国际金融危机导致就业形势空前严峻、就业困难加重。但在河南洛阳市，家庭服务业吸纳的就业人数不仅没有减少，反而还新增了 2000 余人，占该市上年实现再就业人数的 12.4%，对于就业困难群体发挥了雪中送炭的作用。同年，郑州市 20 个家庭服务业企业倡议不裁员、不减薪，大约 100 家家庭服务业企业积极响应。鉴于国际金融危机加剧了大学生的就业难，郑州市家庭服务业协会同河南教育学院合作，对在校应届毕业生开展了两期共 100 人的育婴师培训和鉴定，并为大学生提供实习和就业岗位，扶持大学生自主创业，促进了大学生就业问题的缓解。

2. 提高低收入者收入水平作用明显，成为维稳定、增和谐和调整国民收入分配格局的重要支撑

家庭服务业的从业者和潜在从业者大多来自低收入家庭，就业竞争力比较差，甚至属于社会弱势群体。尽管大多数家庭服务员的收入水平不是很高，但每解决一个人的就业，即可帮助其家庭获得每月几百元甚至上千元的收入，从事中高端家庭服务收入更高。如 2009 年 8 月前后，陕西省家庭服务员的月收入普遍在 700～1000 元之间，超过 1000 元的占 11% 左右，主要是月嫂、病患陪护和高端家庭服务员。四川省输出的"川妹子"服务员月收入在 1500～3000 元左右。到 2009 年年底，洛阳市保姆月收入 500～1000 元不等，月嫂的月收入高的达 2000 余元。天津市保姆的月收入在 1200 元上下，月嫂的月收入高的达到三四千元。由于家庭服务业比较容易解决弱势群体和低收入者的就业问题，相对而言，发展家庭服务业更容易帮助弱势群

体和低收入者解决基本生活的燃眉之急，拓宽其收入来源，促进国民收入分配格局的调整。发展家庭服务业，还可以帮助弱势群体和低收入群体避免因就业和基本生活困扰，而妨碍社会稳定。

家庭和谐是社会和谐的根基。家庭服务业的从业者以女性居多，如到 2009 年年底，天津市家庭服务业从业人员 90%是女性，60%已婚。女性情绪对家庭和谐和子女教育的影响往往大于男性。家庭服务业通过主要解决女性人口的就业问题，更容易舒缓社会情绪，促进家庭和社会的稳定和谐。此外，大多数家庭服务业的服务对象来自中高收入群体，服务提供者来自中低收入群体。发展家庭服务业，通过家庭服务员以登门入户方式，为服务对象提供"近距离、长相处、面对面"的服务，有利于拉近不同收入、不同类型人群的情感距离，促进社会融合。

3. 排忧解难帮忙重点突出，惠及老、弱、病、残、孕、忙作用明显

家庭服务业以"为民、便民、利民、安民"为宗旨，以满足老、弱、病、残、孕、忙群体的生活需求为直接目标，主要服务于社会危困人群和居民家庭改善生活质量的需求，排上班一族之忧，解危困人群之难，帮家庭、社会之忙，重点惠及民生问题的薄弱环节。如近年来许多地方实施的早餐示范工程，有效地解决了上班一族及其家庭吃上放心早餐的问题。洛阳市许多小学生因家长忙于工作无暇照顾，中午无人看管只得在街上吃快餐；该市辛安家政公司开拓小学生午间托管业务，为小学生提供优良的环境、可口的饭菜和良好的作业辅导，不仅为家长减了压，也为孩子解了难。洛阳市明瑞康乐宫老年公寓 2007 年成立以来，努力通过周到体贴的服务、专业科学的护理，确保老人住得顺心、吃得舒心、玩得开心。到 2009 年年底，已形成 159 个房间、460 余张床位，入住自理型老人 88 人、护理型老人 78 人。郑州市爱馨养老集团倡导快乐养生和帮助别人、快乐自己的文化理念，形成以机构养老为基础，社区养老为补充，互动养老为延伸的大服务体系，为不同需求的老人提供专业化、个性化的养老服务，努力让老人享受有尊严的养老生活，既为政府分了忧，又让老人和家庭舒了心。近年来，天津市老龄人口增加很快，孤寡老人、空巢老人等养老问题日趋突出。为此，该市积极推广老年人在家中居住、由社会提供养老服务的居家养老模式，通过设立社区老人日间照料站和送服务上门两种方式，为老人提供居家养老服务。2009 年，该市家庭服务业协会还组织会员企业面向老年人需求，专门增加了洗衣做饭、理发修脚、上门洗澡等家庭服务项目，受到老人和家庭的欢迎。

可见，发展家庭服务业，不仅提高了居民的生活质量；还可以通过家务劳动的

专业化和社会化，帮助居民家庭摆脱了家庭事务的磕绊，有利于缓解在业人口日常工作与家务劳动的冲突，减少其家庭矛盾。发展家庭服务业通过解决民生问题，赢得了民心！洛阳等地通过发放家庭服务业消费券等，引导家庭服务业企业承担政府扶贫济困、帮扶特殊群体和托老、托幼、托病等公益性服务职能，还把发展家庭服务业同履行政府的基本公共服务职能有效对接起来，进一步加强了家庭服务业惠民生、赢民心的作用。

4.培育新兴产业功能日显，成为扩内需、保增长的重要依托

发展家庭服务业，直接有利于扩大服务业规模，提高服务业占 GDP 比重，促进产业结构优化升级。鉴于家庭服务业提高低收入者收入水平作用明显，而低收入者的边际消费倾向较高，发展家庭服务业可以直接带动低收入者消费需求的扩张，为其分享经济改革和发展的成果提供一条通道。家庭服务业包括的产业门类众多，通常的说法是包括保姆、钟点工、家庭保育等 20 多个门类几百个子项。随着家务劳动专业化、社会化的发展和居民消费水平的提高，居民的家庭服务需求还将不断扩张和分化，从而衍生出新的行业和业态。如月嫂、育婴师、家庭教师、家庭医生、家庭顾问、专业陪聊、家政咨询师等。家庭服务业的发展，不仅会带动相关产业的发展和新兴产业的形成，还会同部分其他产业之间形成互促共生效应，有利于拓宽消费领域，培育新的消费热点和产业增长点，促进内需的扩张和经济增长。如养老助残服务业、病患陪护服务业的发展，将会带动养老助残产品、病患陪护产品的开发，促进相关产品制造业和工业设计、市场营销等服务业的成长。家庭服务业的发展，还将同快递业、信息服务业、培训服务业、房地产业等形成互动关系。在此方面，家庭服务业的长远效益有个逐步释放的过程。

5.长远效益不断积累，成为转变经济发展方式的潜在支撑

发展家庭服务业，可以通过家务劳动的社会化，提高在业人口的工作效率和创新能力。借此，有利于深化社会劳动者之间的分工协作、优势互补关系，促进经济发展方式的转变和经济运行效率的提高。我们对郑州、洛阳和天津三市的调查显示，当前家庭服务业规模小、层次低、经营方式粗放的问题比较严重。这些地区发展家庭服务业的过程，同时也是引导其转变发展方式、提高发展质量的过程。发展家庭服务业，还可以为其他行业加快发展方式的转变积累经验，提供借鉴。当然，这些方面的效果，从短期来看可能不甚显著，但从长期来看却是潜移默化的。此外，经过家庭服务业培训者，大多是现在或未来的家庭主妇。从其他国家或地区的经验来看，这些培训活动的展开，将会对未来儿童的成长和家庭发展产生长期积极的潜在

影响。

（二）发展家庭服务业的战略意义

从国际经验和中长期发展趋势来看，随着家庭服务业的不断发展，家庭服务业的上述作用将会不断增强。因此，家庭服务业持续发展的过程，也是其战略作用不断强化的过程。在工业化、城镇化和人口老龄化加快推进的背景下，发展家庭服务业的战略意义突出地体现在以下4个方面：

1. 把家庭服务业培育成服务业的战略性产业

一般而言，战略性产业是在国民经济中具有战略地位，对经济社会发展具有重大和长远影响的产业。从后文分析可见，我国家庭服务业具有广阔的发展前景和良好的产业关联效应，具有培育成服务业战略性产业的巨大潜力。加快发展家庭服务业，可以面向产业结构优化升级、生活方式加快转变和人口老龄化加快推进的中长期需求，加快把家庭服务业培育成我国服务业的战略性产业，增强其对经济发展方式转变和生活方式转变的支撑能力。

2. 缓解我国长期存在的就业压力特别是城镇就业压力

当前，我国劳动力供给增量开始减缓，且下降速度加快，劳动力总供给的压力明显减弱；但供大于求的总量矛盾仍将继续存在，就业的结构性问题更加严峻。就业结构性问题的一个重要表现是就业增量将主要集中于城镇，解决就业问题的关键仍是城镇就业问题。[1]发展家庭服务业及其关联产业，增强其就业吸纳能力，可以为重点化解就业困难群体的就业压力和基本生活困难，促进社会的稳定和谐，提供长效机制。

3. 更好地履行政府的基本公共服务职能

今后，随着人口老龄化特别是人口高龄化的推进，部分远离子女的空巢或独居老人、"三无"高龄老人和失能老人都会迅速增加，推动基本公共服务需求的迅速扩张。部分低收入、无收入甚至遭遇遗弃的残疾人和儿童的基本服务需求，也需要通过加强基本公共服务来解决。加快发展家庭服务业，有利于更好地履行政府的基本公共服务职能，让这些弱势群体能够有尊严地生活。

4. 有利于改善民生并增强家庭服务供给对需求的动态适应能力

当前，我国已经进入实物消费比重下降、服务消费比重提高的阶段。今后，这

①谭永生、杨宜勇：《"十二五"时期扩大就业的对策建议》，《调查·研究·建议》，2010(1)。

种趋势还将日益显著。在此背景下，适应我国家庭服务需求迅速扩张的趋势，加快发展家庭服务业，优化增加其有效供给的长效机制，有利于提高城乡居民的生活质量，规避家庭服务业有效供给不足对于改善民生和全面建设小康社会、构建社会主义和谐社会的负面影响。从国际经验来看，对于家庭服务需求迅速扩张的前景如果估计不足，极有可能陷入被动。近年来，随着日本老龄化问题的加重，越来越多的老人独自生活，只能孤独地死去（详见本书第6章）。这种情况说明，尽管日本高度重视养老服务业的发展，养老服务业的有效供给仍然严重滞后于其实际需求。近年来，欧盟的人口老龄化问题日趋突出，导致养老金支出日益庞大，公共财政不堪重负，成为欧盟各国养老体系面临的长期性挑战。[1]这种情况实际上也给我国敲响了警钟：鉴于人口老龄化加快发展的大趋势，对于养老服务等家庭服务业的发展，必须显著加强重视！

二、中长期发展的前景和难点

（一）中长期内家庭服务需求迅速扩张

在特定时期、特定国家或地区，家庭服务需求到底有多大，取决于多种因素的综合作用。这些因素主要有：居民家庭的收入水平、收入差距、家庭服务的消费价格、家庭服务的质量、人口结构、公共服务和社会保障的状况。从中长期看，我国家庭服务业需求很可能迅速扩张，未来市场前景广阔。推动家庭服务业需求扩张的因素主要有：

1. 经济发展、城镇化的推进和生活方式的转变，引发家庭服务社会化需求的分化和扩大化

经济发展带动居民收入水平的提高，有利于增强居民对家庭服务的消费能力。[2]城镇化的加快推进，带动生活方式转变，有利于引发家庭服务专业化、市场化需求的扩张。2009年我国城镇化率即城镇人口占总人口的比重已达46.6%。世界城镇化

---

①据欧盟委员会的估计，欧盟15~64岁劳动者与65岁以上老人的比例，2008年为4：1，2060年将变成2：1。《财经观天下：欧洲人养老面临痛苦抉择》，《新华网》，2010-07-09。

②按照中国十七届三中全会确立的奋斗目标，到2020年农民收入要在2008年基础上翻一番，相当于2008~2020年农民人均纯收入年均递增接近6%。在此期间，城镇居民人均可支配收入的增长将会更快。

发展的经验显示，城镇化率超过 30%、低于 65%或 70%的阶段，往往是城镇化快速推进的阶段。目前我国正处于这一阶段。自 1996 年我国城镇化率超过 30%（达到 30.48%）后，到 2009 年的 13 年间全国城镇化率平均每年提高 1.24 个百分点。据此推算，到 2012 前后我国城镇人口将超过农村人口。到 2015 年和 2020 年，我国城镇化率将分别达到 54%和 60%左右。按照 2020 年全国人口 14.3 亿人计算，2020 年全国城镇人口将达 8.58 亿人，较 2009 年增加 37.9%。城镇新增人口相对于城镇原有人口的收入水平较低，可能导致前者单位人口的家庭服务需求低于后者。但家庭小型化的发展又会促进未来单位城镇人口家庭服务需求的扩张。假设二者可以相互抵消，则 2009～2020 年，仅由于城镇化水平的提高，就可以带动家庭服务的需求增加 38%左右。此外，今后，随着医疗条件的改善，经济发展对生活方式转变的带动作用也会日趋凸显，国外生活方式的示范影响将会不断强化。这不仅会直接带动家务劳动社会化的发展，还会驱使越来越多的子女离开父母独立生活，从而间接强化家务劳动的社会化需求。在"十二五"乃至"十三五"时期，尽管我国政府会进一步采取措施缩小收入差距、抑制居民收入差距的扩大，但居民之间的收入差距仍将呈现扩大态势，由此也会推动家务劳动社会化需求的强化。

2. 人口老龄化的加快推进，催生家庭服务社会化需求的迅速膨胀

国际上把 65 岁及其以上人口超过总人口的 7%，作为进入老龄化社会的标志。65 岁及其以上人口超过总人口的 14%，则称为老龄社会。多年来，我国 65 岁及其以上老年人口占总人口的比重一直呈现提高趋势，1987 年和 2005 年全国 1%人口抽样调查时分别 5.46%和 7.69%，2009 年进一步提高到 8.5%，22 年间增加了 3 个百分点以上。1998 年全国 65 岁及其以上老年人口 8375 万人，2009 年增加到 11309 万人，11 年间增加了 35.0%（见图 8-1 和表 8-1[①]）。2009 年，全国人口平均寿命超过 73 岁，80 岁以上老年人口达到 1899 万人。根据全国老龄办的分析，目前，我国已经进入新中国成立以来的第一个老年人口增长高峰期，80 岁以上老年人口今后每年将以 100 万的速度在增加，"十二五"期间将超过 2600 万人。[②]目前我国正在经历的人口老龄化过程，其规模之大、速度之快，尤其是高龄老人增长之快，都是值得重视的。根据全国老龄工作委员会办公室（2006）的预测，人口老龄化问题将伴随 21 世纪始终，2030 年到 2050 年将是我国人口老龄化最严峻的时期，我国的重度人

---

① 根据国家统计局网站各年统计公报和人口抽样调查、人口普查数据整理。
② 《首个老年人口增长高峰期到来，八十岁以上老人年增百万》，《人民日报》，2010-07-14。

口老龄化和高龄化问题将日趋突出。人口老龄化的快速发展，必然导致养老保障负担和老年人的医疗卫生支出不断加大，养老服务的需求迅速膨胀[①]。根据张车伟（2006）的预测，我国总人口将于 2033 年左右达到峰值 14.7 亿人。本世纪 50 年代前，我国人口老龄化水平将一直处于上升状态，2020 年前将处于人口快速老龄化阶段，65 岁及以上老年人口的比重 2020 年将达 11.4%，2025 年前后中国将进入老龄社会；2025 年后，建国后第二次生育高峰期即 20 世纪 60 年代出生的人口将陆续成为老龄人口，人口老龄化步伐还将进一步加快，2035 年 65 岁及以上老年人口的比重将超过 20%，2050 年进一步提高到 23% 以上。[②]2020 年前，我国少儿抚养比将会基本稳定略有波动；老年抚养比则逐年提高。从 2010 年到 2020 年，我国总抚养比将由37.9% 增加到 2020 年的 43.1%，2030 年还会进一步提高到 46.2%（见表 8-1）。因此，今后，随着人口老龄化的加快推进，我国对养老服务、病患陪护服务甚至社区服务、保姆服务等家庭服务的需求，很可能出现更快速度的扩张。

表 8-1　近年来全国人口增长和人口结构情况

年份	人口增长率(‰)			占年末人口总数的比重(%)			人口数(万人)	
	人口自然增长率	出生率	死亡率	0~14 岁人口	15~64 岁人口	65 岁及以上老年人口	0~14 岁人口	65 岁以上老年人口
1998	9.53	16.03	6.50	25.7	67.6	6.7	32076	8375
1999	8.77	15.23	6.46	25.4	67.7	6.9	31981	8687
2000				22.89	70.15	6.96	28979	8811
2001	6.95	13.38	6.43	22.5	70.4	7.1	28716	9062
2002	6.45	12.86	6.41	22.4	70.3	7.3	28774	9377
2003	6.01	12.41	6.40	22.1	70.4	7.5	28559	9692
2004	5.87	12.29	6.42	21.5	70.9	7.6	27947	9857
2005	5.89	12.4	6.51	20.3	72.0	7.7	26504	10055

[①]全国老龄工作委员会办公室：《中国人口老龄化发展趋势预测研究报告》，《中国网》，2006-02-24。

[②]张车伟：《人口老龄化的经济后果及其战略对策》，《中国社会科学院人口与劳动经济研究所网站》，2006(5)。

续表

年份	人口增长率(‰)			占年末人口总数的比重(%)			人口数(万人)	
	人口自然增长率	出生率	死亡率	0~14岁人口	15~64岁人口	65岁及以上老年人口	0~14岁人口	65岁以上老年人口
2006	5.28	12.09	6.81	19.8	72.3	7.9	25961	10419
2007	5.17	12.10	6.93	19.4	72.5	8.1	25660	10636
2008	5.08	12.14	7.06	19.0	72.7	8.3	25166	10956
2009	5.05	12.13	7.08	18.5	73.0	73.0	24663	11309

　　值得注意的是，我国人口老龄化推进的下列两个特点，还会进一步扩大家庭服务的社会化需求。①随着生育水平的下降、健康水平的提高和人均寿命的延长，老年人口的高龄化、独居化和空巢化发展更快，成为人口老龄化过程的新特征。[1]人口的高龄化，不仅直接推动社会化家庭服务需求的扩张，还会通过提高失能老人比重，间接带动家庭服务需求的增加。有关资料显示，60岁以上老人患慢性病的比例是其他人口的3.2倍，伤残率是全部人口伤残率的3.6倍，老年人消耗的卫生资源是全国人口平均消耗水平的1.9倍。目前全国完全失能的老人约940万人，部分失能的老年人为1894万人。如果再加上没有失能但需照顾的高龄老人，全国约3500万失能和高龄老人需要不同形式的长期护理服务。目前我国80岁以上的高龄老人1600多万人，超过老年人口的10%；到2020年，80岁以上高龄人口将达3067万人，占老年人总数的12.4%[2]。同时，老人独居家庭、空巢家庭的大量增加，会推动家庭养老和自我服务功能的迅速退化，形成用社会化家庭服务替代家庭自我服务的需求。[3]②部分大城市、特大城市人口的老龄化发展更快。我国最早确立的三大直辖市——上海、北京、天津市，也是率先进入老龄化社会的3个城市。[4]部分区域中心城市的人口老

---

[1]根据《中国统计年鉴》的数据，我国80岁以上老人占总人口的比重，2000年为0.97%，2004、2008年分别提高到1.24%和1.52%；2008年80岁以上老人已占同年老年人口总数的10.9%。今后这种趋势将会日趋强化。

[2]阎青春：《我国人口老龄化的状况及老年人社会福利政策》，《公益时报》，2009-12-10。

[3]根据全国老龄委办公室副主任吴玉韶提供的资料，目前我国城市空巢家庭已达老人家庭的49.7%，农村空巢和类空巢家庭也达48.9%。佚名：《中国空巢家庭接近五成，将出现老龄化高峰》，《中广网》，2009-08-27。

[4]北京市1990年就已进入老龄化社会，早于全国11年。2009年全市老年人口总数已超过254万人，占人口总数的15%。近年来，该市老龄化趋势日趋明显。根据北京市老龄委的预测，2020年和2050年，全市老年人口分别将达350万人和650万人。见李松、黄洁：《北京老年人口百分比已达15%，老龄化趋势越来越明显》，《法制日报》，2009-07-25。

龄化程度也很高。①

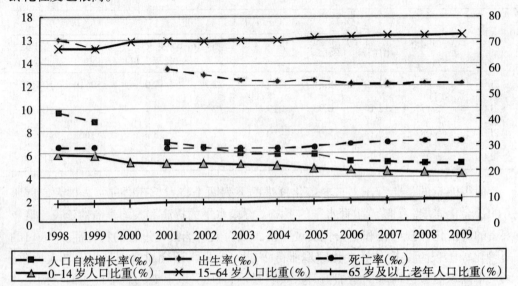

图 8-1　近年来全国人口增长和人口结构情况

表 8-2　中国人口抚养比的变化预测　　　　　　　单位：%

年份	少儿抚养比	老年抚养比	总抚养比
2006	27.58(27.3)	10.68(11.0)	38.26(38.3)
2007	27.22(26.8)	10.83(11.1)	38.05(37.9)
2008	26.94(26.0)	10.97(11.3)	37.91(37.4)
2010	26.63	11.27	37.89
2015	27.06	12.91	39.97
2020	26.74	16.31	43.06
2025	24.86	19.37	44.23

①黑龙江省哈尔滨市 60 岁以上老人已占全市户籍人口的 12.4%,80 岁以上老人和空巢老人分别已占老年人口总数的 13.6% 和 47.8%。佚名:《哈尔滨成典型老龄化城市,年增 4 万老人》,《东北网》,2009-05-25。

续表 单位：%

年份	少儿抚养比	老年抚养比	总抚养比
2030	23.00	23.20	46.21
2035	23.12	29.42	52.54
2040	24.30	35.48	59.78
2050	24.04	39.36	63.40

注：本表根据张车伟：《人口老龄化的经济后果及其战略对策》相关数据整理，载于中国社会科学院人口与劳动经济研究所网站，2006年5月。括弧中的数据为《中国统计年鉴》中相关年份的实际数。

3. 家庭小型化的迅速发展，推动家庭服务市场需求的持续扩张

相对于多代家庭或大规模家庭，小型化家庭特别是两代户家庭、一代户家庭很难通过成员之间、代际之间的互助来分担家务劳动，实现家庭服务的自我提供。因此，家庭小型化有利于推动家务劳动的社会化。我国在1987、1995、2005年分别进行了全国1%人口抽样调查，数据汇总结果显示，家庭平均的人口数呈现明显的递减趋势，1987、1995、2005年分别为4.2人、3.7人和3.13人。长期实行计划生育政策，导致独生子女家庭迅速增加。居民收入水平的提高，带动居民更加追求精神生活，并扩大交往范围，导致离婚家庭、单身家庭和未婚家庭不断增加。子女外出求学和工作的增加，也会增加父母独居家庭的数量。此外，现代城市生活和局部地区的环境污染，导致不孕家庭增多。诸如此类的原因，都是我国家庭小型化的重要推手。发展是最好的避孕药。随着经济发展，教育成本、生活成本和养育儿童的机会成本都将不断提高，加之经济社会发展带动生育观的转变，会催生出大量的"丁克家庭"。因此，"十二五"乃至"十三五"期间，家庭小型化很可能继续发展，推动家庭服务业的需求扩张。

4. 长期实行计划生育政策形成大量的"四二一"家族，激发家庭服务业市场需求的迅速释放

我国实行计划生育政策，提倡一对夫妻只生一个孩子，已经有30余年的时间，由此形成的第一代独生子女陆续进入生育期，导致"四二一"家族单元迅速增加。这种"四二一"家族单元包括祖父、祖母、外祖父、外祖母、独生子女成人后组成的夫妻、孩子。按照婚姻生育周期，2015年后、2030年前，我国"四二一"家族单

元很可能加快增加。相对于中青年人口居多的传统家族单元，在"四二一"家族单元下，两个劳动力抚养四个老人和一个孩子，物质负担重不重姑且不说，精神负担和家庭服务负担很可能明显加重，从而导致家庭服务需求明显增加。如果独生子女夫妇一方出现病残、死亡，如果独生子女生育的孩子数不是一个而是两个，形成"四一一"、"四一二"、"四二二"等家族单元，由此形成的家庭服务需求还会更强。长期以来，实行一对夫妻只生一个孩子的政策，在城市的执行力度明显大于农村。因此，今后增加"四二一"家族单元带来的家庭服务需求扩张问题，将主要集中在城市。

5. 精神性疾病、营养性疾病和慢性病的增加，带来病患陪护等家庭服务需求的迅速膨胀

当前，我国经济社会加速转型，正在不断形成对居民心理适应性的挑战。与此同时，社会竞争压力加大，很容易导致各种精神性疾病相应增加。消费水平的提高，也容易带来各种营养性疾病的明显增加。根据有关专家的估计，在现实基础上，肉奶蛋摄入量增加 1 倍，各种营养性疾病可能会增加 3~4 倍。2006 年，卫生部和科技部在全国进行了第三次居民死亡原因抽样调查。结果显示，与 20 世纪 90 年代初进行的第二次抽样调查相比，慢性非传染性疾病的死亡率从 90 年代初的 76.5% 上升到 82.5%。今后，上述趋势很可能继续下去。届时，精神性疾病、营养性疾病和慢性病的增加，不仅会导致对病患陪护、家庭保姆、家庭医生等家庭服务需求的迅速膨胀，还会对家庭服务质量提出更高要求。

（二）中长期家庭服务业发展的有利条件

当前乃至"十二五"、"十三五"期间，我国家庭服务业的发展面临着一系列的有利条件。除需求加快扩张的拉动效应外，这些有利条件突出地表现在以下 3 个方面：

——家庭服务消费价格的上涨和权益保障程度的提高，有利于增强家庭服务企业的盈利能力和劳动者从事家庭服务业的积极性。在"十二五"、"十三五"期间，拉动家庭服务消费价格上升的主要因素，除家庭服务消费需求的迅速扩张外，还有：①国家加快调整国民收入分配格局，提高居民收入在国民收入分配中的比重和劳动报酬在初次分配中的比重。由此将会拉动居民收入水平的提高，有利于家庭服务消费价格的上涨。因为家庭服务消费价格的上涨，客观上受制于家庭服务消费者的收入水平。②越来越多的地区开始把提高家庭服务工资指导标准，作为发展家庭服务

业的重要措施。[1]除此之外,越来越多的地区开始重视家庭服务业劳动者的权益保护[2],积极开展家庭服务业劳动技能竞赛、职业技能鉴定和职称评定,将家庭服务员纳入劳动模范和技术能手的评选范围,也有利于增强家庭服务业的职业吸引力。

——就业观念的转变、分工分业理念的普及和家庭服务业培训活动的加强,有利于更多的中高端人才进入家庭服务业,加快家庭服务业发展方式的转变和经济效益、竞争能力的提升。前述家庭服务业发展中的问题,与传统观念形成的职业歧视,妨碍中高端人才,特别是良好的经营管理人才、市场营销人才和中高级的知识技能型、专家智慧型人才进入家庭服务业有很大关系。今后,随着越来越多的中高端人才进入家庭服务业,家庭服务业的经济效益和权益保障程度将会逐步得到改善,家庭服务业的职业吸引力也将进一步增强。

——国家日益重视公平正义和加强基本公共服务,有利于健全发展家庭服务业的政策法规体系,包括培训支持体系,从而促进家庭服务业发展方式的转变和培训质量的提高。

(三) 中长期发展家庭服务业的难点

1. 中长期保障供给的难度显著加大,就业人员严重不足的问题很可能加快凸显

当前,我国家庭服务业供不应求的问题在总体上已经比较突出,从业人员不足和从业人员流失的问题都比较严重。如前所述,从中长期的角度看,家庭服务业的需求将会呈现明显的扩张态势。因此,我国家庭服务业中长期保障供给的难度还会显著加大。关于家庭服务业需求,目前有两种较有影响的观点。一是张一名 (2010) 的预测,即到 2015 年和 2020 年,我国居家养老、婴幼儿保育和高端家庭服务需求的规模及其增长情况见表 8-3;二是汤敏 (2009) 的估计。汤敏 (2009) 虽未预测未

---

[1]2008 年,深圳市出台了家政服务人员的工资指导标准,要求根据家政服务人员学历、素质、服务技能和沟通能力确定工资级别,普通家政人员由 1000 元至 2000 元不等,保育员、家务助理和家庭护理员的工资由 1500 元至 2400 元不等,月嫂的工资由 1800 元至 3000 元不等。总体工资水平平均比 2007 年提高了 15%以上。2010 年年初,北京市启动家庭服务人员工资调整计划,家庭服务人员平均月工资上升 300 元,比 2009 年提高了 25%。

[2]如天津市家庭服务业协会与平安保险公司合作,制定了适合家政公司、家庭服务员和家庭服务消费者三方要求的保险合同条款,并开办了团体意外伤害保险附加团体意外医疗保险、家庭服务责任险、婴幼儿保险、家庭财产保险等。北京市开始实行员工制试点工作,要求服务机构引入社会投资、市场化运作、股份制经营,家庭服务业将由公司统一上养老、医疗、失业保险;家庭服务公司与雇主签定合同,出现雇佣纠纷,由公司出面解决。

来年份家庭服务业的需求，但却通过推算提出，目前我国尚有1400多万个潜在工作机会或就业岗位。其推算依据是原劳动和社会保障部对沈阳、青岛、长沙、成都4城市1600户居民家庭的调查显示，有家政服务需求的家庭高达40%。全国城镇现有19000多万户，即使按平均15%的需求率，也可提供2900万个就业岗位，目前全国家政行业已经吸收了1500万人。①我们认为，这两种预测或估计尽管可能有值得完善之处，但由此仍然反映出无论是当前还是长远，我国家庭服务业需求扩张的空间和潜力都是巨大的，需要引起高度重视。

表8-3　我国主要家庭服务行业的服务需求预测

项目	需求数量(万人)			较5年前增长率(%)	
	2010年	2015年	2020年	2015年	2020年
居家养老	1050	1800	2300	71.43	27.78
婴幼儿保育	1467	1681	1675	14.59	−0.36
高端家庭服务	210	400	900	90.48	125.00
合计	2727	3881	4875	42.32	25.61

资料来源：张一名，《发展家庭服务业促进就业问题研究》，2010-01-28，载于全国家庭服务业办公室、国际劳工组织北京局《家庭服务业问题研讨会》报告提要（六）。其中的增长率根据需求数量资料整理。张一名的预测方法和依据是：①运用国家计生委人口宏观管理与决策系统（PADIS）测算中国未来年份分城乡、性别人口数，结合《中国城乡老年人状况调查》中老年人对各项养老服务项目的需求比例、使用比例等，来预测未来年份的居家养老服务需求总量。②运用国家计生委人口宏观管理与决策系统（PADIS）测算中国未来年份0~3岁和4~6岁城市婴幼儿人数，结合课题组对我国城市家庭婴幼儿保育服务需求的估算比例，来预测未来年份的婴幼儿保育服务需求总量，按照0~3岁婴幼儿15%有保育服务需求、4~6岁婴幼儿10%有保育服务测算。③根据麦肯锡公司的调查，我国家庭年收入超过25万元人民币的富裕家庭2008年已达160万户，预测2015和2020年分别将达400多万户和900万户。按照每一富裕家庭户需要1个高端家庭服务业劳动力。

①汤敏：《家政服务业是吸纳农民工就业的大市场》，载于国务院发展研究中心：《调查研究报告择要》，2009(18)。

　　中长期内，我国家庭服务业保障供给的困难，还来自于农村人口老龄化快于城镇的国情。许多发达国家在人口老龄化的过程中，城市人口的老龄化程度都高于农村；但我国正在经历的人口老龄化过程与此有明显差别，农村人口的老龄化程度明显高于城市。根据 2005 年全国 1%人口抽样调查的数据，无论是老年人口的比重，还是 80 岁以上高龄老人的比重，农村均明显高于城市（见表 8-4）。根据全国老龄工作委员会办公室 2006 年年初的预测[①]，农村人口老龄化水平高于城镇的状况将会持续到 2040 年。大量农村青壮年劳动力流向城镇，还会进一步加剧农村人口实际的老龄化程度，并导致农村空巢家庭、独居家庭增加，从而推动农村家庭服务需求的扩张。农村青壮年劳动力流向城镇，固然会平抑城镇人口的老龄化进程，但却不会对城镇老年人口家庭服务需求的扩张产生同样的平抑效应。因为进入城镇的农村青壮年人口与城镇老年人口分属不同的家庭。与此同时，农村人口的老龄化程度高于城市，及农村青壮年劳动力流向城镇，不仅会加剧农村养老、医疗等社会保障压力，推动其家庭服务需求的扩张；还从下列两方面加剧家庭服务业增加有效供给的困难。一是相对于城市，农村居住的空间分散性和农户之间信息联系的困难，进一步加大了家庭服务需求的分散性，增加了家庭服务业的供给成本；二是农村家庭和老人对家庭服务的支付能力较弱，容易导致市场化的家庭服务主体面向农村增加家庭服务供给的积极性不足。因此，从中长期的角度来看，相对于城市，农村将有更高比例的低收入老人、低收入家庭，需要通过公益性、准公益性的家庭服务供给来满足其家庭服务需求。

8-4　2005 年全国人口老龄化情况　　　　　　　　单位：%

	总人口	城市	镇	乡村
65 岁以上老人占人口总数的比重	9.69	9.06	8.75	10.29
80 岁以上高龄老人占人口总数的比重	1.36	1.22	1.23	1.48
80 岁以上高龄老人占 65 岁以上老年人口比重	14.09	13.50	14.09	14.35

　　注：本表数据根据国家统计局网站 2005 年全国人口 1%抽样调查数据计算。

　　更为重要的是，由于以下两方面的原因，今后家庭服务业从业人员不足和人员流失的问题很可能日趋严重，家庭服务业后继乏人的问题很可能加快凸显，从而显

　　[①]全国老龄工作委员会办公室：《中国人口老龄化发展趋势预测研究报告》，载《中国网》，2006-02-24。

著加剧其供不应求的问题。

——"民工荒"的蔓延，形成对家庭服务业招募就业人员的严重挑战。近年来，各地经济普遍迅速发展，导致在城市和经济发达地区一方面，生活成本和就业的机会成本迅速提高；另一方面就业机会明显增加，形成了部分地区比较严重的"民工荒"问题。到 2015 年前，我国劳动年龄人口的增长将会达到极限，许多地区如果不加快经济发展方式的转变，"民工荒"问题很可能不断加重。家庭服务业工资水平长期偏低，传统观念形成的职业歧视，以及贴近居民家庭容易形成的复杂关系，往往导致家庭服务业缺乏对寻求就业者的吸引力。因此，"民工荒"的严重化，会进一步加剧家庭服务业招募人员的困难，甚至会将"民工荒"传导为更为严重的"家庭服务员荒"。

——新生代农民工和城镇"80 后"、"90 后"从事家庭服务业的积极性下降。目前，家庭服务业的就业者大约 70%～80% 来自农民工，大约 20% 来自以"4050"人员为主的城镇下岗职工和城镇无业人员。"80 后"、"90 后"的新生代农民工已经超过我国外出农民工总数的 60%。[①]再过 5 到 10 年，到 2015 年、2020 年前后，这些新生代农民工占农民工总数的比重将会进一步提高。与"50 后"、"60 后"、"70 后"的农民工相比，这些新生代农民工文化程度较高，追求自我发展的愿望较强，也出现了一系列新的行为特征。如外出打工的主要动因从追求谋生和赚钱转向追求改变生活方式，寻求更好的发展机会；融入城市和追求权利平等的愿望较强，不愿接受比城市原住民更差的劳动条件、生存条件、收入状况和发展机会；更看重工作环境和体面的工种，不愿接受脏、累、苦的工种。因此，如不注意就业观念和行为方式的引导，大多数"80 后"、"90 后"的新生代农民工很难愿意从事"伺候人"的家庭服务业，特别是住家保姆等家庭服务工作。此外，许多家庭服务业工作缺乏人际交往机会，也会影响新生代农民工从事家庭服务业的积极性。我们在天津等市的调查显示，许多新生代农民工不愿从事家庭服务业，还有一个新原因：耐不住寂寞。

此外，再过 5 到 10 年，当前以"4050"人员为主的城市下岗职工将进入 50 岁、60 岁年龄段，年龄的增大和子女就业后家庭收入的增加，都会促使他们逐步退出家庭服务业队伍。城镇出生的"80 后"、"90 后"大多属于独生子女，再过 5 到 10 年

---

① 杨春华：《关于新生代农民工问题的思考》，《农业经济问题》，2010(3)。

将陆续进入 25～40 岁年龄段。但若不加引导，企望这些人填补家庭服务业从业人员的缺口难度更大。独生子女家庭良好的成长环境和强烈的自尊意识，很可能导致他们不甘从事"伺候人"的家庭服务工作。在现行政策下，这些人从事家庭服务业既不能像"4050"下岗职工那样享受国家提供"三金"补贴（养老保险金、失业保险金、医疗保险金）等优惠政策，又不能像制造业和物流、商贸等服务业那样获得由用人单位为其缴纳社会保险费的权利，由此会大大削弱其从事家庭服务业的积极性。

2. 家庭服务潜在需求向现实需求转化的不确定性，导致中长期内提高家庭服务供给有效性的困难加大

如前所述，从产业特性来看，家庭服务业需求点多、面广、单体规模小、分散性强，潜在需求向现实需求的转化面临较大弹性。因此，在特定时期特定区域，家庭服务业的潜在需求能在多大程度上转换为现实需求，取决于是否具备适宜的环境，取决于能否采取有效措施将这些需求凝聚、引导、整合和激发起来。而且，由于家庭服务业不同行业的差异较大，有些行业的需求表现出较强的稳定性，有些行业的需求则表现出较强的波动性，甚至季节性和零星性，如病患陪护需求。因此，特定时点特定区域的家庭服务需求到底有多大？特定时期的家庭服务需求到底能够扩张多少，扩张速度如何？这些方面往往具有较强的不确定性。在部分家庭服务业中，需求者的数量与其可以提供的就业空间之间，甚至不存在一一对应关系。①因此，对于前述张一名（2010）的预测和汤敏（2009）的估计，更应重视的是由此反映的趋势，而不应该是具体的数据。

从中长期的角度看，尽管在总体上，家庭服务业需求扩张的空间和潜力都比较大；但供给短缺的问题仍将在较长时间内存在。因此，无论是实现家庭服务业的供求平衡，还是确保家庭服务业的可持续发展，都必须努力增加家庭服务业的有效供给，加快形成对家庭服务业无效供给的化解和抑制机制。但是，家庭服务业的需求规模及其扩张速度的不确定性，显著加大了规划家庭服务业供给能力建设的难度，增加了出现无效供给和供求不能匹配对接的可能性。为什么一方面经常有人说家庭

---

① 如根据上海市民政局的一项调查，在家务帮助方面，分别有 58.6% 的老人希望有人帮助做饭，52.3% 的老人希望有人帮助打扫居室卫生，51.6% 的老人希望有人帮助洗衣。72.6% 的老人希望就近得到医疗服务，25.7% 的老人希望得到入户护理服务。但是，如果经过有效分工、协作和整合，每个家庭服务员可以满足多个老人的洗衣做饭、打扫卫生、医疗服务和护理服务需求。佚名：《20 年后上海将达老龄化高峰，老年人口预计超过 500 万》，《新民网》，2009-04-14。

服务业的需求空间很大，另一方面家庭服务业工资水平的提高却比较困难。一个重要原因恐怕是由于混淆了家庭服务业潜在需求与现实需求的差别，导致特定时期的家庭服务业供给相对于需求存在过剩或错位现象，出现部分服务供给过剩与部分服务供给不足并存的现象。

3. 未富先老的国情决定了我国在加快发展家庭服务业的同时必须特别重视提高其资源利用效率，从而显著加大了发展家庭服务业的困难

许多发达国家进入老龄化社会时，人均国内生产总值已达 5000 美元甚至 1 万美元，国民经济的现代化水平和发达程度已经很高。我国 2001 年进入老龄化社会时，人均国内生产总值仅 1000 余美元，到 2009 年按现价计算也不足 4000 美元，加快发展的任务仍然很重，工业化、城镇化和现代化的资金需求仍然很大。因此，相对于已经进入老龄化社会的发达国家，我国的人口老龄化具有未富先老的特点。这种国情不仅加大了老龄人口的家庭服务需求，增强了发展家庭服务业的紧迫性；也加大了在业人口的家庭服务支出压力。未富先老的国情，还容易形成发展家庭服务业与加快工业化、城镇化、现代化其他方面争夺资源、要素和人才的矛盾与冲突，形成对经济社会全面协调发展和全面建设小康社会、构建社会主义和谐社会的严峻挑战。要解决这个问题，必须在加快发展家庭服务业的同时，甚至在发展家庭服务业的初级阶段，就特别注意提高家庭服务业的资源利用效率，特别重视科学选择家庭服务业的发展方式和增长模式，增强家庭服务业的自我发展能力。这就要求我们在加快发展家庭服务业的同时，相对于其他先行国家或地区，一方面，要加快对家庭服务业国内外发展经验的学习、借鉴和传播；另一方面，要在科学认识家庭服务业发展规律的基础上，大幅提高"在干中学"的效率，减少试错的成本与风险。这两方面都导致我国发展家庭服务业的难度显著加大。

三、中长期发展的指导方针和阶段、重点

（一）指导方针

基于前文分析，今后在中长期内，特别是"十二五"和"十三五"期间，我国发展家庭服务业的指导方针应该是：适应需求，面向未来，规划引领，重点跨越，分类支持，创新发展。

（1）适应需求，即立足工业化、城镇化、市场化、国际化、现代化加快推进的基本国情，面向全面建设小康社会、构建社会主义和谐社会的战略要求，顺应人口老

龄化、家庭小型化和生活节奏加快背景下家务劳动社会化的需求，发展家庭服务业。

（2）面向未来，就是要科学预测未来家庭服务需求的变化趋势，努力增加家庭服务业供给对未来需求的动态适应能力。

（3）规划引领，即加强家庭服务业发展的统筹规划，并将家庭服务业发展纳入国民经济和社会发展中长期规划，积极发挥规划对家庭服务业发展的引领作用。

（4）重点跨越，就是说发展家庭服务业要坚持有所为，有所不为，选择供给短缺严重、需求扩张潜力较大、行业带动效应较强、促进就业和惠及民生作用突出的家庭服务行业，集中力量，重点突破，努力实现跨越式发展。

（5）分类支持，即面向家庭服务需求不断分化、业态和经营方式创新不断深化的实际，科学区分家庭服务需求的层次和类型差异、家庭服务业的行业差异及其供给主体的不同，加强对家庭服务业发展的分类指导，努力增强政策支持的针对性、适用性和有效性。尤其要注意针对基本公共服务、非基本公共服务，专业化、高端化、个性化家庭服务与综合性、大众化、一般性家庭服务，中介制、员工制、半员工制企业，家政服务与其他家庭服务，甚至家庭内服务与家庭外服务的不同，实行有差别的引导、支持政策①。

（6）创新发展，就是要注意引导家庭服务业推进体制创新、政策创新、理念创新、业态创新和经营方式创新，鼓励各类创新人才进入家庭服务业，加快家庭服务业发展方式的转变，增强其创新能力、可持续发展能力和对生活方式转变的引领、支撑能力。

（二）基本原则

1.政府引导，市场主导，社会支持

发展家庭服务业，要注意发挥政府的引导作用，加强政府的统筹协调、政策引导和市场监管职能，健全产业支持政策，加大政策支持力度。要注意通过加强基础设施、公共服务能力和社会诚信环境建设等，引导家庭服务业优化发展环境，改善利益相关者的信任关系。要注意引导家庭服务的市场化、产业化和社会化，发挥市场对资源配置的基础性作用，培育家庭服务产品市场体系、要素市场体系和人才市场体系，促进家庭服务业自我发展能力的成长。要注意引导企业和中介组织等发挥在家庭服务业发展中的主体作用，通过完善竞争合作关系，创新产业发展模式，提

---

①据天津市家庭服务业协会介绍，目前的家庭服务业，在家外提供服务的往往容易赚钱，在家内提供服务的往往很难赚钱。

高产业发展质量和可持续发展能力。要注意调动一切积极因素，激发社会资本、民间组织、非营利机构乃至志愿者组织和个人广泛参与和支持家庭服务业发展。

2. 惠民至上，统筹兼顾，远近结合

发展家庭服务业应该坚持惠民至上，协调推进提高服务质量和加强从业人员的权益保护，统筹兼顾消费者、家庭服务从业者和家庭服务企业的利益关系。要立足当前，以帮助社会弱势群体解决就业困难、帮助社会危困群体化解生活难题为重点，以满足中高收入群体享受性发展性需求为新增长点，致力于促进社会的稳定和谐。发展家庭服务业还应高瞻远瞩，着眼长远，培育家庭服务业可持续发展能力和中长期惠及民生的能力，引导社会加快生活方式乃至发展方式的转变。

3. 龙头带动，平台支撑，开放合作

发展家庭服务业要注意培育龙头企业和知名品牌，引导其发挥辐射、带动作用，促进家庭服务质量的提高、市场的拓展、产业素质的提升和发展方式的转变。要注意加强行业协会和公共服务平台建设，强化行业发展的公共服务能力，整合资源、集成需求，促进家庭服务业的服务供求对接和劳动力供求对接，推动其发展经验、行业信息、商业模式的交流、互动与共享，引导和督促行业加快规范化、标准化建设，改进利益相关者的信任关系。通过支持龙头企业、行业协会和公共服务平台建设，缓解家庭服务业发展中的信息不对称问题。要注意引导家庭服务业将扩大开放合作与提升开放合作的质量结合起来，积极引进行业龙头企业、领军人才或境外战略投资者，推进行业发展理念、业态和模式的创新。要健全发展家庭服务业部门协调机制，形成政府不同部门支持家庭服务业发展的整体合力。

4. 就业促进，产业优先，功能为重

发展家庭服务业，应该努力挖掘其促进就业的潜力。要注意通过提升产业素质和可持续发展能力，培育家庭服务业促进就业的能力。要跳出为发展家庭服务业而发展家庭服务业的局限，把增强家庭服务业的综合功能放在优先地位，统筹考虑家庭服务业促进就业的功能和其他功能，防止因片面追求当前的就业规模而轻视产业素质的提升和可持续发展能力的培育，损害其长期就业吸纳能力的成长。要注意通过开发家庭服务业扩大内需、扶危济困、稳定社会等功能，引导利益相关者更好地支持发展家庭服务业，增强其就业吸纳能力。

（三）发展阶段和主要目标

基于家庭服务业发展的现状、未来发展的有利条件和制约因素，从中长期角度看，到 2030 年前，我国家庭服务业的发展大致可分为以下三个阶段：2010~2015 年为第一阶段，即加快发展和重点突破相结合的阶段；2016~2025 年为第二阶段，即健全体系和跨越式发展互动的阶段；2025 年后为效率优先和能力扩张并重的阶段。要通过大力实施发展家庭服务业的规模扩张战略、领域延伸战略、素质提升战略和就业促进战略，实现各阶段的规模扩张目标、就业吸纳目标和产业素质目标。

第一阶段（2010~2015 年）：加快发展和重点突破相结合的阶段。基本健全家庭服务业发展的政策法律框架和运行、监管机制，以家政服务、养老服务、病患陪护和社区服务为重点，家庭服务业的规范化和标准化建设取得实质性进展，基本公共服务的保障能力明显增强，市场化、产业化和社会化机制基本形成，一批具有知名品牌的家庭服务业龙头企业迅速崛起，志愿者队伍对发展家庭服务业的作用开始凸显。健全面向家庭服务业的职业培训体系取得突破性进展，面向家庭服务业的职业教育体系建设日益受到重视。家庭服务业的发展在总体上呈现以北京、上海、天津、深圳等大城市、特大城市为重点，以区域中心城市为主要结点的格局；以中小城市、小城镇和部分中心村为基础，惠及城乡的家庭服务业网络建设初步加强；但面向农村的家庭服务仍以自我服务和互助服务为主，公益性服务为辅，市场化、产业化、社会化的农村家庭服务业仍主要局限于少数发达农村，在多数农村尚处于分散化、自发发展状态。家庭服务业增加值和吸纳就业的年均增长速度，均快于同期 GDP 增速，但吸纳就业的增长速度略慢于家庭服务业增加值的增长速度，家庭服务业的发展质量得到提升。到 2015 年，家庭服务业增加值和吸纳就业的规模分别在现有基础上增加 1.08 倍和 0.92 倍（预测依据见专栏 8-1）。此外，适应家庭服务业规范化、标准化、品牌化建设的需要，促进中介制向员工制转型，成为家庭服务业组织创新的方向。到 2015 年，在家庭内服务企业中，实行员工制的力争达到 25% 以上。

专栏8-1：2015 年家庭服务业增长目标的预测依据

按不变价格计算，1978~2008 年、2001~2008 年全国国内生产总值分别年均递增 9.8% 和 10.2%。2008 年下半年以来，国际金融危机加剧了国内外经济发展环境的不确定性和经济增长的困难，这种状况很可能持续到"十二五"中期甚至中后期。"十二五"时期，中国将处于转变经济发展方式的攻坚阶段，由此也在一定程度上影响经济增长速度。因此，假设"十二五"时期 GDP 的年均增长速度达到 10%，则到 2015 年全国 GDP 将在 2009 年基础上增加 0.77 倍。鉴于当前我国多数地区的家庭服务业仍存在严重的供给短缺问题，发展家庭服务业应把扩大规模、拓展领域、增加惠及面放在突出位置。"十二五"期间，要在努力促进家庭服务业规模扩张的同时，实质性推进家庭服务业发展方式的转变，带动家庭服务业发展质量的提高和产业升级，促进其增加值的增长；但也会导致家庭服务业单位增加值吸纳就业人数的下降和单位就业实现增加值的提高。按低、中、高三个方案，假设家庭服务业增加值的增长速度分别快于同期 GDP 增速 1 个、3 个、5 个百分点，家庭服务业吸纳就业的增长速度等于家庭服务业增加值增速和 GDP 增速的平均数，则与 2009 年相比，到 2015 年家庭服务业增加值将分别扩大 0.87 倍、1.08 倍和 2.31 倍；家庭服务业吸纳的就业将分别扩大 0.82 倍、0.92 倍和 1.03 倍。统筹考虑需要与可能，我们认为中方案实现的可能性较大。

第二阶段（2016~2025 年）：健全体系和跨越式发展互动的阶段。家庭服务业发展的政策法律体系和运行、监管机制日趋健全，规范化和标准化水平明显提高，基本公共服务普遍加强，市场化、产业化和社会化机制日趋完善，面向家庭服务业的职业培训和职业教育体系较为健全，家庭服务员的职业技能和社会地位明显提高；以健康老人为主体包容广泛的志愿者队伍，成为发展家庭服务业的重要力量；具有知名品牌的家庭服务业龙头企业基本形成网络化、连锁化发展格局，家庭服务业的结构优化和创新能力建设取得显著进展，产业链和产业体系日趋完善。以大城市、特大城市为龙头，以中小城市和中心镇、中心村为主要增长点，惠及城乡、覆盖全国、层次鲜明、网络化的家庭服务业发展格局基本形成，适应全面建设小康社会要求的家庭服务业体系基本健全。顺应农村人口和经济布局的集中化趋势，市场化、产业化、社会化，甚至休闲与养老相结合的家庭服务业，在部分中心镇、中心村迅速崛起。家庭服务业增加值和吸纳就业年均增速快于同期 GDP 增速的程度进一步提高；但家庭服务业吸纳就业的增长速度，仍然略慢于其增加值的增长速度。经历长期快速增长后，GDP 的年均增长速度进一步放慢，假设为 7.0%；按中方案，假设家庭服务业增加值和吸纳就业的增长速度分别快于 GDP 增长速度 4 个百分点和 2 个百分点，则与 2009 年相比，到 2020 年和 2025 年，GDP 将扩大 1.48 倍和 2.48 倍；家庭服务业增加值将分别扩大 2.51 倍和 4.91 倍；家庭服务业吸纳就业的规模将分别扩大 1.96 倍和 3.55 倍。到 2020 年和 2025 年，家庭内服务企业实行员工制的力争分别达到 30% 和 35%（预测依据见专栏 8-2）。

专栏8-2：2020 年和 2025 年家庭服务业增长目标的预测依据

2015 年后，我国人口老龄化和老年人口高龄化快速推进。城镇化率日益提高，2020 年和 2025 年分别达到 60% 和 65% 上下。因此，人口老龄化、老年人口高龄化和生活方式的加快转变，都会引发家庭服务业需求的迅速扩张，要求加快增加家庭服务业的有效供给。同时，家庭服务业发展质量的提高和产业升级进一步取得进展，导致单位增加值吸纳就业的能力进一步下降，家庭服务业增加值和吸纳就业增长速度的差距进一步拉大。一方面，大城市、特大城市在规模日益扩张的同时，生活成本日趋高昂，生存环境和生活质量改善的难度相应加大；另一方面，国家已明确提出要促进大中小城市和小城镇协调发展，把重点放在加强中小城市和小城镇发展上。这两方面因素的综合作用，将会导致 2015 年后中小城市成为家庭服务需求的增长重点。此外，由于农村人口的老龄化持续高于城市，由于农民收入水平不断提高，农村市场化、社会化的家庭服务需求也会呈现快速扩张态势。需求扩张成为供给增长的重要拉动力量。

第三阶段（2025 年后）：效率优先和能力扩张并重的阶段。在此前快速老龄化的基础上，我国进入加速老龄化阶段和老龄社会。与老年人口、高龄老人相关的家庭服务，逐步成为家庭服务需求及其增长的重点，养老服务、社区服务、家政服务、病患陪护服务融合发展的格局基本形成，专业化、高端化、个性化的家庭服务加快扩张，成为家庭服务供求增长的次重点。以信息化和公共服务平台建设为支撑，家庭服务业的基本公共服务能力普遍加强，市场化、产业化、社会化的家庭服务业全面发展，不同类型、不同层次家庭服务业的配套性、协调性明显改善，家庭服务业供给对需求的动态适应机制日趋健全，家庭服务业的发展进入以提升产业素质和运行效率为主的阶段，服务功能显著增强、服务惠及面显著扩大，接近中等发达国家水平。

（四）家庭服务业发展的优先和重点领域

综合考虑未来经济社会的发展趋势、家庭服务业各行业的现实地位和未来需求的扩张潜力，在当前乃至 2020 年前，发展家庭服务业应该优先发展养老助残服务业、少儿托管等家庭专业特色服务业和以废旧物资回收利用、社区便利利民综合服务体系为代表的社区服务业，重点发展家政服务业和病患陪护服务业。

1. 优先发展养老助残服务业、家庭专业特色服务业和社区服务业

（1）养老助残服务业。在 2020 年前，要优先发展养老助残服务业，主要是因为当前我国养老服务供给已经严重短缺[1]，养老助残服务业在总体上尚处于起步阶段。今后，随着人口老龄化的加快发展和高龄老人的迅速增加，养老助残服务业供给短缺、服务质量不高的问题很容易进一步突出起来，直接影响家庭和代际之间的稳定和谐，形成对全面建设小康社会、构建社会主义和谐社会的严重挑战。加快发展养老助残服务业，可以一举多得：一是有利于创造条件提高老人残疾人的生活质量，让老人、残疾人更好地享受有尊严和体面的生活，解决老人所在家庭的后顾之忧；二是带动养老助残等方面的基本公共服务能力建设，更好地履行政府职能；三是为 2025 年进入老龄社会后更好地应对更大规模的养老压力，积累经验和养老设施等服务能力；四是通过养老助残服务业的发展及其对养老设施产业、养老产品制造业发展的带动效应，为扩大内需提供新的消费热点，为国民经济的中长期发展培育新的增长亮点。

优先发展养老助残服务业，要立足当前，着眼长远，未雨绸缪，顺应人口老龄化迅速发展的趋势，坚持以专业化、社会化、网络化为方向，以加强养老公共服务、发展公益性养老为基础，以市场化、产业化养老为重点，以加强人员培训、提高服务质量为保障，强化政策引导和政府支持，着力加强养老基础设施和养老服务能力建设，加快建立以机构养老为龙头，居家养老为重点，[2]社区养老为依托，不同养老方式互动发展，多元化、多层次、优势互补的养老助残服务体系。要按照促进普惠

---

[1]有关方面的调查显示，目前我国城市居家养老服务需求的满足率只有 15.9%,其中家政服务满足率只有 22.61%,护理服务的满足率只有 8.3%,聊天解闷服务满足率只有 3.16%。阎青春,《我国城市居家养老服务研究》新闻发布稿,全国老龄工作委员会网站,2009-06-08。

[2]居家养老服务是依托社区,为居家老人提供生活照料、家政服务、康复护理、精神慰藉等养老服务的形式,是老人在家居住和社会化服务相结合的新型养老模式。随着工业化、城镇化带来的生活方式转变和生活节奏的加快,特别是由于家庭小型化的影响,传统的家庭养老方式面临家庭养老能力不断弱化的挑战。与此同时,社会化的机构养老也容易出现以下问题:住在社会化养老机构的老人,一方面,离开亲人和原先的生活环境,容易产生受家人和社会冷落的孤独、忧伤感;另一方面,经常目睹同伴的衰老和病状,甚至看到同伴在病痛中死去,容易产生巨大的心理恐惧和精神压力,影响其身心健康。此外,老人作为社会危困人群,往往渴望亲情的交流和亲人的关照。许多养老机构不仅难以提供这种交流与关照,往往还因为人员和设备配备的不足,难以顾及老人的精神需求,甚至容易让敏感的老人产生受虐感。许多老人愿意选择居家养老,往往基于 4 方面的原因,一是对亲情和原先生活环境的眷恋;二是避免给外人造成子女不孝的印象;三是养老机构服务供给能力相对于养老服务需求不断扩大的短缺状况;四是居家养老在相当程度上对传统的家庭养老和社会化的机构养老实现了取长补短。居家养老还避免机构养老产生的庞大经济负担。

公平的方向，坚持城市养老和农村养老统筹兼顾、各具特色的发展方向，抓两头（大城市、特大城市养老助残和农村养老助残）带中间（中小城市），推动城乡养老助残服务统筹发展，着力扩大养老助残服务的惠及面。要将打破行政垄断、放宽市场准入与提高行业准入的经济技术门槛结合起来，鼓励民间资本和社会力量、志愿者队伍参与养老服务体系建设，创新养老服务发展模式，拓展老年健康咨询、老年保健、老年护理、临终关怀等服务领域。鉴于我国机构养老服务供给的严重短缺，要在大力支持社会化养老机构建设、完善支持政策的同时，重点加强以家庭为核心、以社区养老服务网络为支撑的居家养老服务体系建设。

（2）少儿托管等专业特色服务业。随着人民生活水平的提高、城市独生子女家庭的增加和生活节奏的加快，以及第 4 次生育高峰的到来，兼具看护和教育功能的少儿托管服务业以及育婴师、家庭教师、家政咨询等专业（特色）服务业，需求增长空间加大。在一些大城市、特大城市和中高收入家庭，少儿午托、周末托管为代表的少儿托管服务业，很可能成为未来服务需求增长的新亮点。甚至随着农民工举家进城的增加，面向进城农民工的少儿托管服务业，也有巨大的增长潜力。此外，今后人口老龄化的加快推进和生活水平的提高、生活节奏的加快，还导致专业陪聊、心理疏导等专业特色服务业呈现需求加快增长的态势。这些专业特色服务业往往需要一定的专门知识、技能和经验积累，需要经过较为规范的专业培训。要以加强示范和品牌宣传为切入点，以加强培训和职业道德建设为重点，以鼓励社会资本投资为依托，引导少儿托管等专业特色服务业走市场化、产业化、社会化发展道路。要在加强政府政策和资金支持的同时，加强市场监管，引导专业特色服务业规范发展、提高服务质量。

（3）社区服务业。社区是家庭赖以运转的环境，直接影响居民的家庭服务需求。无论是当前，还是长远，发展家庭服务业都必须把旨在优化家庭赖以运转的社区环境，对家庭运转和家庭发展具有直接、重要的公共影响的社区服务业作为重点领域之一。通过发展此类社区服务业，带动和谐社区、和谐家庭建设。从"十二五"乃至"十三五"的发展环境来看，发展社区服务业应该突出废旧物资回收利用服务业、社区便利利民综合服务体系建设。

——废旧物资回收利用服务业。以保护环境和提高再生资源回收利用率为目标，加快技术进步，加强科学管理，提高资源回收利用水平，促进垃圾资源化利用，减少环境污染。坚持加强回收网络建设和深化企业改革并重，推进再生资源回收利用的市场化、规模化，促进再生资源回收利用的健康有序发展。重点发展废旧家电回收、废旧电脑和耗材回收、废旧有色金属、废旧钢铁、废旧塑料、废纸回收、回收拆解报废汽车等。研发推广电子废弃物无害化处理技术等一批急需的废弃物无害化处理技术和再生资源加工利用技术。建设若干不同层次、不同类型、不同规模的再生资源回收集散基地和规范化的再生资源市场，促进再生资源回收、加工、利用的规模经营和一体化进程。重点建设若干规模适度、管理先进、符合环保要求的废家电、电脑、报废汽车回收拆解中心，减轻废弃物对环境的危害。支持一批示范工程建设。加强再生资源回收企业再生资源社区回收点、分拣加工中心和集散市场升级改造项目建设。

——社区便民利民综合服务体系建设。今后，随着工作和生活节奏的加快，随着人口老龄化的发展、收入差距的扩大和精神性、心理性疾病的增多，特别是城市人口的增加，加强社区保安服务和社区物业管理服务的需求将会呈现迅速扩张的态势。与此同时，在收入水平提高到一定程度后，城乡居民对生活质量的追求显著增强，服务消费作为城乡居民消费主要增长点的格局也将日益强化，加强社区便民利民综合服务体系建设，日益成为发展家庭服务业必须着力解决的重要问题。要结合社区便民利民综合服务体系建设，加强社区商业网点建设，强化其贴近居民生活、满足居民基本消费和服务需求等功能，增强商业网点的配套性。

2. 重点发展家政服务业和病患陪护服务业

重点发展家政服务业和病患陪护服务业，不仅可以创造相关就业机会，还可以通过促进家务劳动的专业化、社会化，提高居民的生活质量，促进社会生活方式的转变和国民收入分配格局的调整，有利于不同类型居民共享发展成果。在"十二五"乃至"十三五"时期内，要以加强培训、公共网络服务平台为重点，以优化服务、增加供给和引导需求为主题，以强化政策支持体系、发挥行业协会作用为依托，坚持市场化、产业化、社会化和加强基本公共服务并重，重点发展家政服务业和病患陪护服务业，积极引导企业由中介制向员工制转型，加强行业诚信体系和规范化、标准化、品牌化建设，鼓励企业和行业增强创新能力、拓展服务领域、提升服务品质，促进服务供求对接、劳动力供求对接，增强对服务需求和劳动力供求的发现能力，健全对行业抱怨情绪的疏导机制和媒体对行业发展的正面引导机制，鼓励家庭服务进社区、家庭服务政府采购、行业保险和劳动者权益保护等制度创新，积极开展家庭服务业职业技能鉴定、优秀服务员、优秀服务企业等级评定等活动，加快建立供求双方信息不对称的化解机制，着力解决服务供给短缺和局部过剩并存的问题，促进行业发展方式转变，增强供给对需求的动态适应能力和家庭服务业对从业者的吸引力。

四、发展家庭服务业的政策建议

（一）统筹考虑家庭服务业发展的战略和现实要求，明确产业政策支持的基调

明确产业政策支持家庭服务业发展的基调，必须立足当前，着眼长远，把家庭服务业的发展放在整个国民经济和社会发展的全局中通盘考虑，重视家庭服务业的产业特性及家庭服务业现实问题的形成原因，注意不同问题之间的相互影响，跳出家庭服务业看家庭服务业。为此，需要注意以下几点：

第一，引导家庭服务业市场化、产业化、社会化，支持其增加有效供给并优化供给结构，加强创新能力建设。要加强对家庭服务业重点产业、优先领域和公共服务平台建设的支持，引导其提高服务质量，降低服务成本和风险。要通过完善鼓励创新创业的激励机制，增强创业对就业的带动效应，吸引更多的企业、人才和资源参与家庭服务业发展，更好地解决家庭服务供不应求和供求错位等问题。鉴于当前在家庭服务企业中，家庭内服务企业的盈利难度更大，面向家庭服务业的支持政策，要适当向家庭内服务企业倾斜。

第二，引导家庭服务企业加强规模化、规范化、标准化和品牌化建设，加快经营和发展方式的转变。借此，有利于缓解家庭服务业发展中的信息不对称问题，培育其利益相关者的信任机制，特别是增进购买者、消费者对家庭服务提供者的信任。需要注意的是，一是要将引导大型企业、行业龙头企业做大做强，同引导中小企业做专做特结合起来，引导不同类型、不同规模的家庭服务企业之间完善分工协作关系，探索各具特色的品牌化建设道路。二是引导家庭服务企业规范发展，并不意味着一定要抬高家庭服务企业的准入门槛，甚至可以适当放宽家庭服务企业的审批限制、注册资本限制和经营场所的登记条件，以便吸引更多企业和社会资本参与发展家庭服务业。况且，由于家庭服务供不应求的问题比较严重，由于家庭服务业的需求规模容易受临时性、季节性甚至时段性因素的影响出现不规则波动，允许一些层次较低、规模较小、但有证经营的家庭服务企业存在，有利于发挥其经营灵活、拾遗补缺的作用。三是鉴于从长期来看，员工制相对于中介制，有利于实现家庭服务业的规模化、规范化、标准化和品牌化，也有利于引导家庭服务从业者增强归属感和职业意识；应该把引导中介制企业向员工制企业转型，作为支持家庭服务业组织创新的一个方向。四是将鼓励发展家庭服务企业同鼓励发展家庭服务业非营利机构

结合起来，建立公共服务机构、企业、志愿者组织和个人等有机结合，多元化的家庭服务业组织体系。

第三，完善家庭服务业培训体系和职业教育体系，建立提高培训质量和鼓励中高端人才进入的长效机制。从前文对家庭服务业产业特性的分析可见，面向家庭服务业的培训活动，需求和难度都很大。但多数家庭服务业从业人员的流动性大、职业过渡性强，加强面向家庭服务业的培训活动，不仅有利于提高家庭服务业的劳动力素质和服务质量，还有利于带动社会人力资本质量的提高；甚至可以通过提高家庭主妇的素质，促进家庭的和谐发展并改善子女教育，提高未来社会的人力资本质量。因此，家庭服务业的培训活动具有较强的溢出效应。相对于其他行业，对于家庭服务业的培训工作，应该进一步加大政府的支持和投入力度。当然，完善家庭服务业的培训体系，仅靠增加投入还是远远不够的，完善体制机制同等重要。此外，前文分析显示，大多数家庭服务业处于劳动力市场的低端，从业人员劳动力素质低、职业技能差。在完善培训体系的同时，鼓励中高端人才进入家庭服务业，有利于克服劳动力素质低、职业技能差的负面影响，有利于带动家庭服务业企业家阶层的成长、经济效益的提高和发展方式的转变。要结合引导家庭服务业的职业化发展，建立健全面向家庭服务业的职业教育体系。

第四，促进家庭服务业信息化，加强家庭服务业职业介绍网络和公共服务平台建设。借此，不仅可以促进信息化技术在家庭服务业的应用，提高家庭服务业的服务质量和运行效率；还有利于解决家庭服务业发展中的信息不对称问题，降低家庭服务业的运行成本和风险，带动家庭服务业的诚信环境建设。

（二）加强对家庭服务业发展的财政支持，完善税费优惠制度

建议以财政出资为主，吸收社会捐赠，设立家庭服务业发展专项扶持资金；或在增加服务业发展专项资金、服务业发展引导资金的基础上，借鉴河南洛阳等地的经验，按比例切块支持发展家庭服务业。综合考虑我国家庭服务业的发展现状和未来需求，建议逐年加大中央和省级政府对家庭服务业发展的资金支持力度，确保中央和省级财政对家庭服务业支持资金的增长快于上一年度财政收入的增长。利用财政对家庭服务业的支持资金，支持家庭服务业的市场促销、政府采购、产品创新、业态创新、商业模式创新，支持家庭服务业的规模化、集约化、规范化、标准化和品牌化建设，支持家庭服务业行业协会的发展和重点行业、优先领域、重大项目、骨干工程、公共服务平台和风险分担机制建设，实行对家庭服务业部分领域的财政

补贴，引导家庭服务业加快发展方式转变和可持续发展能力建设。要通过家庭服务业发展专项扶持资金，突出加强对家庭内服务企业实行员工制的引导和支持，优先支持其创建家庭服务品牌企业。通过财税优惠政策，引导企业和社会资本投资家庭服务业。抓紧建立鼓励非营利机构和志愿者发展的财政税收和金融政策，适度降低其准入门槛，通过政府购买公共服务、实行免税政策等方式，加大对非营利组织从事家庭服务业的支持力度。引导非营利组织特别是志愿者组织在政府支持下，在家庭服务业发展中发挥作用。通过向优秀家庭服务企业提供房租补贴等，支持家庭服务企业的标准化、品牌化发展。建议选择家政、养老、病患陪护、社区服务等家庭服务业重点行业，由国家或省级政府将其列入公益性岗位，允许从业者享受公益性岗位的社会保险补贴等优惠政策。或为鼓励员工制企业发展，对于员工制企业实际缴纳的社会保险费，中西部地区由中央财政、东部地区由省级财政给予全额或半额补贴。

加强对家庭服务业发展的财政支持，要把加大培训投入放在重要位置。建议综合考虑我国家庭服务业的发展现状和未来需求，确保中央和省级政府对家庭服务业培训投入的增长，快于家庭服务业专项扶持资金或服务业引导资金的增长。建议将正在实施的"家政服务工程"拓展为"家庭服务工程"，吸收人力资源和社会保障部门为组织单位，并加大支持力度。综合考虑家庭服务业不同行业的培训成本，建议适度提高培训经费的补贴标准，适度加大家庭服务业培训投入中用于知识技能型培训的比例，进一步引导培训机构将强化职业技能培训与完善职业心态和职业道德结合起来。建议在家庭服务业培训资金中拿出一定比例，采取以奖代补或培训经费定额补贴等方式，鼓励市场化的培训机构开展面向中高端家庭服务员、家庭服务业骨干师资和家庭服务企业管理人员的培训活动，突出加强对家庭服务业创业培训的支持。这些方面的培训，对于家庭服务业提高服务质量、加快发展方式的转变，往往具有画龙点睛的作用。要注意协调农村劳动力转移培训计划、阳光工程、雨露计划等培训资源，加强部门合作，形成面向家庭服务业加强培训的整体合力。需要注意的是，有些研究者提出目前多部门、多渠道开展培训的状况，容易造成分散培训和资源浪费的问题，不利于统筹安排培训资源，提高培训资金的使用效益，应该对培训资金统一归口管理。我们认为，这种观点有其合理性，但在短期内不宜盲目全盘采纳。原因是至少在目前的体制下，培训资金统一归口管理，不利于调动各部门支持培训的积极性。解决培训资金分散投入的问题，需要整合培训资源，避免培训资源更趋分散；但也可以通过强化发展家庭服务业的部门合作机制，来解决此类问题。

家庭服务业以中小企业居多。要结合国家完善中小企业支持政策，落实关于中小型企业的税收优惠政策。鉴于家庭服务业促进就业、改善民生、维持社会稳定和谐等社会效益远大于其经济效益，建议对家庭服务业企业中盈利难度比较大的家庭内服务企业免征或减征营业税、城市维护建设费、教育费附加和企业所得税。对直接服务于老、弱、病、残的家庭服务项目，一律免征残疾人基金、价格调节基金和工会会费。借鉴重庆市经验，对新办的家庭服务企业，经税务机关审批，从开业之日起3年内免征营业税和个人所得税，形成鼓励家庭服务业创新创业的激励机制。实行家庭服务企业行政事业性收费免征或减半征收。对于被认定为省级以上品牌的家庭服务企业，按纳税的一定比例给予先征后退的税收优惠。为鼓励企业加强对从业人员的培训，建议允许家庭服务企业发生的培训费在计算所得税时全额扣除或加计扣除。为鼓励家庭内服务企业实行员工制，对需要征收营业税的家庭内服务企业，建议从纳税基数中扣除人工工资和缴纳的社会保险费；或对企业因实行员工制而增加的税费先征后退[①]。

鉴于家庭服务业潜在需求向现实需求的转化面临较大弹性，当前我国尚处于家庭服务业发展的初级阶段，行业内外的诚信环境建设，都在很大程度上制约着家庭服务潜在需求向现实需求的转化，建议实行家庭服务业重点行业消费支出定比冲抵个人所得税的政策，鼓励居民购买家庭服务。为鼓励大学生或其他符合条件的高端人才进入家庭服务业，更好地化解从业人员文化程度低、职业技能差对家庭服务业发展的负面影响，建议对家庭服务业重点行业、优先领域免征个人所得税。因为家庭服务业的个人所得水平较低，此举不会导致家庭服务业税源流失太多。

（三）建立健全家庭服务业培训体系和职业教育体系，强化对培训市场和培训质量的监督机制

1. 降低民营培训机构和家庭服务企业参与培训的准入门槛，积极营造培训市场分工协作、分层发展、优势互补、公平竞争的格局

一般而言，根据各自的比较优势，政府主导型培训应该集中于大众化、普惠制、中低端领域，受益面广、培训成本和对培训对象的要求较低，或者有利于降低个性化、特惠制、高端化培训的成本与风险。市场化培训在个性化、特惠制、高端化领

[①]对这类企业的税收不是直接减免，而是先征后退，主要是为了鼓励企业规范经营，鼓励其向消费者开具正规发票。这样也便于收集企业统计数据。实行此项政策，既鼓励了家庭服务企业实行员工制；与以前实行中介制相比，又不会导致税源流失。

域具有比较优势，直接惠及面小，培训成本和对培训对象的要求较高。鉴于家庭服务业培训严重供不应求的现状，政府在加强政府主导型培训的同时，应从战略高度进一步引导民营培训机构又好又快地发展，加强其培训能力建设。为此，应积极采取措施，打破政府准政府机构在培训市场的垄断地位，营造不同类型培训机构在培训市场公平竞争的环境，为提高整个家庭服务业的培训质量、增强培训方式的灵活性和培训内容的针对性，为降低培训的成本和机会成本创造条件。可采取对公共培训服务加强政府采购等方式，引导市场化培训机构参与家庭服务业的中低端培训。

2. 建立对培训质量的循环监督机制，强化对家庭服务企业和家庭服务从业者参与培训的激励机制

春江水暖鸭先知！家庭服务业的培训质量和效果如何，家庭服务企业和消费者最清楚，仅靠地方政府相关部门进行检查验收，很难根本保证培训质量。但如单纯依靠家庭服务企业或劳动鉴定部门来评价，也容易出现培训机构与家庭服务企业或劳动鉴定部门合谋寻租的问题。为解决这一问题，建立对家庭服务业培训质量的循环监督机制，确保对培训质量监督者的有效监督至关重要。为此，建议采取以下方式：在提高培训经费人均补贴标准的基础上，结合改善监管，适当放宽家庭服务业培训机构的资质条件，鼓励符合一定条件的家庭服务企业自主或联合开展培训；面向家庭服务从业者或符合条件的培训对象发放家庭服务培训券，由培训对象凭培训券自主选择符合资质条件的培训机构接受培训，培训毕业后委托劳动部门进行家庭服务职业技能鉴定，或委托地（市）级以上家庭服务业协会进行家庭服务职业等级资格评定；以培训机构收取的培训券为前提条件，根据经培训机构培训后通过职业技能鉴定或职业等级资格评定的人数，对培训机构提供培训经费补贴。为避免培训对象和培训机构合谋骗取国家培训经费补贴，采取培训对象个人信息内部上网等方式，避免同一培训对象在 3 年内参加同等级培训两次以上，以提高培训对家庭服务从业者的惠及面。将各批次家庭服务从业者通过职业技能鉴定或职业等级资格评定后，一定时期内在家庭服务市场的就业率和客户满意度，作为评价培训机构培训质量、职业技能鉴定机构鉴定质量、家庭服务业协会职业资格评定质量的重要依据。据此对培训机构、职业技能鉴定机构、家庭服务业协会进行表彰或奖励。对于培训对象参加职业技能鉴定或职业资格评定，适当降低收费标准。在一定时期内，鼓励职业技能鉴定机构和家庭服务业协会的职业资格评定机构开展公平竞争，培育家庭服务职业资格鉴定品牌。

对于员工制家庭服务企业，根据上年净增通过劳动部门职业技能鉴定的人数、

达到中高级家庭服务职业等级标准的人数，分别设立不同标准，对其实行以奖代补，鼓励其面向家庭服务从业者提供经常化的再培训。对持有培训券且通过职业技能鉴定或中级以上职业资格评定的培训对象，特别是达到高级家庭服务职业资格的家庭服务从业者，分别设立不同标准给予奖励。

3. 加强培训市场秩序建设，引导培训机构面向需求丰富培训内容

坚决打击培训市场上坑、蒙、拐、骗的行为和乱培训、假培训活动，借此改善培训市场的诚信关系，引导和督促培训质量的提高。加强家庭服务培训品牌建设，鼓励地方政府或大型龙头企业创建家庭服务业培训基地，形成辐射力强的家庭服务业培训高地。在加强职业技能培训的同时，突出加强职业道德和服务心态培训，引导家庭服务从业者增强耐心、细心和责任心。借此，改善家庭服务需求者对家庭服务提供者的信任关系，提高家庭服务消费者对服务质量的评价。启动家庭服务员、养老护理员、病患陪护员、社区服务员定向培训工程，鼓励劳动力输入地和输出地合作，开展家庭服务员订单式培训。加强对家庭服务员的实际操作能力培训。

4. 借鉴国际经验，建立健全面向家庭服务业的职业教育体系

通过短期培训，固然有利于提高家庭服务业的职业技能，但往往难以满足中高端家庭服务业发展对劳动力素质的要求。随着城乡居民收入水平的进一步提高，中高端家庭服务员严重供不应求的问题将会加快凸显。要借鉴国际经验，建立健全面向家庭服务业的职业教育体系，建立保障中高端家庭服务业供给的长效机制。建议显著加强对中等职业学校、高等职业学院开展家庭服务业职业教育的政策支持，鼓励部分高等院校开办家庭服务专业课程，乃至设立家庭服务本科专业。

(四) 建立鼓励家庭服务业发展的政府采购制度，完善家庭服务业的促销机制

鉴于在家庭服务业中，与老、弱、病、残相关的家庭服务业公益性更强，与政府的基本公共服务职能相关性更大。如面向"三无"老人的养老支出、农村五保老人及社区服务支出，甚至用于居家养老服务的财政支出[1]等。建议在借鉴先行地区经验的基础上，通过鼓励家庭服务业进社区、发放家庭服务业消费券和实行家庭服务业政府采购制度等方式，帮助家庭服务业扩大市场空间。建议在试点基础上，探索建立面向家庭服务业非营利机构优先购买公共服务的制度。为鼓励家庭服务企业公平竞争，结合促进政府职能转变、降低政府提供公共服务的成本，建议加快探索政

---

[1]以北京市为例，2010年用于居家养老服务的财政支出预计将达3700万元。财政部财政科学研究所：《我国发展家庭服务业促进就业的财政政策研究》(打印稿)。

府通过竞争性购买方式提供公共服务的办法。结合完善家庭服务业的促销机制，引导家庭服务业推广关系营销。关系营销作为一种营销战略，强调锻造供给者与客户群（家庭服务的需求者或购买者）之间长期的伙伴关系，注意对客户关系进行吸引、开发和维系，注意通过满足客户需求发展高忠诚度的客户群。现代营销学的研究发现，通过关系营销来维系老客户，比单纯寻找新客户，往往具有高得多的成本收益率。实际上，推广家庭服务进社区，也是利用关系营销的重要方式，有利于增进家庭服务购买者、消费者对家庭服务供给者的信任。

（五）强化家庭服务业发展的融资和要素支持政策，鼓励保险公司参与家庭服务业风险防范机制建设

为加强对家庭服务业发展的融资支持，帮助其更好地解决融资难的问题，要注意引导中小家庭服务企业用好用足国家支持中小企业的金融政策，更多更好地争取中小企业发展专项资金和中小企业信贷担保资金的支持。为更好地发挥家庭服务业促进就业的作用，引导家庭服务企业用足国家支持符合条件的劳动密集型企业的政策措施，采取税费减免、担保费用补贴等方式，鼓励或督促担保公司将小额担保贷款的一定比例，专项用于支持发展家庭服务业。鉴于家庭服务业中小企业居多、外部性较强的特点，建议国家对金融机构面向家庭服务业提供的小额贷款免征营业税，并适度减免所得税。对于大学毕业生和零就业家庭开展家庭服务业创业活动，优先提供贷款支持和贷款担保，并适度降低门槛。除优先提供贷款贴息支持外，鼓励地方政府设立还贷周转金，帮助包括中小家庭服务企业在内的中小企业解决借新（贷）还旧（贷）过程中的资金困难。优先支持符合条件的家庭服务企业进入境内外资本市场融资。鼓励各类融资担保机构，特别是政府政策性担保机构面向家庭服务企业，优先提供贷款担保，并针对家庭服务业固定资产少的产业特性，适度降低担保门槛。通过税收优惠和财政补贴、以奖代补等方式，鼓励中小企业贷款担保机构加强对家庭服务业的支持。

完善相关政策法规，督促在城市规划和房地产开发中预留家庭服务企业用地，并实行地价减半征收。确保每个社区都有一定面积的土地，用于发展家庭服务业。对家庭内服务、社区服务企业的用水、用电、用气、用热价格，参照工业执行；鼓励财政实力较强的地区，参照居民生活用价格执行。为激励各类人才参与家庭服务业发展，建议在人大代表、政协委员推选和各类创先评优活动中，适当向家庭服务业从业者倾斜，以便提高家庭服务从业者的社会地位，更好地反映底层劳动者的呼

声和要求，增加其话语权。

从家庭服务业的产业特性来看，家庭服务业运行过程中的风险较大，家庭服务业的从业者容易被排斥在社会保险等制度保护之外。特别是家庭内服务要求服务员独立深入居民家庭，处于相对封闭的环境之中，从国内外经验看，家庭服务从业者不易也不便组织集会或工会维护自身权益。否则，容易引起家庭服务消费者或居民家庭的反感，形成家庭服务供求双方的对立情绪，增加雇主的不信任感，影响行业发展。因此，从前文分析可见，许多国家都把加强对劳动者的权益保护、提高其福利待遇，作为支持家庭服务业发展的重要措施。当前我国家庭服务业的发展也面临多数国家家庭服务业的共性问题：社会保障覆盖面小、财产损失和意外伤害的风险较大。因此，为支持家庭服务业发展，减少其人员外流的问题，引导家庭服务从业者培养职业意识，要强化激励机制，鼓励保险公司积极开发适应家庭服务业特点的商业保险或政策性保险险种，参与家庭服务业风险防范机制建设。为此建议对开发家庭服务业险种的保险公司，给予相关险种收入免征营业税、城建税和教育费附加等优惠。家庭服务业机构为从业者购买相关商业保险时，允许在计算所得税时全额扣除相关保险费用。鼓励家庭服务企业和政府联手，建立家庭服务业专项风险救助金。鼓励商业保险公司同行业协会合作，开发家庭服务综合险、家庭服务财产责任险、综合责任险、意外伤害保险、意外医疗保险、团体责任险等，帮助家庭服务企业增强抗风险能力。鼓励各地探索建立适应家庭服务业劳动用工特点、灵活实用的就业保障制度。在北京、上海、深圳等经济发达、家庭服务需求规模较大的城市，鼓励在试点基础上，探索建立家庭服务业强制保险制度的可能性，对家庭服务从业者在工作中遭遇的意外伤害、给服务对象家庭带来的人身伤害和财产损失，给予强制保险，通过规模效应来降低费用、分担风险。当然，家庭服务业推进保险的难度较大，有其产业特性方面的原因。因此，面向家庭服务业的强制保险，一定要在试点基础上探索推进的可能性，防止因盲目推进形成对家庭服务供给的抑制效应。

（六）加强对家庭服务业行业协会和行业统计的支持，鼓励企业加强分工协作和对外交流

国内经验表明，家庭服务业行业协会可以发挥其上传下达的优势，并在维护行业权益，建立行业信息共享机制，加强行业自律、行业培训、行业宣传和诚信体系建设，建立家庭服务业统计体系，促进行业标准化、规范化、品牌化，以及引导居民转变家庭服务消费观念等方面，发挥重要的带动作用。要借鉴郑州、洛阳、天津

等地经验，加强对家庭服务业行业协会发展的支持，引导其同政府合力支持家庭服务业的发展。鼓励家庭服务业行业协会联合和合作，在引导行业分工协作、建立行业战略联盟、促进行业发展方式转变和推动行业对外交流合作中，发挥带动作用。

此外，国家统计局、人力资源和社会保障部、国家发改委等家庭服务业相关部门加强合作，尽快建立科学、统一、协调、全面的家庭服务业统计调查制度和信息监测制度，完善相关统计调查方法和指标体系，充分利用网络平台，及时反映重点地区的行业发展情况，对于家庭服务业的长远发展和科学决策，也是重要的。

（七）加强对家庭服务业典型案例和行业标准的宣传工作，营造有利其发展的舆论氛围

近年来，在家庭服务业的发展中，优秀的家庭服务员、优秀的家庭服务企业和服务质量优良、主雇关系协调的案例迅速增加。政府部门要注意引导新闻媒体和政府组织的相关会议，加强对家庭服务业的正面宣传。结合相关部门组织的职业技能大赛、行业标兵和先进个人评选，加强对发展家庭服务业先进典型（地区、企业或服务员）、先进经验、政策创新和服务标准的宣传介绍。要引导居民家庭平等对待家庭服务员，引导社会全面认识家庭服务业及其重要作用，引导社会转变就业观念，建立宽容、平和的职业评价体系，增进对家庭服务业从业者的认同感，提升其社会地位。引导企业或家庭服务员转变职业心态，通过做好服务赢得尊重。引导居民家庭更好地了解该行业的市场，认识品牌企业与一般企业、"地摊式"企业的区别，形成对家庭服务品牌消费的支持机制。

五、实施发展家庭服务业重点工程

（一）实施家庭服务业企业家成长工程

企业家是提高企业效益、转变经济发展方式的中坚力量。培育家庭服务员固然重要，培训家庭服务业的企业家更为关键。在发展家庭服务业的过程中，许多优秀企业家不仅是业态、经营方式和商业模式创新的先行者，在调动一切积极因素发展家庭服务业方面也走在同行前列。要通过实施家庭服务业企业家成长工程，加强对优秀企业家和创业典型的舆论宣传，引导其发挥典型示范作用；组织实施家庭服务业企业家培训计划、创业平台建设计划、高层管理人员职业能力建设计划和后备企业家培训计划，举办较高层次的企业家论坛、企业家讲堂、企业家会所和企业家协

会，搭建企业家经验交流和联谊合作的平台；加强同国内外相关知名高校、培训机构的合作，建立家庭服务业企业家培训基地；完善企业家成长环境和激励机制，引导企业家增强开拓市场、创新商业模式的能力和经营管理、资本经营和品牌运作的能力。鼓励企业家运用直营、连锁、联盟等方式，或探索将家庭服务企业做大做强和做专做特等不同的发展模式，构造网络型的家庭服务业组织体系。

（二）实施家庭服务业培训工程

为加强家庭服务业培训工作，满足家庭服务业多元化、多层次的培训需求，借鉴实施"家政服务工程"的经验，突出职业技能培训与就业心态、职业道德培训并重，按照财政引导、多轨运行、质量优先、强化监督的原则，加强面向家庭服务业的培训活动。鼓励中等职业学校和高等职业技术学院设立家庭服务专业，开展以培养中高端家庭服务员为主、理论和实际相结合的学历教育，或参与家庭服务业培训活动。鼓励高等院校参与家庭服务业骨干师资培训、职业经理人培训。要把实施家庭服务业培训工程，同完善家庭服务职业资格证书制度结合起来，健全家庭服务业职业资格评定制度。

（三）实施家庭服务业信息化和公共服务平台建设工程

家庭服务需求往往点多、面广、分散性强，潜在需求向现实需求的转化面临较大弹性，部分个性化、精细化的中高端需求更是如此。与此同时，作为家庭服务业供给者的企业或机构大多具有小、散、乱和粗放经营的特点，专业化、规模化、品牌化程度低。因此，通过加强家庭服务业信息化建设，整合资源，集中打造一批信息共享、供求对接的家庭服务业公共服务平台，可以从服务和培训两方面，强化家庭服务业的供求发现与对接机制，健全对家庭服务业服务质量和服务声誉、服务品牌的显示机制，完善家庭服务质量和诚信状况的监督、约束机制。结合家庭服务业信息化建设，健全家庭服务业征信系统，还可以更好地解决家庭服务员身份识别、家庭服务企业等级识别等问题，有效缓解家庭服务业发展中的信息不对称问题，有效防止服务纠纷和犯罪现象的发生，增强居民家庭对家庭服务从业者和家庭服务企业的信任感。结合推进家庭服务业信息化，加强家庭服务业公共服务平台建设，还可以发挥以下3方面作用。一是促进家庭服务业经验、信息和新商业模式的传播，提高家庭服务业的运行效率，带动整个行业发展质量的提高和发展方式的转变；二是强化家庭服务业劳动力供求的对接机制，通过发布劳动力供求信息等，帮助家庭服务业解决人员不足和人员流失问题；三是面向家庭服务业企业或机构，提供企业介绍、技术支持、质量监督、标准发布、人员培训、劳务中介、品牌推介、资质认定、职业技能鉴定、政策与法律咨询等系列服务，推介优秀的家庭服务企业和家庭服务员。结合家庭服务网络中心建设，加强对家庭服务企业和家庭服务员违约失信行为的采集和验证，打造家庭服务诚信管理平台，为客户提供诚信信息查询服务，及时淘汰违规加盟企业。建议将正在实施的"家政服务网络中心"建设拓展为"家庭服务网络中心"建设，"十二五"期间支持每个中等规模以上城市建设一个"家庭服务网络中心"，支持北京、上海等特大城市的"家庭服务网络中心"建设3~5个竞争发展的网络分中心。鼓励家庭服务业信息化和公共服务平台选择市场化和非营利机构两种不同方式运作，在竞争中发展。

（四）实施家庭服务业市场培育工程

如前所述，家庭服务业与居民家庭或所在社区的联系比较直接，由于服务需求者对服务供给者缺乏经验和信任，家庭服务企业的市场培育往往需要经历长时间积累经验、培育信任的过程。家庭服务业从业人员的高流动性、企业较低的进入门槛和退出成本，也容易导致家庭服务业的发展难以建立有效、可靠的问责机制，加剧需求者对供给者的不信任。要把鼓励家庭服务进社区，作为培育家庭服务市场的重要途径。借此，不仅可以借助社区、政府组织的公信力和社区邻里效应，培育家庭服务需求者对供给者的信任机制，建立有效的家庭服务业问责机制，拓展家庭服务业的市场空间；还可以利用社区邻里关系网络，形成家庭服务市场的连片开发机制，降低其市场拓展成本，增强家庭服务业的社区根植性强。实施家庭服务业市场培育工程，还应注意以下两种方式。一是通过政府采购公共服务的方式，将政府扶危济困、特殊帮扶等基本公共服务职能，与支持家庭服务企业开拓市场结合起来，同部分家庭服务业品牌企业合作，通过发放家庭服务业消费券等方式，鼓励家庭服务企业通过竞争方式开拓市场。二是实施对知识技能型家庭服务需求的刺激、引导政策。借鉴家电下乡的经验，建立对专业技能型家庭内服务消费的政府补贴制度，以引导、激发相关消费需求，促进家庭服务业消费结构的升级。结合实施家庭服务业市场培育工程，引导家庭服务业开展诚信[①]活动，借鉴上海经验，建立家庭服务员"诚信档

---

① 相对而言，家庭内服务对诚信的要求更高。如对家政服务员的要求甚至是安全第一、人际关系第二、服务质量第三。

案系统"和家庭服务业诚信管理平台，评选诚信家庭服务员、诚信家庭服务企业。

（五）实施家庭服务业能力建设和品牌提升工程

仿照银行储蓄存款的做法，设立家庭服务存折。对于义务从事家庭服务工作的人员，按其实际从事的服务工作量和服务等级标准，折算成一定数量的家庭服务"标准货币"，允许其若干年后据此无偿享受相应规模的免费家庭服务。借此，引导健康老人和中青年加入家庭服务义工行列。设立家庭服务期权，对于从事家庭服务达到一定年限的人员，根据其从业年限和职业等级每年发放一次；对于获奖的家庭服务业优秀服务员、优秀企业经营者一次性发放，允许其在若干年后据此免费享受一定数量的家庭服务。借此，引导家庭服务员提高职业技能和服务质量。在鼓励地方探索的基础上，选择养老、病患陪护等技术性较强的行业，实行家庭服务员持证上岗和职业资格认证制度，在更大范围内完善家庭服务业技术等级标准，建立职业技术等级评定制度。支持家庭服务业行业协会建设，借鉴发达国家利用行业协会推进行业标准化和行业秩序建设的经验，鼓励有良好声誉的家庭服务业协会建立国家或省级职业技能鉴定机构。鉴于当前家庭内服务企业采取员工制的比例较低，鼓励家庭内服务业企业探索员工制发展道路。引导企业积极参与各种服务质量认证，或通过兼并、重组、联合和实行连锁经营、电子商务、加盟经营等方式，促进规模化、标准化、品牌化经营，降低服务成本，形成有自主品牌、具有较强竞争力的服务企业和企业集团。通过实施家庭服务业骨干师资培训计划，引导家庭服务业加强培训能力建设。

（六）实施家庭服务业标准化建设工程

鼓励行业协会发挥作用，制定实施家庭服务业行业公约。加强政府相关部门同行业协会的合作，制定出台全国性的家庭服务业管理办法，规范家庭服务业市场秩序和利益相关者的关系，为维护家庭服务消费者、家庭服务从业者和家庭服务机构的关系提供依据。以养老、病患陪护和家政服务、少儿托管为重点，加快家庭服务质量标准体系和家庭服务企业等级标准体系建设。统一规范家庭服务合同文本，统一发布家庭服务不同行业、不同等级的指导性收费标准。借此规范市场，增强市场透明度。结合加强宣传工作，提高社会和消费者对家庭服务业行业标准的知晓率、满意度和可操作性。

（七）社区服务工程

当前，家庭服务业就业岗位增长的基础在社区，整合资源的载体在社区，服务对象的家庭在社区。要结合推进家庭服务进社区，加强社区服务工程建设，并把它作为家庭服务业载体建设的重要抓手。整合各类社区资源，健全服务网络，拓宽服务领域，强化服务功能，扩大服务覆盖面，推动社区家庭服务市场化、网络化、社会化发展。鼓励社区通过购买公共服务，特别是竞争性购买公共服务等方式，将社区保安、保洁、绿化、公共设施养护等社区服务委托给家庭服务企业承担。通过资产兼并、重组、租赁、购买等方式，促进家庭服务业走专业化、企业化、规模化经营的道路，积极培育一批运作规范、网络化、连锁经营或加盟经营的养老、家政等龙头企业，提升家庭服务业品牌建设。加强社区信息化建设，改变社区管理和服务条块分割的状态，利用覆盖整个社区的信息网络进行资源整合、开发和利用，构建统一的社区信息平台，实现社区服务信息资源的整合、交换和共享，使居民通过多种形式的信息化手段享受全方位、高效、便利的服务。

（八）养老服务工程

顺应人口老龄化快速发展、养老服务需求迅速扩张的趋势，按照专业化和志愿者相结合的方式，重点发展养老助残服务业，以满足老人基本生活需求为重点，兼顾其精神需求，着力推进养老助残服务的标准化，引导其品牌化，大力提高服务质量。在政府加大投入的同时，鼓励社会资本投资兴办社会化的养老服务机构和居家养老服务社、居家养老服务超市、居家养老信息服务中心等，参与老年福利服务体系建设。多渠道、多方式鼓励医疗机构、培训机构、志愿者组织或个人积极参与养老助残服务，支持其能力建设。以强化服务能力为重点，加快发展机构养老，重点建设依托社区、服务家庭的居家养老服务体系，完善养老服务组织网络。积极推进养老服务信息化平台和以城市为重点的社区监护网络建设，通过养老呼叫平台、社区老人"呼救通"系统、空巢老人家有"爱心门铃"等信息手段，将社会福利机构、社区卫生服务中心、街道社会化养老服务中心、社区日间老年康乐苑、互动式异地养老服务中心等养老服务资源整合成养老服务网络，拓展养老服务内容，完善养老服务功能，构建全方位、全天候、立体式的养老服务体系。要在面向农村困难、高龄、失能老人发放养老补贴的同时，着力加强以中心镇、中心村为结点的养老院和社区福利中心建设。通过政府提供补贴和精神鼓励等方式，支持农村按照邻里互助的方式发展居家养老服务。鼓励依托社区，把闲置校舍和少儿服务设施，改造成面向老年人的服务设施，发展老年护理、临终关怀等服务业。积极发展多层次、多种形式的社区生活照料服务，重点发展日托、上门照料、送餐、陪护等项目。引导有条件的家庭聘用老人医疗顾问，鼓励其采取住家护理方式。

(九) 实施家庭服务业试点、试验、示范工程

结合推进家庭服务业品牌建设，积极开展创建家庭服务业示范城市、示范企业、示范协会、示范公共服务平台、家庭服务培训示范基地活动，逐步完善示范评价标准体系，鼓励各类示范典型提高服务质量和诚信度，增强服务特色，开展多层次、多类型的协作和联合，示范带动家庭服务业发展方式的转变。在严格执行相关评价标准的基础上，对从事家庭服务培训活动比较好的地区、企业和培训机构提供必要的信誉支持和奖励。如评选家庭服务业培训示范企业、示范地区、示范学校、示范基地等。鼓励员工制家庭服务企业培育弘扬内部营销的企业文化。内部营销强调家庭服务企业要像对待客户那样对待员工，建立规范的制度来满足员工需求，通过培育员工对工作和企业的热爱，来提高服务质量。

此外，可针对家庭服务业发展中比较复杂或认识分歧较大的问题，按照解放思想、开拓创新、务实求效的原则，通过组织多方案试点、试验，比较不同方案的效果，探索问题解决方案；或针对家庭服务业发展中的系统性问题，选择家庭服务业发展较快、领导重视、工作得力的地区，鼓励创建家庭服务业发展综合试验区，探讨家庭服务业发展问题的系统性解决方案。

第三编　农业生产服务业

第九章　农业生产性服务业：作用与模式

近年来，我国农业生产性服务业迅速发展，成为发展现代农业、转变农业发展方式的战略引擎，也是现代农业产业体系建设中最引人注目的现象之一。"十二五"规划明确提出，"在工业化、城镇化深入发展中同步推进农业现代化，是'十二五'时期的一项重大任务"，要"坚持走中国特色的农业现代化道路"，"加快转变农业发展方式"，"完善现代农业产业体系"。可见，"十二五"期间，发展农业生产性服务业的重要性和紧迫性将会进一步凸显。

一、农业生产性服务业：概念和规模

（一）生产性服务业和农业生产性服务业

生产性服务业是指直接、间接地为商品或服务的生产过程提供中间服务的服务业，如物流服务业、信息服务业、咨询服务业、技术服务业、培训服务业、营销服务业、新产品开发和设计服务业、会展服务业等。生产性服务主要满足中间需求，系向外部企业和其他组织的生产提供的中间投入服务。现代生产性服务业提供的服务，通常具有知识密集或技术密集的特点，具有典型的高技术含量、高人力资本和高附加值等三高特征。生产性服务业能够把大量的人力资本和知识资本，引入到商品和服务的生产过程，是现代产业竞争力的基本源泉。

目前，不同的机构和学者对于生产性服务业的外延仍有一定分歧。如按照美国统计局的界定，生产性服务业包括金融、保险、不动产、商业、法律、会员组织和

其他专业服务。郑吉昌等[1]等根据制造业价值链将生产性服务分为物流配送服务、信息技术服务、咨询服务、金融服务、市场调研、维护服务、维修服务、产品开发、产品设计服务、质量检验和测试服务等。近年来，国内外关于生产性服务业的研究很多，但大多数研究探讨的是面向工业或制造业的生产性服务业，面向农业的生产性服务业研究在总体上比较薄弱，而且更多地表现为对农资服务、农技服务、农机服务、农产品物流服务、农业信息服务等专业服务的研究。

（二）我国农业生产性服务业的发展规模

我国国家统计局制定的《国民经济行业分类标准》，在农、林、牧、渔业下设农、林、牧、渔服务业，即对农、林、牧、渔生产活动进行的各种支持性服务活动，但不包括各种科学技术和专业技术服务业。根据最近各年《中国农村统计年鉴》，近年来我国农、林、牧、渔服务业稳定增长，其增加值占农林牧渔业增加值的比重稳步提高。与此同时，农林牧渔业使用的生产服务支出也在不断扩大（见表9-1和图9-1）。可见，生产性服务业对农林牧渔业发展的引领、支撑作用不断增强，但它与农林牧渔服务业增加值不是一个概念。

表9-1 近年来我国农林牧渔服务业增加值、农林牧渔生产服务支出变化情况

年份	农林牧渔服务业 增加值(亿元)	占农林牧渔业 增加值比重(%)	农林牧渔业生产服务支出 (亿元)
2004	456.8	2.2	1665.7
2005	502.3	2.2	1682.3
2006	558.6	2.3	1918.4
2007	844.0	2.9	2178.0
2008	935.0	2.8	2562.0
2009	1071.8	3.0	3180.6

注：本表按当年价格计算。

本书研究的农业生产性服务业，准确地说是面向农业产业链的生产性服务业。迄今为止，相关研究在概念的使用和外延的界定上仍然存在较大分歧，大致有农业

---

①郑吉昌等：《论新型工业化和现代服务业的互动发展》，《社会科学家》，2004(6)。

服务业、农业生产性服务业、农业社会化服务体系、农业现代服务业、服务农业的生产性服务业、现代农业服务业等方面。按照国家统计局的《国民经济行业分类标准》，农畜产品批发，食品、饮料及烟草批发，化肥批发，农药批发，农用薄膜批发，农业机械批发，经营食品等的超级市场零售，食品、饮料及烟草制品专门零售，花卉零售等在统计上属于批发和零售业；农业科学研究与试验发展，气象服务，与农业相关的技术检测和技术推广、科技中介服务等，在统计上属于科学研究、技术服务和地质勘查业；农业机械租赁、与农业相关的商务服务，纳入租赁和商务服务业统计，这些方面和与农业相关的金融业，与农业相关的水利、环境和公共设施管理业，大部分属于农业生产性服务业，但却不属于农、林、牧、渔服务业。可见，农业生产性服务业在外延上远远大于农、林、牧、渔服务业。用农、林、牧、渔服务业增加值来衡量农业生产性服务业，会存在严重的统计低估问题。

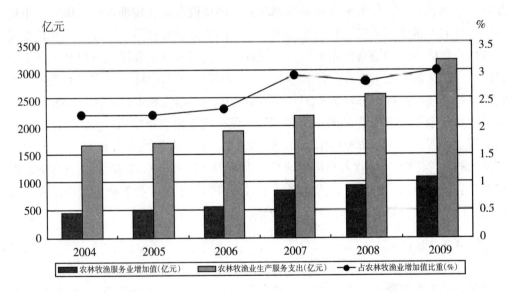

图9-1　近年来我国农林牧渔服务业增加值、农林牧渔生产服务支出变化情况

二、战略意义和现实作用

(一) 发展农业生产性服务业，有利于农业节本增效并提升竞争力，促进农民增收

近年来，我国农产品成本迅速提高，土地成本、人工成本、机械作业费、化肥费、农药费和种子费，成为推动农产品成本上升的主要因素。[1]从历史经验和中长期趋势来看，今后我国农业发展面临成本上升的压力还会不断增大。尤其是随着工业化、城镇化和农业现代化的加快推进，农业与非农产业之间、农村与城市之间争夺资源的竞争将会日趋激烈，农业发展的要素成本和要素使用的机会成本将会不断上升，从而推动农产品生产的土地成本、人工成本、用水成本和能源成本[2]不断提高。农业现代化的推进，还会直接推动农机使用范围的扩大，从而强化机械作业费对农产品成本上升的推动作用。此外，随着城乡居民收入水平的提高，随着发达国家消费示范影响的强化，社会对农产品质量和消费安全的关注将会不断增加。农业功能的拓展，也会不断强化农业的生态修复和环境保护功能，这些方面都会推动农产品成本的提高。

中国特色的现代农业，首先应该是富有竞争力和可持续发展能力的农业。农产品成本的迅速提高，一方面，容易削弱农民发展现代农业、增加农产品供给的积极性，侵蚀农业的竞争力和可持续发展能力，妨碍农民增收；另一方面，会导致发展农业生产性服务业的迫切性不断增强。农业生产性服务业的发展，可以利用分工协作的优势，提高农业的资源利用效率和单位资源投入的产出能力，促进农业发展的资源节约、环境友好（见案例9-1），带动农业的节本增效和农民增收。2009年，山东平度市仅通过举办农产品四季节庆活动，就拉动农民直接增收4.5亿元，拉动旅游、餐饮等服务业增收6000多万元。同年，全市农民人均纯收入8850元，较上年增长8.8%，农民人均纯收入高出全国平均水平71.7%。2008、2009年，安徽淮北市农民人均纯收入的增长速度，连续两年超出全国平均水平，与农业生产性服务业的发展支持了农业的节本增效，也有很大关系。

案例9-1

近年来，山东平度市农机局把组织农机跨区作业，作为开展社会化服务的精品工程和兴机富民的重点工程，全市农机跨区作业已经覆盖6个省20多个地市的40

---

[1]以2004～2009年为例，全国三种粮食平均的每666.67平方米总成本增加了204.96元，其中土地成本、人工成本、化肥费、机械作业费、种子费和农药费分别增加了60.55元、47.13元、46.11元、41.02元、12.52元和9.11元，分别占29.5%、23.0%、22.5%、20.0%、6.1%和4.4%。同期，全国棉花每666.67平方米总成本增加388.34元，其中土地成本、人工成本、化肥费、机械作业费、种子费和农药费分别增加了79.10元、213.40元、44.32元、18.09元、10.00元和21.71元，分别占总成本增量的20.4%、55.0%、11.4%、4.7%、2.6%和5.6%。

[2]在农产品生产中，由于化肥、农药、农膜的生产和机械作业过程，都是能源消耗的过程；化肥费、农药费、机械作业费、农膜费都是能源成本的重要组成部分。

多个县，每年"三夏"期间，全市都组织 1500 台以上小麦联合收割机外出跨区作业，同时引进 1700 多台作业机械参与全市机收。每年全市还组织 400 多台玉米联合收割机、900 余台耕播机械参加"三秋"跨区作业；组织 600 台以上机械参加冬季农机跨区作业，承揽基本农田水利建设工程。通过组织跨区作业，不仅大大延长了农机使用时间，提高了农机利用率；也拓展了农民通过农机增收的途径。借此，可以将农民对小麦联合收割机的使用时间由每年 3~5 天延长到 1 个月。通过参与跨区作业，好的农机手每个收获季节可实现收入 3~4 万元。

（二）发展农业生产性服务业，可以为农业产业化、产业集群和产业区的发展提供战略引擎，加快农业发展方式转变

建设中国特色现代农业的过程，实际上是我国农业现代化与本土化融合互动，借此增强农业综合生产能力、抗风险能力和市场竞争能力的过程。农业产业化是发展现代农业的有效途径，也是在我国农业发展中植入本土特色的有效形式。迄今为止，我国从国家政策层面开始推动农业产业化的发展，已经有 10 余年的时间；地方层面自发推动农业产业化的时间更长。农业产业化发展的总体成效值得肯定，但其中的问题也不可轻视。如就多数地方而言，龙头企业或农民专业合作组织规模小、层次低，产业链不同环节的协调性弱，主导产业的区域特色不鲜明，竞争优势不显著，发展质量不高，运行风险较大；甚至区域之间农业发展缺乏分工协作、区域结构雷同的问题比较突出。究其原因，很大程度上是因为面向农业产业链的生产性服务业不发达，农资、良种、农机、农产品营销、农产品物流等支撑农业产业链运行的能力不足，农业产业化的本土根植性不强。

随着农业产业化的发展，农业的分工协作关系日趋深化，专业化、规模化和特色化的农业产业集群、现代农业产业区不断形成，农业产业化实现阶段跃升的条件日趋成熟。如云南以斗南为中心的花卉产业区、山东金乡的大蒜产业区、新疆的葡萄产业区等。经验表明，农业产业集群或产业区的发展，顺应了农业区域分工规律，有利于整合区域内外经济、社会、技术、文化和组织资源，集成市场、物流、营销、品牌、企业家培训网络等要素，形成支撑现代农业发展的整体合力；有利于加快农业发展的本土化、特色化和现代化进程，营造外部难以复制的竞争优势。农业产业集群或产业区的发展，还有利于规避我国农业产业化龙头企业或农民专业合作组织等规模小、层次低的局限，通过强化农业产业体系中企业之间、合作社之间、农户之间、甚至区域之间的分工协作关系，实现农业产业化过程中不同类型组织的优势

互补和联合协作，有利于实现农业的区域规模经济和范围经济，强化农业的竞争优势和抗风险能力。

从国际上看，许多发达国家的农业之所以具有较强的竞争力，与专业化、规模化、特色化的农业产业区发挥了重要支撑作用，有密切关系。例如，在人多地少的荷兰，农业不仅在农场层面实现了高度的生产专业化，基于各地综合条件的区域专业化也高度发达。美国农业的区域化分工更为鲜明，形成了中部玉米带、西部小麦带、南部棉花带等独特的产业带。当前，在国内外农业发展中，产业集群或产业区的重要性迅速凸显，很大程度上是因为，随着全球化的推进，地方发展和企业所处环境的改善，对于产业和企业发展的重要性迅速增强；创新动力和产业发展的重心正在呈现向区域层面转移的趋势；产业区模式有利于推动创新从个别企业层面上升到企业群体层面。相对于非产业区模式，产业区模式往往具有更强的抗逆性和应变能力，在经济转型时期尤其如此。正如研究产业区的意大利经济学家姜卡罗·科洛所言：产业区模式展示了新的供应链经济、企业家精神和地区在全球竞争中的价值。

发展现代农业产业集群或产业区，已经成为我国现代农业发展的新方向，成为推进我国农业发展方式转变的新趋势。由此导致建设中国特色的现代农业，日益需要把面向农业的生产性服务业作为战略引擎。许多发达国家的农业产业区，之所以能够有效促进农业竞争力的提高，一个重要原因是面向农业的生产性服务业高度发达。如在农业高度发达的荷兰，高效率的零售组织一直是导致农业成功的因素之一，甚至供应链的主导者已经从生产者变成零售业者，尤其是超级市场[①]。合作社在荷兰农业发展中发挥了决定性的作用，一个重要原因是它能向农民及时提供各种各样的生产性服务。美国农业高度发达，很大程度上得益于在产前、产中、产后环节都有发达的农业服务体系，包括为农服务的合作组织、工厂企业、商业公司和其他配套服务机构。澳大利亚的农业能够成为国民经济的重要支柱，一个重要原因是农场经营指导服务、市场咨询服务、技术服务、生产作业服务和农产品、农资的供销服务都高度发达。

发展农业生产性服务业，不仅有利于提高农业产业链各环节的运行效率，还有利于改善农业产业链、农业产业集群或产业区的整体协调性，从而降低其运行成本与风险。发展农业生产性服务业，还有利于丰富农业的创新内容和文化内涵，促进

---

① L.道欧、J.鲍雅朴等著，厉为民等译：《荷兰农业的勃兴》，第82页，北京，中国农业科学技术出版社，2003年。

农业产业链、农业产业集群或产业区的发展，与农业资源环境、农业市场需求更好地对接起来，更好地营造农业发展的品牌、特色，拓展农产品的市场空间和价值增值空间，开拓农产品的高端市场。近年来，山东平度市在发展高端特色品牌农业方面取得了突出成效，很大程度上得益于该市按照多元互补的方式发展农业生产性服务业（见案例9-2）。当前，我国政府提出加快构建以公共服务机构为依托、合作经济组织为基础、龙头企业为骨干、其他社会力量为补充，公益性服务和经营性服务相结合、专项服务和综合服务相协调的新型农业社会化服务体系，其本质正是面向建设中国特色现代农业的要求，建设覆盖全程、综合配套、便捷高效的农业生产性服务体系，为农业生产性服务业发挥战略引擎作用创造条件。

案例9-2

　　近年来，山东平度市已初步形成了平南优质粮油生产区、平北生态果品生产区、平东优质出口蔬菜生产区、平西畜牧养殖区的农业生产格局，涌现出仁兆蔬菜、大泽山葡萄等"一镇一业"专业镇10余个，许家蚕桑、大黄埠西红柿等"一村一品"专业村200多个，成为全国粮食生产先进县、山东省超级产粮大县、山东省产油大县，建成优质蔬菜示范区、生态果品示范区。近年来，全市在推进农业标准化、品牌化建设方面取得显著进展。到2009年年底，全市已注册农产品商标140多个，拥有通过国家级认证的无公害农产品50个、绿色食品23个、有机食品9个，"马家沟"芹菜被认定为中国驰名商标，"马家沟"、"大黄埠"商标入选"全国最具市场竞争力的农产品商标"，"大泽山"商标入选"全国最具市场竞争力的地理标志"，已有4种农产品获得国家地理标志保护认证，成为全省拥有国家地理标志保护产品最多的县级市，进入"中国商标发展百强县"行列。这些成就的取得，与该市农业生产性服务业的发展息息相关。如面向农业产业链的公共服务，优化了高端品牌特色农业的发展环境，降低了农业乃至市场化生产性服务业的发展成本和风险，也为农业发展与高端市场的对接提供了便利。依托邮政部门和供销社的资源优势，加强农资、农产品配送和销售服务，从放心农资供应和高端市场销售网络两方面，加强了高端特色品牌农业发展的薄弱环节。农产品产地批发市场、农机市场、龙头企业、农民专业合作社、专业协会等，既是发展农业生产性服务业的重要平台或引领带动力量，又是发展高端特色品牌农业的重要支撑。至于市场化的农业生产性服务机构，作为农业分工分业深化的结果，其运行则会直接促进农业的节本增效和发展方式转变。

（三）发展农业生产性服务业，可以为以工促农、以城带乡提供重要路径，带动现代农业产业体系建设

中共十七届三中全会明确提出，我国总体上已进入以工促农、以城带乡的发展阶段，进入加快改造传统农业、走中国特色农业现代化道路的关键时刻，进入着力破除城乡二元结构、形成城乡经济社会发展一体化新格局的重要时期。《中共中央关于制定国民经济和社会发展第十二个五年规划的建议》进一步提出，必须坚持统筹城乡发展，坚持工业反哺农业、城市支持农村的方针。从国际经验来看，生产性服务业由于聚集经济、知识密集的特点，向城市和大城市集中的趋势日趋鲜明，生产性服务业的高端环节尤其如此。发展面向农业的生产性服务业，实现农业物流、科技、金融、信息等服务业的崛起，促进农业产业链的延伸，引领和支撑农产品加工业的发展，有利于拓展农产品的市场需求和要素利用空间，为发挥工业对农业、城市对农村，甚至城市生产性服务业对农村生产性服务业的引领、带动作用创造条件，从而加快现代农业产业体系建设（见案例9-3）。面向农业的生产性服务业，可以成为沟通城乡产业联系的重要桥梁，成为统筹城乡产业发展的重要载体。发展面向农业的生产性服务业，可以为建立新型工农关系、城乡关系提供重要纽带。

案例9-3

安徽淮北市作为农业小市，农业占全市生产总值的比重，尚低于全国平均水平1个百分点。但是，近年来，该市在推进农业产业化经营、发展现代农业方面却做得有声有色。全市202万亩耕地，已成为华北地区重要的粮、棉、果蔬、畜禽、水产品生产基地，形成酿酒、面粉、饲料、肉猪、禽类加工等5大食品加工业集群，规模以上农产品加工业实现产值116亿元，农产品加工业已成为仅次于煤炭的第二大支柱产业。2009年，全市农产品加工产值与农业总产值之比已达1.8：1。形成这种现象的一个重要原因是，该市面向推进农业产业化、发展现代农业的需求，积极发展农业生产性服务业，加快培育以政府公共服务机构为依托，以合作经济组织和龙头企业为骨干，以农产品市场为重要平台，以国有准国有涉农企业为主要结点，以民营服务企业为有生力量；公益性服务和经营性服务、综合性服务与专业性服务分层发展，不同类型、不同模式农业生产性服务业优势互补、成群结网的新型农业社会化服务体系。

（四）发展农业生产性服务业，是保障粮食安全、完善农产品市场调控的迫切需要，有利于稳定农产品价格、增强农业的抗风险能力

近年来，保障粮食安全，一直是政府和社会广泛关注的焦点问题。保障粮食安全，固然需要重视粮食的生产安全，加强粮食综合生产能力建设；但仅此还是远远不够的。改革开放以来，我国历次粮食供求严重失衡现象的发生，多与粮食综合流通能力不强、物流不畅、粮食流通安全问题加重有密切关系。粮食综合流通能力建设滞后，对我国粮食安全的制约正在显著增强，成为影响我国粮食安全的突出问题。流通安全对我国粮食安全的影响，突出地表现在3个方面：一是粮食市场信息网络体系不健全，加大了实现粮食流通安全的难度；二是粮食市场体系不健全，加剧了实现粮食流通安全的风险；三是粮食物流体系建设滞后，影响着实现粮食流通安全的效率。而这3个方面，都与面向农业的生产性服务业不发达、体系不健全有密切关系。发展农业生产性服务业，特别是加强政府主导的公共农业生产性服务体系建设，还有利于更好更快地带动农业基础设施、农业科技进步和农业综合生产能力的提高，直接促进粮食生产的发展和农产品供给的增加（见案例9-4）。

案例 9-4

近年来，安徽淮北市着力加强公共农业生产性服务体系建设，采取了许多得力措施。在农机化、设施栽培、生物工程应用等方面的技术推广服务，已走在全省前列。测土配方施肥实现了全覆盖，重大病虫害专业化防治比例达到了46%。到2010年9月，全市粮食产量已连续六年创历史新高，并可望继续连创历史新高。全市已建设小麦高产攻关示范区4万公顷、玉米高产创建示范区2.67万公顷；建设10公顷优质麦、6.67万公顷高蛋白大豆、4万公顷优质饲用玉米、5000万只禽、200万头优质猪等10大优势规模种养基地，粮食主要品种小麦的优质率高出全省平均水平15个百分点。全市畜牧业规模养殖和健康养殖迅速发展，已建设规模养殖小区和规模养殖场500余个，生猪年饲养量150万头，家禽饲养量5000万只，规模化养殖比重达到75%，高于全省23个百分点；畜禽良种率超过90%，生猪良种饲养水平位居全省前列；每年供沪生猪已占全省的70%。全市蔬菜种植面积已达2.13万公顷，仅2009年全市就新增百亩（1亩=0.0667公顷）以上规模连片的蔬菜基地23个。全市水果基地1万公顷，成为全国6大石榴产区之一。

近年来，我国农产品价格波动幅度放大、波动频率明显增加，完善农产品市场

调控的重要性迅速凸显。尤其是 2010 年以来，农产品价格上涨和波动加剧两种趋势交织，"蒜你狠"、"姜你军"、"逗你玩"此起彼伏，引起了政府和社会的广泛关注。对此，许多学者从不同侧面进行了解释，大致有灾害减产论、货币发行过多论、国际价格传导论、农产品成本上升论、热钱投资炒作论。但是，农业供应链缺乏有效组织和管理、农产品物流不畅、流通成本过高、农产品市场网络不健全、功能不发达，恐怕是其中最为重要的原因之一。这些方面又可以概括为农业生产性服务业不发达、层次低、功能弱、网络不健全。甚至农业生产性服务业的不发达，还加剧了部分其他因素的影响。如农业疫情预测预报和病虫害防治服务发展滞后，导致农业自然灾害的影响难以得到有效的防范和化解，甚至容易加大农产品成本上升对农产品价格上涨和波动的推动作用。农业信息服务不发达，不仅容易加大农产品市场上利益相关者获取信息服务的成本和风险，还容易导致信息传递过程的失真、扭曲和局部放大，为农产品市场的投资炒作，为农产品流通环节的部分企业利用垄断地位操纵市场，提供了适宜的环境。农业产后服务的不发达，还增加了农产品的流通成本和风险，对农产品价格的上涨和波动，发挥了推波助澜的作用。如农产品检验检测服务发展滞后，一方面，容易增加农产品进入市场，特别是高端市场的成本；另一方面，容易增加农产品市场价值实现的风险，特别是农产品供给与高端市场对接的风险，容易放大农产品市场的供求波动。从山东平度的经验也可以看出，发展农业生产性服务业，有利于增强农产品的价格竞争力和抗风险能力（见案例 9-5）。

案例 9-5

2002 年，山东省平度市农民种植芹菜亩收入 2000 元左右。2003 年经过品牌打造，马家沟芹菜不仅通过农业部无公害农产品和绿色农产品认证，还先后获得国家地理标志产品、中国驰名商标、全国 60 件最具市场竞争力农产品商标。到 2009 年，农民种植芹菜的亩（1 亩 =0.0667 公顷）收入已达 15000 元左右。在 2009 年大泽山葡萄节期间，曾获全国优质葡萄擂台赛"最甜葡萄状元奖"的金手指葡萄，每斤价格高达 268 元，是一般品种葡萄价格的 100 多倍。

近年来，跨国公司对我国农产品物流等生产性服务环节的投资热情高涨，我国农业产业链遭遇外资控制的风险正在显著增加，削弱我国农业宏观调控能力的风险正在不断蓄积。由此不禁让我们想到，若干年前，跨国公司也是通过在南美国家兴建仓储、铁路、港口等物流基础设施，控制其物流服务能力和生产资料供应、产品销售等环节，逐步形成对南美大豆产业的控制态势。解决这一问题的出路，除按国际惯例加强对农业外资并购行为的监管、完善农业领域的反垄断措施外，引导和支持国内资本投资发展面向农业的生产性服务业，借鉴国际经验加强对外资投资我国农业生产性服务业的股权控制，都是重要出路。

三、典型模式及运行机制

（一）加强公共农业生产性服务体系建设，着力增强公共服务能力

公益性农业生产性服务，按其供给主体及是否使用了公共权力和公共资源，可分为公共服务和一般公益型服务。公共农业生产性服务通常是由政府主导的，虽属公益性服务，却具有普惠式的特点。近年来，许多地方结合实施惠农政策和财政支农项目，着力加强公共农业生产性服务体系建设，强化公共服务能力。为此，除增加财政投入外，主要表现在以下两个方面：

1. 依托政府部门和涉农站所，加强或创新公共农业生产性服务

如依托政府部门，加强农田水利基本建设、组织农作物高产攻关、支持农村沼气建设、推动发展农业政策性保险和公共农机化服务，组织农机跨区作业等；按照"绿色植保、公共植保"的方针，实施绿卡行动计划、有害生物预警与控制区域站建设、病虫害预测预报、植物检疫，提供农业病虫害防治技术服务，示范推广病虫害绿色防控技术和良好农业操作规范（GAP）等；实施新型农民培训工程和农科教电波入户工程，组织农村致富带头人培训工作、农业科技特派员包村工作和农民科技书屋建设，开展病虫害鼠害防治技术指导、农业技术咨询、送科技下乡等；依托市土肥站等，提供测土配方施肥及相关信息服务；依托市种子站，提供农产品重点品种选育服务、农作物新品种示范推广服务，引导企业加强大田良种繁育基地建设。借此，增强公共农业生产性服务能力。近年来，许多地方还把举办农业展会和节庆活动，引导、组织农产品品牌认证、地理标志保护产品认证和农产品基地认证，开展农产品市场推介和营销促销活动，作为加强公共农业生产性服务的重要方式，引导企业、农户和合作组织等增强对农产品市场，特别是高端农产品市场的开拓能力。

2. 以加强公共服务机构或平台建设为载体，加强公共农业生产性服务网络建设

近年来，许多地方着力加强农业科技推广体系、动物防疫体系和农产品质量检验检疫体系建设。如安徽淮北市在各乡镇（办事处）建立了农技综合服务站；在乡镇单独设立畜牧兽医站，在行政村配备了专职动物防疫员；并将乡镇农技站和畜牧

站等上划县农委管理。市农产品质量监测站已成为皖北地区唯一的农产品质量监测站。有些市、县不仅开设了市（县）农业信息网，还在乡镇（办事处）建立了农业信息综合服务站；并结合加强电子政务、开展农业信息服务进村入户到企活动，开通农技咨询服务热线和农业系统公益服务电话等，全方位提供农业信息服务。山东平度市政府承办的江北农业技术市场，按照"市场＋基地"的模式运作，已成为推进农业信息产业化和农业技术交易的重要平台。有些市县还通过创建农业科技示范园，为农业科技进步和发展方式转变提供示范平台。

（二）促进合作社、专业协会或行业协会的发展，积极引导其成为面向农业产业化提供公益性服务的中坚力量

近年来，适应推进农业结构调整、发展现代农业的要求，许多地方的农民专业合作社、农民专业协会或农产品行业协会脱颖而出，在面向农业产业化提供公益性生产性服务方面，发挥了日益重要的作用。以农民专业合作社为例，许多农民专业合作社依托市场，发挥规模优势，向社员统一提供科技服务、信息服务、培训服务、防疫服务、储藏保鲜服务、生资供应服务、农产品营销促销服务等，帮助农户同龙头企业、超市或农产品市场建立稳定的购销关系，其作用领域已经覆盖农业产业链的大多数环节，成为公益性农业生产性服务的重要供给者，以及高产、优质、高效、生态、安全农产品基地建设的重要组织者。多数合作社还通过统购分销等方式，帮助社员降低农资采购成本和风险；通过统一组织良种引进和试验示范、统一开展品牌建设和标准化服务等，帮助农产品拓展销售渠道，开辟高端市场，提高产品质量和销售价格，甚至创建农产品品牌。有些农民专业合作社，还为社员提供短期借款或融资担保服务，组织社员开展信用合作或参与农业保险。还有一些农民专业合作社建立了技术服务部或化验室等，为农户提供农产品质量检验检测服务。至于通过"合作社＋农户"、"公司＋合作社＋农户"等方式，引导农民按统一价格或统一利润实行订单种养，帮助农户规避市场风险的现象，则更为普遍。

这些农民专业合作社的运行，帮助农户有效化解了从事农业产业化的技术、管理和销售难题，促进了农业的节本增效和降低风险；显著带动了农业科技和农民收入水平的提高，促进了农业种养方式、产业化模式的转变；有效解决了农民一家一户想解决而难以解决或难以经济有效地解决的问题，有效支撑了农产品的优质化和农业的专业化、规模化、标准化、品牌化发展；甚至通过引导农民组织起来，增强了农民在农资和农产品市场的谈判能力和价格影响力。在提供公益性农业生产性服

务方面，为进一步发挥农民专业合作社的作用，许多地方大力加强对合作社发展的政策支持和宣传、培训。此外，还积极组织农民专业合作社参加农产品展示交易会，或与大型连锁超市对接；并通过试点示范、典型引路等方式，鼓励和引导农民专业合作社加强民主管理机制、利益联结机制和自律机制等规范建设，增强其面向农业产业化提供生产性服务的能力。

（三）扶持农业产业化龙头企业加快发展，大力支持其成为发展农业生产性服务业的骨干带动力量

近年来，随着龙头企业的成长及其参与农业产业化程度的提高，龙头企业对农业生产性服务业发展的外部拉动和植入效应迅速显现。如安徽宝迪肉类食品有限公司投产以来，不仅带动了淮北市生猪的规模化养殖，拉动了农民就业增收；还带动了项目区内物流、仓储、包装、印刷等相关产业的发展。到 2010 年 9 月，仅服务该公司的第三方物流企业就有制冷车 60 余部。安徽曦强乳业集团作为集科研、农产品加工、贸易于一体的现代化高新技术企业、全国农产品加工示范企业，下设奶牛场、饲料厂、饲草种植基地、乳品加工厂和农产品物流等子公司，其中农产品物流子公司直接属于农业生产性服务业。青岛天祥食品有限公司作为国家级农业产业化重点龙头企业，通过农产品收购和加工，带动了 600 余辆夫妻车农闲时搞农产品收购，每年每辆车可获收入 3 万余元。该公司的辣椒去蒂摘把、花生米的分级挑选，每年可安置闲散劳动力 1200 余人，带动人均增收 4000 元。

有些龙头企业还结合加强农产品基地建设，创新发展农业生产性服务业，带动农业发展方式的转变，增强面向农户群体提供产业化服务的能力。借此，加强农产品基地建设，为农产品加工提供优质、稳定和可靠的原料保证。如青岛三统万福食品有限公司在与大型养殖场的合作中，以合同为基础，为养殖场提供贷款担保。青岛六和集团利用其渠道网络优势和技术服务力量，为养殖户提供鸡舍选址、土建工程、消毒防疫等技术指导，以及种苗、饲料、兽药、冷藏回收等方面的系列化服务。安徽大自然种猪育种有限公司已成为集生产、检测、加工、储藏、专营连锁、配送于一体的农业产业化龙头企业。该公司按照"公司 + 基地 + 农户"的方式运作，通过养猪协会和合作社，带动基地农户饲养土猪；对协会会员和合作社社员实行统一品种、统一供应精液、统一技术服务、统一饲料、统一用药、统一防疫、统一品牌、统一销售。到 2010 年 9 月，该公司已带动养猪协会会员 1685 个、带动养殖场户2000 多个、规模种养农户 185 个。

近年来，许多地方龙头企业的迅速成长，得益于各级政府的大力支持。如山东平度市坚持把发展龙头企业作为发展高端特色品牌农业的突破口，按照外引内育的方式，不断提高农业产业化经营水平。安徽淮北市采取财政补助、贷款贴息、以奖代补等多种方式，大力引导和支持农业产业化龙头企业加快发展。仅2007年到2009年3年间，市财政就筹资8000多万元，重点扶持农副产品加工业发展，培育壮大了一批农业产业化龙头企业。

（四）引导涉农市场和民营服务企业加快发展，积极培育市场化农业生产性服务业生力军

近年来，许多地方结合推进农业产业化经营和发展农业主导产业，加强农产品产地批发市场建设，打造农产品销售平台和市场化农业生产性服务业发展平台。如山东平度市先后培育成何家店花生、南村蔬菜、城区果品、明村西瓜等较大规模的产地批发市场11家。通过支持市场升级改造，促使部分产地批发市场达到设施先进、功能完善、交易规范的标准，成为在周边地区乃至全国有重要影响的农产品产地批发市场，有效支撑了高端特色品牌农业的市场拓展。山东平度市南村镇以无公害蔬菜示范园为依托，瞄准高科技、高效益、产业化的方向，大力发展设施农业。该村建设的南村蔬菜批发市场，已成为全国最大的产地蔬菜批发市场之一，成为农业部定点批发市场和全国蔬菜批发市场五十强，产品远销到全国20多个大中城市并出口到10多个国家。到2010年9月，安徽淮北市已建成农产品产地批发市场4个，综合批发市场5个，专业批发市场15个，一般市场82个。淮北市中瑞农产品批发市场，其规模已位居皖北地区农产品批发市场前列。该市场同时也是一个民营农业生产性服务企业。

许多地方还注意结合区域主导产业的发展需求，加强对产地批发市场的改造，借此提升其服务功能，完善农产品流通服务体系。如平度市南村蔬菜批发市场建成了包括电子监控、质量检测和电子结算"三中心"的市场管理系统，实施了市场准入制度和蔬菜质量可追溯制度，有效地增强了对农业生产的引导功能，带动了周边50公里以内100多万农民种菜，使蔬菜收入成为农民增收的主要增长点。位于平度市蓼兰镇的何家店花生专业批发市场，集花生收购、加工、销售于一体，是全国最大的花生专业批发市场之一，促进了本地花生的出口贸易，也吸引了一批外资企业加入。目前，该市场已经实现了由原料型向加工型的转变，其花生加工也由脱壳、筛选加工转向深加工。有些农产品产地批发市场通过改造提升，已成为所在区域部

分农产品的价格形成中心、信息中心、物流中心，甚至加工中心，带动产业、凝聚服务的作用迅速增强。

除农产品市场外，许多地方还结合实施惠农政策，加强农资市场、农机市场的建设和改造。如位于山东平度的农机市场，正在由以销售服务为主转向集生产、销售、服务于一体，成为山东半岛地区最有影响力的有形农机市场之一，先后被评为全国十大农机市场、全国农机流通杰出贡献单位、全国农机行业优质服务先进单位、中国名牌市场等。近年来，该市场在引进经销商的同时，加大了对售后服务工作的引进力度，已引进建立了常柴、东风等大型农机售后服务站，方便广大农民或农机户。该市场的运行，不仅显著带动了农民购机热情的高涨和全市农机化水平的提高，还为发展跨区作业促进农民增收创造了条件。

涉农市场建设的推进，有效带动了农民经纪人、农产品经销大户，乃至农产品物流企业的迅速崛起，促进了连锁经营、直销配送、电子商务、拍卖交易等农产品现代流通业态的发展，为市场化农业生产性服务业的快速成长创造了条件。淮北市中瑞农产品批发市场，通过 800 多名商户从其他产地组织和调运农产品，满足市场供应。作为淮北市的农产品一级市场，中瑞农产品批发市场不仅带动了农产品加工和农产品冷藏、运输、餐饮业兴起，还带动了市内 100 余家二、三级农产品批发市场和农贸市场发展。这些二、三级市场的农产品绝大多数来自中瑞农产品批发市场。到 2010 年 9 月，淮北市农产品经纪人已达 3.5 万人。通过引导和鼓励连锁经营企业直接从产地采购，与农产品生产基地建立长期、稳定的产销合作关系，超市、便利店、专卖店等新型流通业态占全市农产品销售的比重逐步提高。山东平度市已形成农村经纪人和运销大户 2200 多人（户）。在何家店花生专业市场的带动下，周边已有 60 多个村庄 4000 多个农户常年从事花生购销业务，从业人员达 8000 多人，年收入 5000 多万元；市场上从事花生经营的固定业户已达 150 多个，市场周边从事花生脱壳加工的专业户已达 140 多个，年收入 300 多万元，仅从事花生分选的固定工就达 3000 多人，装卸工 110 人；围绕市场服务的个体工商户已达 100 多个。南村蔬菜批发市场还带动了 2000 多户从事冷藏、运输、饮食服务业及包装用品等农业生产性服务业，吸引了 5000 多农民进入市场从事装卸、包装、加工等经营活动。

在经纪人队伍迅速壮大的同时，许多地方政府积极引导农民经纪人、农产品经销大户成立规范运作的企业组织，推动经纪人由个体分散营销向联合开拓市场转变；或结合招商引资、实行优惠政策，鼓励民营企业投资发展农业生产性服务业。以安徽淮北市为例，近年来大润发、沃尔玛超市、南京润恒、浙江赛尔等大型物流企业纷纷入驻，百路铁路物流年发货能力已达 200 万吨，成为华东地区唯一的农产品铁路物流战略点。结合实行农机补贴等政策，全市已发展植保专业服务队 75 个，农机专业服务组织 8 个，农机大户 476 个。在发展民营农业生产性服务业的过程中，科技型服务企业的成长尤其引人瞩目。到 2010 年 9 月，濉溪县经科技管理部门批准成立的农业科技专业研究所、县民政局和科协批准成立的农技协、在工商部门注册的农业科技企业就达 100 多个。

在有些农业产业化水平较高的地区，强大的需求拉动，也是发展农业生产性服务业的重要力量。如总投资 5000 万元的青岛天地园育苗有限公司，实际上是一个集生产、销售、病虫害防治、田间技术指导、电脑远程诊断于一体的综合型服务企业。该公司年生产各种优质瓜果蔬菜种苗 1800 万株，经销化肥、农药等农资产品 1000 余种，实现产值 5000 万元，利润 600 万元。平度市主要从事种子经销的金华元种业公司、主要从事农机经销和维修服务的青岛德天农机有限公司，以及马家沟芹菜研究所、马家沟芹菜销售有限公司和诸多农资经营企业，均属农业生产性服务企业或非营利机构。

（五）支持传统的服务组织增强创新能力，大力加强农业生产性服务能力建设

供销社、邮政公司、国有粮食企业等传统的服务组织，是发展农业生产性服务业的重要力量。近年来，许多地方积极鼓励这些传统的服务组织面向农业发展的需求，延伸服务网络，拓展农业生产性服务供给，创新其供给方式。如从 2006 年开始，山东平度市供销社就大力推进农资现代流通服务网络建设，以市供销社农资公司和市宏业农资公司为龙头，建立了两个农资配送中心。按照投资自建和整合社会资源发展加盟的方式，在镇、村两级建立了 800 多个农资连锁店。通过龙头企业发展总经销、总代理，统一购进名优农资商品，严把农资进货质量关，由配送中心统一配送到连锁店，再由连锁店直接与农民对接，形成统一进货、统一标志、统一配送、统一质量、统一价格、统一服务规范的连锁体系，保证农民用上放心肥、放心药。目前，平度市供销社已与省内外近百家名牌农资厂家建立了稳固的总经销、总代理关系。安徽淮北市供销社在改进为农服务的同时，成立了金信农资商贸连锁有限公司，经营化肥、农药、农膜和种子等农业生产资料。以此为依托，在全市建立 235 家农资连锁加盟店，基本实现各乡镇有配送功能的农资中心店，较大的行政村或小集镇有村级店，形成遍布乡村的农资购销网络，并把农资销售与农技咨询服务结合起来。金信农资商贸连锁有限公司还邀请化肥生产厂家，在全市三区一县选择 108

块耕地分片取样化验，制作测土配方施肥建议书。

值得注意的是，近年来，把解决"三农"问题作为政府全部工作的重中之重，倡导工业反哺农业、城市支持农村，激发了邮政部门等传统服务组织向农业农村延伸服务触角的热情。消费结构升级和现代农业发展的需求拉动，也在不断强化着这些部门向农业农村延伸服务触角的动力。如山东平度市邮政局积极利用自身的网络优势和信誉品牌优势，推进乡镇邮政物流配送中心和村级"三农服务站"建设；按照统一标志、统一服务、统一采购、统一配送、统一价格、统一核算的要求，引导其标准化、规范化发展，形成了邮政物流遍布城乡、覆盖全市的"市——镇——村"三级连锁经营网络。平度市邮政局还注意引入连锁加盟的理念，选择村庄有威信、会经营、素质高、农技推广意识强的农民进行培训，作为"三农服务站"的站长人选，推动邮政服务触角延伸。该市邮政部门成立的"三农"服务办公室，聘请技术顾问和科技专家，通过集中培训、专家坐诊、远程诊断、现场服务、开通热线等方式，开展科技服务，支撑分销配送业务的发展。在推进放心农资下乡的同时，该市邮政部门还积极推进优质、高端农副产品进城，将通过有关部门认证的绿色、无公害农产品纳入放心农产品大网，从农村直接配送到城市，送给城市消费者和深加工企业，形成城乡双向邮政物流快车道，从农资和市场两方面，为发展高端特色品牌农业提供"双保险"。

（六）鼓励不同类型的农业生产性服务机构加强联合和协作，强化不同利益相关者合力支持发展现代农业的格局

近年来，在发展农业生产性服务业的过程中，不同类型农业服务机构联合和协作的趋势日益强化，许多传统的服务组织主动对接新兴、市场化的农业生产性服务组织，借此延伸服务能力。如山东平度市邮政局鼓励其"三农服务站"与农民专业合作组织对接，并主动同科技、农业、畜牧等部门合作，努力打造"连锁经营＋配送到户＋科技服务"的新型农村物流模式。为方便农民卖粮，安徽淮北市国有粮食企业与全市500多个农民经纪人合作，将粮食收购由以前的坐等收购改为上门收购。中央储备粮淮北直属库拟在中储粮淮北直属库设立"三农服务总社"，在淮北直属库分库和较大乡（镇）设立三农服务中心社，分片区设立基层服务社。以协议入社的方式，吸收具有门面自主产权、经营条件好、诚实守信的经营者加入"三农服务社"，并将"三农服务社"的主要经营服务范围定位在粮食收购、农资销售和米面油等日用品的销售服务，为农民提供机播、机耕、机收等服务，从事土地流转服务和

托管、半托管服务，邀请专业技术人员为农民提供产前、产中、产后技术指导服务，发展订单农业并实行优质优价，通过自身的种植试验推广优良品种，促进农民增产增收。通过三农服务总社，对基层服务社提供信息和资金支持，通过统购分销方式帮助其降低进货成本，帮助其争取政策支持，允许其享受中储粮的品牌和信誉优势。

除不同类型农业服务机构的联合和协作外，许多地方不同利益相关者合力提供农业生产性服务、共同推进现代农业发展的格局，也在不断强化。如在安徽淮北市，六和禽业合作社引导农民转变肉鸭的饲养方式，推行标准棚规模化养殖。为支持社员建设标准化鸭棚，政府对规模达标的标准化养殖小区提供补贴；与合作社形成肉鸭稳定收购关系的六和勤强公司，对社员建设标准棚提供每只 1.2 元的补贴。六和禽业合作社还与部分高等院校建立密切的合作关系，并要求饲料、兽药供应企业提供技术服务，为加强对社员的技术服务提供可靠保障。众鑫养猪专业合作社，一方面，依托安徽大自然种猪育种有限公司建立了供精总站；另一方面，还与濉溪县畜牧局共建了一个功能齐全的化验室，为防控畜禽疫病提供技术支持。安徽大自然种猪育种有限公司还倡议筹建了淮北市口子谷物良种繁育专业合作社、淮北众望蔬菜生产合作社、众鑫养猪专业合作社，并成为濉溪县养猪协会理事长单位。在山东平度市，作为农业产业化龙头企业的青岛六和集团不仅创办了平和担保有限公司，为养殖户提供以畜禽活物为抵押物的畜牧业担保等创新业务；还在地方政府支持下，形成了以支持养殖户为中心，龙头企业、银行、担保公司、保险公司、养殖合作社、同行企业、政府政策协力支持的畜牧业产业化模式。从国家层面来看，2008 年商务部、农业部联合开展"农超对接"试点，旨在推进鲜活农产品"超市＋基地"的供应链模式，引导大型连锁超市直接与鲜活农产品产地的农民专业合作社对接。2010 年的中央一号文件明确提出，要全面推进农超对接，重点扶持农产品生产基地与大型连锁超市、学校及大企业等产销对接，减少流通环节，降低流通成本。"农超对接"也是不同利益相关者合力发展农产品现代流通方式，农业生产性服务业发展、推进现代农业建设的良好尝试。

第十章 发展农业生产性服务业：问题与出路

"十二五"规划提出，要在工业化、城镇化深入发展中同步推进农业现代化，健全农业社会化服务体系。为此，探讨当前农业生产性服务业发展的问题、启示，提出相应的政策建议，具有重要的理论和政策价值。

一、当前的主要问题

（一）农业公共服务机构职能定位过宽，容易出现经费少、人员缺、机构不健全、服务供求错位和供不应求等问题

当前，农业发展对生产性服务的需求日益分化和多样化、多层次化。在此背景下，通过农业产业化实践的"熏陶"，许多农户，特别是专业大户已具备较高的技术水平和经营能力，甚至在特定专业领域的技术水平和社会资本，已经超越普通的乡镇农技员。在此背景下，要求乡镇农技员适应农民的所有服务需求，甚至所有技术服务需求，实际上不太现实，也属于苛求。面对为数众多、小规模分散经营的农户，由农业公共生产性服务机构直接提供服务供给，不仅容易增加服务成本，也容易削弱服务供给的针对性和有效性，加剧服务供不应求和供求错位的问题。如果农业公共服务机构大包大揽，职能定位过宽，把本该由龙头企业、合作社或农民专业协会承担的农业生产性服务纳入职能范围，还容易形成以下两方面的负面影响：①抑制政府支持龙头企业、农民合作经济组织或其他中介机构增加服务供给的主动性和积极性，妨碍农业生产性服务供给的增加和服务效率的改善；②容易导致农业公共服务机构每增加一项职能，就要求增加相应的机构、人员和配套经费，加剧其经费少、人员缺和机构不健全的问题。

当前，农业公共服务机构职能定位过宽的问题，在总体上比较普遍。如要求农机化公共服务机构深入田间地头，围绕粮食生产的主要环节，做好农机具检修和跟踪服务，直接从事农机化新技术、新机具的推广普及；主要依靠政府或准政府的培训机构从事农民培训。许多地方的乡镇农技站，多则十来个人，少则一、两个人。

名目繁多的农技工作，往往让其力不从心，甚至被迫"疲于应付"。目前，各地健全农业公共生产性服务机构的呼声很高，固然有多种原因，但一个重要原因是职能定位过宽，加剧了机构不健全、人员和经费紧缺的问题。目前，农业公共服务机构提供的部分农业生产性服务，存在着"政府积极提供，农民消极接受"、"政府怪农民认识不够，农民怨服务意义不大"等问题，这与政府越俎代庖搞服务，服务供给不能满足服务需求有很大关系。

（二）基层农业公共服务体系运行机制改革滞后，队伍不稳、专业结构不合理、人员知识老化的问题比较突出

近年来，基层农业公共服务体系运行机制的改革，虽然取得积极进展，但在总体上仍然严重滞后于发展现代农业的需求，突出表现地表现为以下几个方面：一是县乡两级农业公共服务机构开展公共服务，缺乏持续的财政支持和配套经费，甚至其日常运转也要依赖有一定期限、有较强偶然性的项目资金，加大了提供公共服务，即公益性、普惠式服务的困难，有些方面的农业公共服务能力甚至出现大幅度萎缩。有些农业公共服务，待项目完成，即自动取消。与此相关的设备设施，哪怕仍处于半新状态，也被迫停用，形成大量浪费。二是对农业公共服务机构提供服务的激励和约束机制亟待健全，公共服务能力闲置、人才和资源浪费的现象比较严重；多元化融资机制尚待建立，收入主要依靠有限的财政支持资金，可持续发展能力建设亟待加强。三是县乡两级农业公共服务机构的人员待遇偏低，严重影响其工作积极性、主动性和创造性，甚至驱使部分人员主动转岗从事行政工作。四是农业公共服务机构与龙头企业、农民专业合作社或其他农村中介组织之间，在提供公益性服务方面的联合和合作机制尚亟待健全（见案例10-1）。与此相联系，基层农业公共服务机构普遍存在着队伍不稳、专业结构不合理、人员和知识老化等问题。以县乡两级农技推广部门为例，其具体表现有：

案例 10-1

在山东某市，70年代有24个农作物病虫害监测点，当前只剩4个，每年依靠向政府申请部分经费维持运转。由于缺乏财政投入，全市公共植保体系、重大突发疫情防治体系都较为薄弱。近年来，该市农产品质量检测站除每年配合完成农业部、山东省和青岛市的抽检任务外，还负责对获得无公害农产品、绿色食品和有机食品生产基地认证的农产品生产环境、生产过程及产品质量进行随机检验。但这些方面

均为免费服务，检验设备和检验检测人才的总体利用率不高，检验检测能力存在较多闲置，检验检测人才提高业务水平的动力和机会也受到影响。在项目实施期间，检验设备的运转和维护费用可以通过项目经费来保障。一旦项目结束，由于缺乏运转和维护费用，许多检验设备可能被迫停用。与此同时，许多农业产业化龙头企业有专职人员从事检验检测业务，却缺乏足够的资金购置大量的中高端检验检测设备。还有一些企业各自配备了相关检验检测人员和设备，也因业务规模有限，出现人员和设备利用率不高的问题，加大资金使用的浪费。

——农技推广队伍专业结构不合理。在县乡农技推广队伍中，粮油种植专业的较多，经济作物专业较少，畜牧、林木、农机专业的更少。而农业结构调整和特色农业发展，恰恰导致对经济作物、畜牧、林木、农机等专业技术服务，甚至农业产前、产后技术服务的需求迅速增加。

——农技人员知识结构单一。随着现代农业的发展和农业多功能性的凸显，农民的服务需求日益向非技术服务领域拓展，对物流服务、信息服务、经营管理服务、市场咨询服务等非技术服务的需求迅速扩张，甚至日益需要将技术服务与非技术服务结合起来，由此会加大对农技人员综合素质的要求。但是，在县乡农技推广队伍中，多数农技人员市场和经营知识薄弱，又很少得到知识更新和培训提高的机会，容易出现知识老化和退化的现象，面向农户需求解决实际问题的能力严重不足。

——农技队伍不稳、人员老化的现象比较严重。农技队伍中的非专业人员和农技人员的非专业时间过多，专业人员外流的现象比较突出，农技队伍青黄不接的问题比较严重。以淮北市濉溪县为例，1985 年，全县共有乡镇农技员 260 多人，2006 年减少到 162 人，2009 年仅为 100 人左右。近年来经过改革，全市乡镇农技推广部门实行以条条为主的管理体制，实际上仍是县、乡双重领导，乡镇农技员的大量时间需要配合乡镇行政事务，甚至包村，不能专心从事农技推广工作，难免影响其业务素质的提高。不少农技人员在编不在岗，在岗不在位。由于全市党政机关和事业单位的人员在总体上严重超编，多年来全市县乡农技系统没有新人加入，农口事业单位已经很少有 40 岁以下的农技员了。极端地看，在现有体制下，由于农技人员严重缺乏知识更新和培训机会，如果让一个两院院士担任乡镇农技员，若干年后也难保不会出现知识结构跟不上的问题。

有些农业公共服务机构，如农产品质量检验检测机构成立时间不长，上述问题不甚严重。但类似问题的形成机制却在不断强化。长此下去，基层农业公共服务体系对发展现代农业的不适应性，很容易不断放大。

（三）社会化服务机构规模小、层次低、功能弱、融资难，农业生产性服务业市场化、产业化、社会化发展滞后

近年来，我国在推进农业产业化的过程中，涌现了一批农民经纪人。但大多规模小，层次低，主要是小打小闹，服务能力有限。民营科技服务组织虽呈不断发展态势，但大多仅由几个人组成，技术力量以聘用少数退休或在职农技人员为主，服务内容较为简单，服务层次较低。有些较大规模的农产品产地批发市场，主要从事农产品原产品的批发交易，或者加上简单的初加工，服务设施简陋，交易方式传统，规范化、标准化、信息化程度低，市场秩序和诚信环境建设薄弱，农产品深加工、包装、分级和冷链物流系统尚未形成，难以提供及时有效的信息服务、物流配送服务和农产品质量检验检测服务等。不少产地批发市场由于规模小、层次低、功能弱，收入仅为入场费和房屋租赁费，长期以来一直是微利经营，甚至入不敷出，无力进行市场改造。至于因缺乏足够资金进行市场清扫和垃圾清运，导致市场脏、乱问题突出，融资难问题较重，更是比较多见。社会化服务机构规模小、层次低、功能弱，与支持这些机构提升服务能力的服务体系薄弱，也有很大关系。如无论是从龙头企业、农民专业合作社，还是从农民经纪人或其他农村中介组织来看，面向其带头人的培训服务发展不足，加剧了相关企业家资源的短缺，为增强其服务能力增加了障碍。

此外，现有的农业生产性服务业，仍以公共服务、公益服务和传统的农技服务为主，农业生产性服务业市场化、产业化、社会化发展滞后，也是一个突出问题。由此导致多数社会化服务领域的拓展和新兴服务组织的发育仍处于起步阶段，良种服务、植保服务、市场信息服务、高端市场营销服务、储藏保鲜服务、冷链物流服务、农产品质量检验检测服务等新兴农业生产性服务严重供不应求，或层次低、功能弱、质量差，农业公共服务机构"被迫"越俎代庖，承担大量本该市场化、产业化、社会化的农业生产性服务。近年来，龙头企业和农民合作经济组织等提供农业生产性服务的作用迅速凸显，但由此提供的服务相当一部分以内部化形式存在，市场化、产业化、社会化不足。融资难对龙头企业和合作社提高农业生产性服务的制约更为普遍。有些龙头企业和农民专业合作组织由于发展时间不长，只能把免费或优惠提供生产性服务，作为吸引农户参与农产品基地建设或现代、特色农业发展的重要措施。还有一些龙头企业和农民合作经济组织，对面向农户提供服务的能力建

设重视不够，加剧了其规模小、层次低、服务能力弱的问题，其具体表现有：①龙头企业与农户之间尚未建立有效的利益联结机制，短期行为和机会主义倾向严重，对发展农业生产性服务业的外部带动效应亟待加强；②合作社由于制度和运行机制建设滞后，规范化程度低，与农户之间主要是单纯的买卖关系，对发展农业生产性服务业的内在扩张效应尚嫌薄弱。由此导致龙头企业、农民合作经济组织等的服务能力与农户需求和转变农业发展方式的要求，存在较大差距，甚至龙头企业、农民合作经济组织在与农资厂家的谈判中也缺乏足够的话语权。

（四）农业生产性服务业支持政策亟待健全，强化政策支持已成当务之急

近年来，国家支持农业生产性服务业发展的政策措施陆续出台，政策指向日趋鲜明；①尤其是在支持农技推广体系改革创新、支持农机服务和农产品流通服务体系建设方面，新的支持政策亮点频现，政策含金量不断提高。②但仍然存在以下3方面

---

①《广体系改革试点工作的意见》就提出，要"推进国家农技推广机构的改革，发展多元化的农技服务组织，创新农技推广的体制和机制"，"逐步形成国家兴办与国家扶持相结合，无偿服务与有偿服务相结合的新型农技推广体系"。2006年农业部、国家发改委等8部委联合出台的《关于加快发展农业产业化经营的意见》，明确提出要"积极鼓励龙头企业、农业科技人员和农村能人以及各类社会化服务组织，创办或领办各类中介服务组织，培育和扶持专业大户和经纪人队伍，提高农民组织化程度"，"鼓励专业合作组织开展跨区域经营，壮大自身实力，增强服务功能"；"尽快建立并完善与基地生产相配套的信息化服务、动植物防疫检疫、农产品质量安全检测的社会化服务体系"。2009年《农业部关于加快发展农机专业合作社的意见》明确提出，要把发展农机专业合作社作为建设农机社会化服务体系的主攻方向，要求从落实扶持政策、加大投入力度、加快人才培养、加强示范引导等几大方面，"认真落实发展农机专业合作社的扶持措施。"2009年《农业部关于推进农业经营体制机制创新的意见》更是用很长的篇幅专门提出，要"大力发展农业生产性服务，建立新型农业社会化服务体系"。

②如在国务院和农业部出台多项农技推广体系改革、发展政策的基础上，2009年农业部又专门出台了《关于加快推进乡镇或区域性农业技术推广机构改革与建设的意见》。2006年农业部、国家发改委等8部委联合出台的《关于加快发展农业产业化经营的意见》，明确提出"要研究制定农产品流通龙头企业的扶持政策，积极培育大型流通龙头企业，在大宗、重要农产品主产地、集散地，培育和发展一批有规模、有影响的农产品综合或专业市场，加快农村流通服务业的发展。"2009年国发〔2009〕25号文件，即《国务院关于当前稳定农业发展促进农民增收的意见》，提出要增加部分中央建设投资支持冷链物流设施建设，扩大社会冰鲜冷冻储藏能力；加强仓储设施建设、促进农产品流通发展，并加大相关财政支持力度。为进一步做强做大农村邮政物流，2009年国务院办公厅专门下发了《关于推动农村邮政物流发展的意见》。2010年，《国务院关于促进农业机械化和农机工业又好又快发展的意见》，提出要着力加强农机社会化服务体系建设，创新农机化服务组织形式，大力发展农机专业合作社，鼓励发展农机专业大户和联户合作，探索发展农机作业公司，促进农机服务主体多元化，完善农机社会化服务机制，为此出台了加大政策扶持力度的具体措施，要求到2020年基本建成现代化农机流通体系和完善的农机售后服务网络。

的问题：

——政策好、落实难。表现为对农业生产性服务业的发展，在某些方面已有明确的政策规定，但缺乏落实或落实效果亟待改善。如2006年《国务院关于深化改革加强基层农业技术推广体系建设的意见》要求，"保证供给履行公益性职能所需资金"，"切实保证对基层公益性农业技术推广机构的财政投入。地方各级财政对公益性推广机构履行职能所需经费要给予保证，并纳入财政预算……中央财政对重大农业技术项目推广和经济欠发达地区的推广工作给予适当补贴"。迄今为止，在全国不少地方，这方面的政策尚未得到有效贯彻，县（市）乡农技推广机构的业务经费多年来没有纳入财政预算，基层农技推广机构只能保证基本的人头经费，办公场所简陋、设施设备不全的问题比较严重。有的甚至只有一间房子，几张桌子。如2010年安徽濉溪县农委人均工作经费1200元，农口事业单位人均事业费800元，很难办出多少大事。农业科技推广资金捉襟见肘，农业新品种、新技术的引进和示范推广往往因资金缺乏而搁浅。《国务院关于深化改革加强基层农业技术推广体系建设的意见》提出，"公益性农业技术推广机构不允许存在人员在编不在岗及其与经营服务人员混岗混编的现象"。但是，从前文分析可见，类似问题实际上很难避免。

——支持政策较为原则或抽象，甚至存在不少政策空白或盲区。许多支持政策较为笼统，缺乏明确指向或实实在在的配套措施；有的则较为零碎，缺乏明确的支持重点与方向；或在解决发展农业生产性服务业的实际问题方面，缺乏针对性和可操作性。如近年来，随着农业产业化和农村新能源建设的推进，农村环境服务和新能源服务能力薄弱的问题迅速凸显。农村生产、生活垃圾已成一大公害。有些蔬菜种植较具规模的地区，废弃的菜梗、菜根随意堆积，不仅严重影响农村景观，还容易加剧农村环境污染。有些地方建设的户用秸秆汽化炉很容易堵塞，妨碍其正常使用。对农村环境服务、农村能源服务问题虽然开始引起关注，但相关支持政策还很不健全，政策支持的覆盖面小更是一个突出问题。目前部分市场化农业生产性服务业的发展，存在着税费负担重，且政策畸轻畸重的问题。以安徽淮北市为例，目前平段工业电价大约0.85元/度，农业电价低于工业电价约0.30元/度；农产品批发市场按工业用电计算电价，加重了运行负担，增加了盈利难的问题。如将现行电价改为农业用电，农产品批发市场的用电费用可大大节约。至于在招商引资中，对于外来资金新建市场的政策优惠过多，导致原有市场面临的竞争环境严重不平等，加剧了后者运行发展的困难，"优惠了女婿，挤累了儿子"的现象，在不少地方相当普遍。

——多数政策支持农业生产性服务业力度过小。如近年来，政府在农机补贴方面的投入越来越大，但在农机和农艺结合方面经费支持严重不足，很大程度上妨碍了农机补贴效果的发挥①。近年来，动植物疫情变化很快，但防疫检测手段落后，也在很大程度上影响动植物疫病防控的效果。就农村沼气项目而言，目前乡村两级政府往往只有任务，没有工作经费，严重影响其工作积极性。至于因科研经费短缺，导致科技成果转化滞后，新技术难以及时得到全面开发利用的现象更是比较常见。近年来，许多地方乡镇农技推广部门几经改革，程度不同地存在着资产流失、仪器设备损坏的现象。与此同时，各级政府对农技推广部门的服务能力建设投入不足，导致其设施设备更新缓慢，严重制约其服务能力的提高。随着对农产品质量安全重视程度的提高，加强农产品质量检验检测机构建设已经日益引起重视，但县级农产品质量检测机构缺乏应有的检测设备，难以为农产品质量安全监管提供有效的技术支持，仍是一个突出问题。

对农业生产性服务业支持力度小的问题，在农产品市场和其他市场化、产业化、社会化农业生产性服务业的发展中，往往更为严重。如现行增值税征收方法规定，农业生产者销售的自产农产品免征增值税。但在许多地方，农民经纪人销售农产品，尚不能享受自产农产品的待遇，加大了其发展的困难。

二、若干启示

（一）通过转型改造挖掘传统服务组织的创新潜力，仍是发展农业生产性服务业的重要途径

传统的服务组织包括涉农站所和邮政部门、供销社，甚至其他形形色色的国有企业、国有控股企业。由于行政隶属或产权关系的特点，传统服务组织的行为目标和区域发展目标，甚至地方政府支持发展现代农业的目标很容易对接起来。在面向农业产业链提供公益性、普惠式服务方面，政府部门和涉农站所大有用武之地。传统服务组织在参与区域农业生产性服务业综合体系建设方面，也有三重优势。一是现有网络的优势，借此可以更好地贴近农民需求；二是品牌信誉和公信力的优势，

---

① 如对小麦实行精量播种，每亩仅需种子15斤，比常规播种每亩40斤可节约种子60%以上。但由于缺乏配套工作经费，农技部门难以面向农户开展相关示范和培训，严重影响精量播种覆盖面的扩大。（注：1亩为666.67平方米，1斤=0.52公斤）

借此容易赢得农民和农民合作社等新型农民组织的信任；三是部门合作的优势，借此容易获得政府其他部门的支持。凭借这些优势，通过对传统组织资源的转型改造来发展农业生产性服务业，可以收到"一举三得"之效：一是消除传统组织资源的运行惰性，激发其创新潜力；二是促进服务供求更好地对接起来，增加农民对农业生产性服务的可得性；三是避免再起炉灶的成本和时间消耗，方便快捷地与发展现代农业的需求和地方政府惠农政策的目标对接起来。如山东平度市邮政局注意利用邮政的网络体系，建立覆盖全市的农村公共信息平台，并与村、企业和行业协会的信息平台链接，形成网上虚拟、网下实际的农产品直供基地和信息反馈机制。从许多地方的经验来看，通过对传统组织资源的转型改造来激发其创新潜力，发展农业生产性服务业仍有巨大空间（见案例 10-2）。

案例 10-2

鉴于以前小麦品种多而杂、科技含量低、比较效益差、形不成品牌优势，为解决这一问题，青岛大度谷物有限公司为创立平度小麦品牌，发起成立了平度市麦业协会，通过"公司＋协会＋中心会员＋农户"的组织形式，引导农民对优质小麦实行订单化种植、品牌化经营、规模化管理和产业化发展。公司通过麦业协会对优质小麦订单种植户统一提供小麦良种、统一投缴商业保险、统一提供技术服务、统一回收商品小麦。为帮助农户增强抵御自然风险的能力，每年小麦播种后，公司为订单农户的优质小麦统一投缴冻害和雹灾商业保险。鉴于农民家庭储粮的损耗率往往较高（约为 8%～10%），为减少粮食储存损失，保护农民利益，该公司利用收购站点多、仓储设施好的优势，设立了"粮食银行"开展代农储粮业务。农民收获后把暂时闲置的粮食就近存到大度公司所属粮站的仓库，公司只按 1%的比例一次性扣减保管损耗，此后不论储存多长时间不再扣减损耗数量。存粮户根据实际需要，既可提取原粮，又可根据市场粮价变动将代存的粮食直接卖给大度公司。自 2008 年设立"粮食银行"以来，青岛大度谷物有限公司开办的粮食银行，共为农民代储小麦约 6000 吨，比农民自己储存减少损失约 64 万元。近两年新小麦上市后，市场收购价后市涨幅较大。因此，农民存入粮食银行的小麦一般选择在价高时出售，仅此即可增加农民售粮收入 70 余万元。在此，青岛大度谷物有限公司作为青岛地区唯一一家国有控股的粮食购销企业，对订单农户统一投缴商业保险，及其设立"粮食银行"为农民提供储粮服务的经验，在全国有重要的创新价值和示范意义。

（二）发展农业生产性服务业，要注意引导不同类型的农业生产性服务机构形成分工协作、优势互补关系

不同类型的农业生产性服务机构之间，具有相互联系、相互影响、相互作用的互动关系，是不言而喻的。但从服务属性和功能作用来看，不同类型的农业生产性服务业之间，还可以形成层次分明、分工协作的优势互补关系。如公共农业生产性服务机构的运行，可以为涉农市场、龙头企业、农民专业合作社乃至其他中介组织的运行提供平台，有利于降低其运行成本和风险。涉农市场、龙头企业、农民专业合作社乃至其他中介组织的运行，又可以为市场化、社会化农业生产性服务机构的运行进一步提供平台，从而有利于降低后者的发展成本和风险，从而形成对市场化、社会化农业生产性服务业发展的连锁带动效应。更为重要的是，随着农业结构调整和产业化经营的推进，随着现代农业的发展及其多功能性的凸显，农业的生产性服务需求日益分化和多层次化，呈现出专业化和综合化两种并行不悖的趋势。在此背景下，越来越多的农业生产性服务，超出单一服务组织的能力半径，需要两类乃至更多农业生产性服务组织通过联合和协作，合力增加服务供给。因此，引导不同类型的农业生产性服务业加强联合和合作，完善分工协作、优势互补关系，日益具有重要性和紧迫性。近年来，许多地方在推进农业发展方式转变方面取得显著成效，一个重要原因正是面向推进农业产业化、发展现代农业的需求，积极发展农业生产性服务业，培育形成了以政府公共服务机构为依托，以合作经济组织和龙头企业为骨干，以农产品市场为重要平台，以国有准国有涉农企业为主要结点，以民营服务企业为有生力量的多层次多类型的农业生产性服务业发展模式；公益性服务和经营性服务、综合性服务与专业性服务分层发展，不同类型、不同模式农业生产性服务业优势互补、成群结网的新型农业社会化服务体系。

农业生产性服务业是转变农业发展方式的重要引擎！但要发挥这种引擎作用，农业生产性服务业必须在加快自身发展方式转变中走在前列。为此，要注意以下两点：

（1）引导产地批发市场、农机批发市场、农业生产资料市场等涉农市场建设更好地打破行政区划界限，面向农业区域专业化的需求，以服务现代农业产业区、农业产业集群和优势特色农业产业带建设为重点，以增强市场功能、完善市场服务、提高运行质量为主攻方向，加强区域联合和分工协作，走涉农市场专业化、规模化、特色化、品牌化和集约化发展道路，加快市场转型和升级改造的进程。借此，也有利于克服分散建设市场导致的市场规模小、基础设施差、服务功能弱等问题，提高

市场的运行效率。

(2) 按照引导分工协作的方向，鼓励农业生产性服务业的不同利益相关者之间，特别是不同类型的生产性服务机构之间加强联合和分工协作，完善优势互补关系，促进农业生产性服务业的互动发展和规模化、品牌化、网络化经营。近年来，在支持龙头企业或农民专业合作社的项目中，对农产品物流、农产品保鲜库建设的支持日益引起重视。但是，分散建农产品物流中心、分散建农产品保鲜库所导致的资源浪费问题也在迅速凸显，亟待引起重视。今后，应该突出加强对第三方物流、第三方保鲜库建设的支持，鼓励不同类型使用者联合建设物流中心或保鲜库等。

三、政策建议

(一) 科学确定农业公共服务机构的职能定位，优化其服务供给方式

如前所述，公共农业生产性服务，是公益性农业生产性服务的重要组成部分。公益性农业生产性服务，具有不同程度的公共品属性。[①]公共品主要应该由公共部门来提供，但这并不意味着必须由公共部门来生产。至于准公共品的生产和供给，更应注意借助企业、市场乃至社会或非营利组织的力量。根据公共品理论，公益性农业生产性服务应该是分层次的，包括合作社或龙头企业层面的公益性服务、特定地区层面的公益性服务和国家层面的公益性服务。部分公共品属性较强的农业生产性服务，如动植物疫病统防统治和预测预报、面向区域农业主导产业的重大技术推广等，必须由公共农业生产性服务机构提供。大多数公益性农业生产性服务具有准公共品属性，特别是那些只对特定区域、特定产业的农户群体具有公益性的生产性服务，可以由合作社、龙头企业、农业公共服务平台和其他中介服务组织等提供，或通过培育各种类型的示范户、示范企业、示范基地、示范合作社等来实现；甚至可以通过政府采购公共服务的方式，引导市场化的农业生产性服务组织或非营利机构来增加供给。有些农业生产性服务，如面向区域主导产业的农机化新技术、新机具

---

①公共品有纯公共品和准公共品之分。纯公共品同时具有非排他性和非竞争性的特点。有些纯公共品，使用它的效用和收益，受消费者所处地点和距离产品的远近影响较大。据此，可将纯公共品按其惠及范围的不同，分为特定群体、特定区域乃至全国层面的纯公共品。准公共品介于纯公共品和私人产品之间，许多准公共品不具有竞争性，但随着使用人数的增加会导致拥挤，出现质量下降问题，影响使用者的效用和收益。这类公共品按其是具有部分还是全部的排他性，分别称为拥挤性产品或俱乐部产品。

推广普及，通过以上不同类型的农业生产性服务机构合作提供，可能更具效率和比较优势。至于只是少数农户、少数企业受益的农技、农机推广或培训，则应该注意引导和鼓励民营企业、专业化的服务公司或服务大户提供服务。

可见，基于农业生产性服务的类型和层次差异，结合我国农业组织创新的趋势，今后为了更好地促进农业生产性服务业的发展，应该面向发展现代农业的需求，加快优化公共农业服务机构的职能定位，将精简提升普遍服务、优化改造重点服务与突出加强引导服务结合起来。

——精简提升普遍服务，主要包括两方面的内容，一是压缩不必要的普遍服务；二是确保必要的普遍服务能够做实，努力提高其服务质量，增强服务的可得性和服务惠及的广泛性。普遍服务最先是个电信业术语，系指对任何人都提供无地域、质量、资费歧视且能负担得起的电信业务。借用这个概念，公共农业服务机构的普遍服务功能，强调服务惠及的普遍性、服务获得的平等性和服务对象对服务价格的可承受性。如动植物疫病统防统治和预测预报服务，应属公共农业服务机构的普遍服务功能。面向农业的普遍服务，主要与农业的基本运行和发展相关，公共品属性较强，单靠市场力量难以有效弥补其成本，必须由公共农业服务机构来提供，不能以盈利为目的。但有些农业生产性服务，特别是个性化、高端化的技术服务，如面向少数家庭的珍稀动物养殖服务、普通的农机化技术服务等，具有较强的私人产品属性，不宜纳入公共农业服务机构的职能范围，由农业生产性服务企业、中介服务机构，甚至从事农业生产性服务的非营利机构来提供，往往更具效率，更容易降低成本、增加供给并实现供求对接。

——优化改造重点服务，即优化重点服务的质量，改造完善其提供方式。公共农业服务机构提供的重点服务功能，即面向区域农业发展的重点领域、关键环节，特别是惠及广泛的区域主导产业或优势、特色产业的发展需求，提供共性服务和关键服务。如面向区域农业主导产业的共性技术、关键技术攻关或推广应用等。

——突出加强引导服务，就是要在发展农业生产性服务业的过程中，注意利用传统的服务组织，特别是新型农业服务组织。前者如供销合作社、邮政企业、国有粮食企业等；后者如龙头企业和农民合作经济组织、农产品行业协会、农业公共服务平台等中介服务机构，以及农业示范户、示范村、示范基地、示范企业、示范合作社等各类示范典型。突出加强公共服务机构对各类服务组织提供农业生产性服务的引导作用，包括引导其与公共服务机构分工协作、优势互补，共同提供农业生产性服务，甚至引导龙头企业、中介服务组织、各类示范典型与公共服务机构精简提升普遍服务、优化改造重点服务对接起来，促进公共农业服务机构由直接面向农户提供服务，转向通过龙头企业、中介组织、示范典型等间接向农户提供服务。

（二）加快公共农业服务机构改革，大力加强其队伍和运行机制建设

1. 统筹推进公共农业服务机构改革

结合优化公共农业服务机构的职能定位，建议三管齐下：

——加强市、县两级公共服务机构和区域农业服务中心建设。通过加强市、县两级农技推广中心、农产品质量检验检测中心等公共服务机构建设，鼓励和督促其全面提高服务质量、增强服务能力，特别是引导、带动龙头企业、中介组织、示范典型又好又快地提供农业生产性服务的能力。结合区域主导产业或优势、特色产业的发展需求，加强县内区域服务中心建设。借此解决农业生产性服务业发展中市、县两级提供普遍服务"鞭长莫及"的问题，发挥其作为农业公共服务体系运行结点的作用。县内区域服务中心可作为县级农技推广中心或类似公共服务机构的派出机构，人、财、物纳入县级垂直管理；也可通过试点方式，探索按照政府采购公共服务方式，实行独立运转，单独核算，单独考核。

——将乡镇一级机构的服务职能限定为提供普遍服务。按照提供普遍服务的要求，每个乡镇农技综合服务站 1～2 人即可。乡镇农技综合服务站由县级统一管理、工作业绩由县农技推广部门和乡镇政府联合考核。确保农技人员的专业工作时间。

——在村级甚至跨村范围内"点燃一盏灯，照亮一大片"。注意发挥龙头企业、农民合作组织和各类示范典型的作用。

2. 加强农业公共服务机构的队伍建设和运行机制建设

公共农业服务机构的改革，必须同加强其队伍建设和运行机制建设相呼应，才能达到预期效果。为此建议注意以下几点：

——强化公共农业生产性服务机构的奖惩机制。在试点探索和广泛征求利益相关者意见的基础上，组织相关领域专家，分市、县、区域服务中心层次和乡镇层次，分别制订公共农业服务机构的考核评价指标，实行对公共农业服务人员的精细化管理，明确不同层次的岗位基本责任，并将考评结果与其工资保障、奖金分配、职务晋升、职称评定和解聘续聘挂钩。达不到岗位基本责任要求的，部分取消其工资保障，直至解聘。对乡镇一级农业公共服务机构的考评，主要考察其面向农业发展需求提供普遍服务的情况。对市、县和区域服务中心层面的考核，不仅考察其提供普遍服务的情况，还要考察其面向龙头企业、中介组织和示范典型提供引导服务和加

强服务能力建设的情况。

——完善公共农业服务机构的用人制度和经费保障制度。我国现行《邮政法》规定，与邮政企业的竞争性业务相比，邮政普遍服务具有法律强制性的优先权；为确保邮政普遍服务落到实处，邮政普遍服务实行财务统收统支，并在严格核算的基础上，依法获得政府的财政补贴和优惠政策。建立普遍服务基金已成为国际上开展电信普遍服务的重要筹资渠道。借鉴这些方面的经验，为了凸显重视"三农"工作，减缓基层公共农业服务机构的人员外流问题，建议让县、乡两级公共农业服务机构的从业者享受参公待遇，或直接纳入公务员管理。同时，从近年来迅速增长的土地出让收入中提取固定比例，作为农业普遍服务基金，面向农业产业链的生产经营，加强普遍服务及其能力建设。此外，为加强农业公共服务，减缓其人员素质的老化和退化，建议在建立农技人员定期轮训制度的同时，通过优先晋升职称职务、提高工资等级或鼓励志愿者加盟等方式，鼓励高等院校、科研院所的科技人员和研究生在一定时期内到基层参与公共农业服务。

——加强农业公共服务投入稳定增长机制建设。建议：第一，对动植物疫病统防统治、重大突发疫情防治，进一步加强中央和省级政府的投入支持。建议在中央和省级财政支农项目中，对动植物疫病统防统治设立经常性财政支持项目，对动植物重大突发疫情防治，在财政预算中设立应急机动资金以备不测，并将相关支持向农业主产区和优势、特色农业产业带倾斜。鼓励省级政府将相关临时性支持项目，转变为经常性支持项目。第二，通过增加财政投入或建立专项资金，以及加强同高等院校、科研院所合作等方式，定期不定期地加强对基层农业公共服务从业者的培训，支持基层公共农业服务机构完善配套服务设施，解决服务经费短缺和服务设施老化的问题。近年来，各级政府的农民培训投入增加很快，但培训效果与预期目标往往存在很大差距，这与缺乏适应农民需求的高水平骨干师资有很大关系。建议在农民培训投入中，切出固定比例用于骨干师资培训，并将县乡农技人员作为骨干师资的培训重点，形成通过加强农技人员培训带动提升农民培训的效果。第三，在加强政府监督、公众监督和技术监督的基础上，通过试点试验，加快农业公共服务运行机制的改革，探索允许其面向市场适度提供有偿服务的可能性。

（三）结合实施区域层面、产业链层面的农业重大项目或专项行动，突出加强相关农业生产性服务能力建设

近年来，各具特色的农业产业集群、农业产业区、优势特色农业产业带迅速崛

起，成为农业产业化过程中最引人瞩目的景观。顺应这种趋势，整合资源，突出重点，连片开发，积极组织区域层面、产业链层面的农业重大项目和专项行动，可以整合集成农村金融、农业保险、农民培训、财税支持、科技支持、农资服务、营销服务、信息服务等资源，协调推动农业的市场创新、制度创新、经营方式创新和发展模式创新，促进公共农业服务机构和中介组织、各类示范典型乃至农户分工协作、优势互补，形成发展现代农业或特色农业的联动机制，从而整体带动区域层面或产业链层面的农业发展方式转变。在区域层面或产业链层面，要结合实施重大项目和专项行动，突出加强农业生产性服务能力建设，优先支持龙头企业、农民专业合作社等中介组织、各类示范典型等参与项目运作，增强服务能力；优先支持农业全程信息化建设、科技服务、质量检验检测服务、农产品市场升级改造、农业要素市场服务和农产品及其加工品的产后处理、冷链物流、配送中心、电子商务设施建设等，并加大投入力度。农业是经济再生产和自然再生产的统一，影响农业产业链运行的不确定因素较多，且近年来还在迅速增多。加之，通过加强农业技术的组装集成仍有很大潜力，激发、调动地方政府、相关部门和利益相关者的积极性至关重要。因此，实施区域层面、产业链层面的重大项目和专项行动，应像实施财政系统的项目一样，单列配套工作经费和引导示范资金，为促进良种良法结合、农机农艺结合等提供回旋空间。

（四）优先支持农业生产性服务业市场化、产业化和社会化，鼓励其组织创新和经营方式创新

鼓励农业生产性服务业的市场化、产业化和社会化，引导相关服务机构、服务平台加快功能转型和改造升级，促进其业态和经营方式创新。在放宽市场准入的基础上，加大对农业生产性服务业创新创业的支持力度。优先鼓励各类科技人员、乡土人才创办农业生产性服务企业或非营利机构。优先鼓励农产品流通企业做强做大，优先支持连锁经营等农产品现代流通方式。对于在优势、特色农业主产区，按照市场化、企业化或非营利等方式，兴办或联合兴办农产品质量检验检测机构，进一步加大政策支持和鼓励力度，优先鼓励民营企业和公共服务机构联合兴办。鼓励按照企业化或非营利机构的方式，兴办综合性或专业化的区域农业技术服务中心、区域农业服务中心等公共农业生产性服务平台。特别要加强对兴办农村环境服务、农村能源服务企业或非营利机构的支持。类似农民培训这样的项目，农业公共服务机构在提供大众化、普惠式和低端化服务方面，往往具有比较优势；至于小众化、特惠

式和中高端培训，如果由公共农业服务机构来提供，往往难以保证服务质量，也难以做到可持续发展。应在对服务质量加强监督的基础上，优先鼓励市场化培训机构或非营利机构增加服务供给。为支持农民经纪人的发展，建议在执行增值税政策的过程中，允许农民经纪人销售农产品享受农民自产农产品免征增值税的政策待遇，大力促进农民经纪人转型提升，积极支持农产品流通服务业做强做大。

支持农业生产性服务业组织创新，要注意创新对农民专业合作社和农产品行业协会发展的支持政策。为进一步发挥农民专业合作社、农产品行业协会等在发展农业生产性服务业中的载体和平台作用，着力解决其发展面临的突出问题，引导其加快发展方式转变，应该进一步完善对农民专业合作社、农产品行业协会的财政和金融支持政策，创新支持方式，加快支持政策的转变。以支持合作社为例，要加快实现四大转变，即由主要支持数量扩张转向主要支持能力提升，由支持合作社生产转向支持合作社服务，由优先支持合作社发展转向支持合作社的联合、协作和区域化发展，由面向合作社的特惠式支持转向面向合作社的普惠式支持，加强合作社服务体系建设和公共服务平台建设。如引导合作社加强营销网络建设、培训服务体系建设和融资担保体系建设。以加强合作社带头人培训为龙头，带动合作社政府管理者的培训、合作社成员培训和合作社经管团队的培训，全面提升合作社的市场竞争力和提供农业生产性服务的能力。鼓励合作社在发展农产品冷链物流、建设农产品储藏保鲜设施、提升农产品快速检验检测能力等方面，加强联合和合作。

要加快创新对龙头企业的支持政策。逐步实现由支持龙头企业直接带动农户，向支持龙头企业通过加强农业服务体系建设间接带动农户转变。强化对龙头企业参与发展农业生产性服务业的支持政策，鼓励龙头企业利用内部服务能力，开展面向周边农户和区域农业的市场化服务。引导龙头企业在区域农业生产性服务体系建设中，加强联合和协作。

（五）健全发展农业生产性服务业的其他支持政策，加大支持力度并优化支持重点

为加强对服务业发展和现代农业建设的支持，建议增加各级政府服务业引导资金和服务业发展专项资金的规模，提高其中用于支持发展农业生产性服务业的资金比重。鼓励具备条件的地区，设立农业生产性服务业专项引导资金，或在服务业引导资金中切块支持农业生产性服务业发展。鉴于农业生产性服务业的发展在总体上尚处于初级阶段，亟待引导和扶持，建议在发展农业生产性服务业的过程中，允许

其用水、用电、用气等要素价格和融资政策参照农业执行，促进其节本增效，增强可持续发展能力和抗风险能力。建议在农业产业化示范区、现代农业示范区建设中，把农业生产性服务业作为重要支持内容。建议通过定比补贴、启动资金支持、以奖代补、财政贴息、税费优惠、强化金融支持等方式，重点支持以下方面：

1. 加强农业生产性服务设施和服务能力建设

其具体支持对象可包括龙头企业、农民合作经济组织和其他农村中介服务组织、农业公共服务平台、产地批发市场等涉农市场等。鼓励其结合加强服务设施和服务能力建设，开展面向农户的生产经营服务，特别是加强农产品营销促销服务、疫病防控服务、科技服务、农机服务、农产品品牌服务、农产品质量检测认证服务和农资统购分销服务等。需要特别说明的是，第一，近年来，随着城乡用工成本的提高、农民进城规模的扩大，特别是80后、90后农民进入劳动年龄后，农业劳动力短缺的问题迅速凸显，要结合实施农机补贴政策，显著加强对农机服务、农机维修服务建设的支持和引导。随着农机补贴规模的扩大和农机使用量的迅速增加，支持农机维修服务的重要性正在迅速凸显。第二，鉴于近年来农产品价格的频繁波动，与农产品流通不畅，特别是物流成本高、冷链物流不发达有很大关系，建议显著加强对农产品流通环节，特别是农超对接、农产品物流项目的支持。可通过加大财政补贴、扩大农产品绿色通道范围等方式，为减少农产品物流费用创造条件。

2. 加强面向各类农业生产性服务组织的服务体系建设

面向龙头企业、各类农村中介组织、农业公共服务平台和各类示范典型、农民经纪人，加强服务体系建设，特别是信息服务体系建设、物流配送体系建设和面向其带头人的培训服务体系建设，引导其克服规模小、层次低、功能弱、融资难对增加服务供给的负面影响。

3. 优先支持不同类型服务机构的分工协作和试验示范

这包括引导龙头企业、农民专业合作社等中介服务机构、示范户等示范典型、农民经纪人之间加强合作，协力提高服务层次和服务质量。

4. 优先支持城市生产性服务业发挥对农业生产性服务业发展的辐射带动作用

如引导城市信息服务业、商务服务业等向农业和农村延伸服务能力。积极发挥城市服务业对龙头企业服务体系、农民专业合作社和农产品行业协会服务体系建设的带动作用，形成城乡生产性服务业良性互动的局面。

第四编　转型：面向服务经济

第十一章　服务经济：概念与特征

　　1968 年美国经济学家 Victor R. Fuchs 在其《服务经济》一书中提出，美国在西方发达国家中率先进入了服务经济社会。此后，围绕何为"服务经济"的论争就一直没有停息过。2005 年 10 月中共十六届五中全会通过的《中共中央关于制定国民经济和社会发展第十一个五年规划的建议》提出，"大城市要把发展服务业放在优先位置，有条件的要逐步形成服务经济为主的产业结构"。嗣后，我国学术界围绕服务经济的讨论也蓬勃展开。但就总体而言，对于何为服务经济，怎样认识服务经济，我国是否具备发展服务经济的条件等诸多服务经济发展的理论和政策问题，目前学术界仍然是见仁见智。本章试就这些问题进行探讨，以就教于同仁。

一、何为服务经济

　　关于服务经济的内涵，目前大致有 3 种意见。第一种意见是把服务经济简单地等同于服务业，认为发展服务经济就是发展服务业。第二种意见是用服务业占比来定义服务经济。第三种意见认为，服务经济是与农业经济和工业经济有本质不同的社会经济形态，是继农业经济、工业经济之后更高层次的经济发展阶段；服务经济形成的主要标志是服务活动在社会经济发展中占据主导地位。我们认为，上述 3 种意见都有明显的不足之处。

　　第一种意见把服务经济简单地等同于服务业，容易轻视以下 3 方面的变化，导致服务经济研究相对于服务业研究缺乏独特性和必要性。一是轻视服务业内部结构和组织形式的变化。二是轻视服务业在经济社会发展中相对地位、作用的变化。三是轻视服务业与工业、农业相互关系和作用形式的变化。

第二种意见单纯用服务业占比等数量指标作为判断服务经济的依据，容易忽略服务经济中产业结构、产业组织和发展方式的本质变化及其对制度环境的新要求，得出似是而非的结论。比如，撇开经济体内部不同组成部分之间及其同外部环境的相互联系，容易得出如下结论：欠发达地区主要依托集贸型经济的小城镇，已经进入服务经济状态。因为此类小城镇经济增长和就业的主要来源在于集市贸易，属于服务业。

表 11-1 2009 年部分省、市、区服务业发展状况之比较 单位：元、%

省、市、区	人均 GDP	人均服务业增加值	服务业占 GDP 比重	服务业占就业比重
西藏	15295	8304	54.6	34.7
广东	41166	18731	45.7	38.7
浙江	44641	19148	43.1	35.8
江苏	44744	17643	39.6	35.5
天津	62574	27726	45.3	43.4

资料来源：根据《中国统计年鉴》(2010) 整理。

从全国不同省、市、区的北京来看，情况也是如此。按照服务业占地区生产总值的比重，2009 年，西藏自治区已达 54.6%，在全国 31 个省、市、自治区中，仅低于北京（75.5%）和上海（59.4%）。尽管其人均服务业增加值远远不及经济较为发达的广东、浙江、江苏和天津市（见表 11-1），但因其服务业增加值占地区生产总值的比重超过 50%，且远高于这些省、市，据此很容易得出如下判断：西藏自治区已经进入服务经济时代，且其服务经济的发展水平远远超过广东、江苏、浙江、天津等发达省、市。2009 年，北京、上海两市服务业占 GDP 的比重分别为 75.5% 和 59.4%，服务业占全社会就业的比重分别达到 73.7% 和 57.5%。无论是增加值比重还是就业人数的比重，北京都超过上海。单纯按照比重指标判断，北京、上海均已进入服务经济时代，且北京市服务经济发展水平远远超出上海。但是，导致北京市服务业比重高于上海的原因是多方面的，有更多中央企业或跨国公司总部位居北京、北京作为首都在服务业部分行业的发展上有上海难以比拟的优势条件、上海工业的规模和发展水平远远超过北京。大量实地调查可见，服务业发展面临的体制和机制约束，北京在总体上要远远超过上海；服务业在城市经济发展中的主导作用和服务业结构的现代化程度，上海同北京的差距至少没有服务业占比显示的差距那么大。可见，单纯用服务业占比来判断是否进入服务经济，容易得出不甚可靠的结论。

持第二种意见的学者，对于进入服务经济时代的门槛标准，即服务业占比的最低值，提出了不同意见。最早提出"服务经济"概念的 Victor R. Fuchs 将服务业就业人数超过 50%，作为进入服务经济时代的判断依据。有些学者把服务业增加值占 GDP 的比重或服务业就业人数占全社会就业人数的比重超过 50%，作为判断一个国家是否进入服务经济时代的门槛标准。也有些学者将这种门槛标准由 50% 提高到 60%。夏杰长认为服务经济时代意味着服务经济占据国民经济的主导地位，即无论是服务业增加值占 GDP 还是服务业从业人员占全部从业人员的比重都是最高的，但最高并不意味着一定要超过 50%。[①]我们认为，这些学者的意见看似不同，实际上是可以协调起来的。夏杰长提出的标准，可以说对应进入服务经济时代的起点状态，还不能说已经稳定进入服务经济时代，其具体表现主要是适应于工业经济和服务经济两种经济形态下的产业关系、产业组织、商业模式、制度环境相互交织和矛盾，形成摩擦和冲突，服务经济的发展方式尚未稳定、绝对地占据主导地位。从夏杰长2010 年提出的标准，到服务业占比达到 50% 进而 60%，可以说是服务经济从不稳定再到稳定的演进过程。此处的不同门槛标准均属经验判断，更多反映的是相关研究者在判断是否进入服务经济时代时，所持心态是积极还是稳健。

第三种意见将服务经济当做区别于农业经济和工业经济的社会经济形态，这是科学的；但把服务经济看做是继农业经济、工业经济之后更高层次的经济发展阶段，实际上混淆了服务经济与服务经济时代两个不同的概念。无论从理论，还是实践上，注意区分服务经济与服务经济时代都是必要的。打个通俗的比喻，从井冈山革命根据地时期，到延安时期，再到中华人民共和国成立，我国的红色政权逐步从"星星之火"燃成"燎原"之势。但在中华人民共和国成立前，我国虽有红色政权，却不能称之为红色政权时代；只有到中华人民共和国成立后，我国才可谓进入红色政权

---

①夏杰长等：《迎接服务经济时代来临》，第 55 页，北京，经济管理出版社，2010。

时代。基于同样道理，在一个经济体中，当服务经济的"星星之火"尚未燃成"燎原"之势时，尚不能称之为进入服务经济时代；只有服务经济的"星星之火"燃成"燎原"之势时，才可谓进入了服务经济时代。目前，在全国，服务经济的"星星之火"尚未燃成"燎原"之势，我国在整体上离进入服务经济时代还有很长的路要走；但这并不等于说在我国发展服务经济同样遥不可及。恰恰相反，没有当今服务经济的"星星之火"，就不可能有未来服务经济燃成"燎原"之势的服务经济时代。

2011年5月我们对上海市杨浦区的调查显示，2003年以来，该区坚持创新驱动，促进大学校区、科技园区和公共社区"三区融合、联动发展"，把发展知识经济、服务经济同加快老城区改造结合起来，激活科技、教育等创新资源，围绕高校促进创新创业集群发展和科技成果转化，致力于建设上海国际金融中心的"科技金融功能区"，已经在发展服务经济和加快发展方式转变方面走在全国前列，成功地实现了由产业结构老化、社会包袱沉重的老城区向创新型城区的功能转型，成为科技部授予的全国首批国家创新型试点城区。该区的经验证明，当前在我国，发展服务经济，不仅具有必要性和可行性，还具有现实紧迫性。在部分大城市、特大城市或其先行地区，服务经济的"星星之火"已经开始燃成"燎原"之势。

基于前述分析，要科学地认识服务经济，必须注意其时间上的继起性和空间上的并存性。服务经济的时间继起性包括两层含义，一是服务经济是继农业经济、工业经济之后新的社会经济形态，服务经济时代也是继农业经济、工业经济时代之后更高层次的经济发展阶段；二是服务经济的发展，必须经历从"星星之火"到先在局部燃成"燎原"之势，再到全国普遍"燎原"的过程，并且这一过程应该是相当漫长的。服务经济的空间并存性，即无论是就全国还是大的区域而言，服务经济和农业经济、工业经济三种经济形态可以同时在不同空间并存。比如，北京、上海等大城市、特大城市的先行地区可能进入服务经济时代，更多地区尚处于工业经济时代，部分传统农区或中西部地区甚至尚处于农业经济时代。

二、怎样认识服务经济

所谓服务经济，既是以服务业为主导的社会经济形态，代表着以现代服务业为主导的发展方式。正如马克思指出的，"在一切社会形式中都有一种一定的生产支配着其他一切生产的地位和影响，因而它的关系也支配着其他一切关系的地位和影响。这是一种普照的光，它掩盖了一切其他色彩，改变了它们的特点"。①要科学理解服务经济，关键是要把握何为以服务业为主导，服务经济作为以现代服务业为主导的发展方式又该如何体现。

　　为避免引起歧义，要科学回答这一问题，首先需要准确把握何为现代服务业。关于现代服务业，不同的学者往往给出不同的定义。综合现有的研究，我们认为，现代服务业是个相对的、动态的概念，一方面，它对应于传统服务业，现代忭是其区别于传统服务业的本质特征；另一方面，鉴于现代性是个动态概念，随着经济社会的发展和分工协作关系的深化，随着科技进步和生产力水平的提高，部分原先的现代服务业会逐步转化为传统服务业，现代服务业的表现形式也会日趋多样、新型而复杂。因此，现代服务业是顺应现代经济社会发展趋势和生产力发展要求，体现现代社会分工特点和服务业发展潮流，主要依托现代科技和经营管理理念的服务业。相对于传统服务业，现代服务业的典型特征是知识密集、技术密集、信息密集和高创新性、高复杂性、高网络化、高集群化、高人力资本含量，多数现代服务业还因此具有高附加值和高风险性并存的特点。要准确把握现代服务业需要注意：现代服务业包括运用现代科技和经营理念改造的传统服务业，属于服务业发展的先进成分和创新内容，体现为新技术、新理念、新业态、新经营方式和新组织形式在服务业发展上的应用；多数服务行业往往是现代服务业与传统服务业并存，简单地把某些服务行业划为现代服务业，往往是不适宜的，甚至有庸俗化之嫌。②

　　一般而言，对于发展方式，可从需求结构、供给结构（产业结构）和要素投入结构等3个方面来观察。服务经济作为以服务业为主导的社会经济形态和以现代服务业为主导的发展方式，也可以通过这3大结构来体现。这三大结构之间，往往是相互联系、相互影响，甚至交织作用的。

　　1. 从需求结构看服务经济

　　如果把社会产品分为有形的实物和无形的服务两大类，前者主要由第一、第二产业来提供，后者主要由第三产业（服务业）来提供。社会需求包括最终需求和中

　　①《马克思恩格斯选集》第2卷，第24页，北京，人民出版社，1995。
　　②近年来，在服务业研究中，把部分服务行业归入现代服务业，或将现代服务业指代若干服务行业，是一种较为普遍的现象。有些研究者一方面描述现代服务业的基本特征；另一方面又将现代服务业专指部分服务行业，而不管其是否具备这些特征。不同研究者由于界定的现代服务业范围不同，在计算现代服务业占服务业的比重时，得出的结论往往差异悬殊，少的不到20%，多的超过80%。许多地方制定的现代服务业发展规划，实际上将现代服务业等同于服务业，接近于"将女人等同于美女"的庸俗化地步，迎合了部分地方官员对"现代"一词好大喜功式的偏爱。

间需求两方面。从需求结构及其演进来看，所谓以服务业为主导，主要表现为随着经济发展和收入水平的提高，随着科技进步和创新能力的增强，以及分工协作关系的深化，一方面，在社会最终需求结构（消费结构）中，服务需求的增长超过实物需求的增长，成为社会最终需求增长的主体，甚至社会最终需求的主体；另一方面，在社会生产需求即中间投入需求中，服务投入的增长快于实物投入的增长，成为中间投入需求增长的主体，甚至中间投入需求的主体。需要说明的是，按照实物和服务二分法，所谓服务需求成为社会最终需求的主体，即在社会最终需求中，服务需求的占比超过了一半。所谓服务需求的增长成为社会最终需求增长的主体，即在社会最终需求的增量中，服务需求增量的占比超过了一半。

2. 从供给结构（产业结构）看服务经济

从供给结构（产业结构）来看，所谓以服务业为主导，主要表现为服务业超越农业和工业，成为经济社会发展的主要引领和支撑者；相对于农业和工业，服务业对于供给结构（产业结构）的演变方向，发挥着更为重要的影响和决定作用；服务业的发展及其与农业、工业的关系，不仅影响着服务业自身业态、内部结构、产业组织和商业模式的变化，还决定或影响着农业、工业各自业态、内部结构、产业组织和商业模式的变化。

——从宏观上看，服务业在供给结构（产业结构）及其演进中的主导作用，表现为在 GDP 的总量和增量中，服务业的比重超过农业和工业；服务业成为国民经济的第一大产业，成为支撑经济发展和结构转变的主力军。这种宏观层面的产业结构折射到就业上，形成的社会就业结构是：在全社会就业的总量和增加量中，服务业的比重超过农业和工业；服务业成为吸纳社会就业的第一大产业，成为支撑社会就业扩张和就业结构转变的主力军。

——从中观上看，服务业在供给结构（产业结构）及其演进中的主导作用，主要表现在以下 3 个方面。第一，表现为服务业与农业、工业的融合渗透逐步深化，产业边界日趋模糊，其相互影响、相互作用，甚至相互融合和渗透的关系日益由外部转向内部，逐步形成服务业乃至整个产业体系的网络化、开放化和产业链一体化格局，并且服务业在这种格局的演进中日益扮演主角作用。随着科技进步、创新能力的提升和分工协作关系的深化，服务业对工业、农业的渗透和融合，不仅会促进工业、农业生产率和附加值的提升，还会带动工业、农业的结构升级与现代化。第二，表现为服务业日益成为支撑产业布局结构演进的主导力量。随着经济全球化和区域经济一体化的蓬勃发展，跨国、跨地区投资的重点日益由工业或农业转向服务业，区域产业布局结构的演进呈现服务业主导作用不断增强的趋势。跨区域甚至跨国服务业投资，以及服务业空间布局结构的演进，日益由追随型（追随工业或农业），转向（服务业）自主扩张型，甚至不同程度地表现为农业或制造业追随型。服务业追随工业或农业，主要表现为围绕工业或农业发展的要求，加强配套服务体系建设。如加强工业园区、产业集聚区的生产性服务业体系建设。农业或制造业追随型，主要表现为农业或制造业追随服务业进行布局。如利用区域生产性服务业中心的引领、辐射和带动作用，在周边地区建设区域制造业基地；以及面向大城市、特大城市的高端消费群体或高级宾馆、餐饮中心，在周边地区发展现代化的高端、生态农业。第三，表现为服务业集聚、集中的趋势迅速显现。各具特色的服务业功能区、集聚区加快形成，日益成为服务业的发展极和生力军，服务业向大城市、特大城市及其特定区域集中的趋势迅速凸显。与此相对应，在社会对中间服务的需求及其增长中，来自服务业自身的中间服务需求日益成为主体。以香港为例，生产性服务业的需求及其增长，早已由主要来自制造业的服务需求，转向主要来自服务业内部不同部门间的服务需求。如物流业对金融服务的需求，金融服务业对信息服务业的需求等。

　　——从微观上看，服务业在供给结构（产业结构）及其演进中的主导作用，表现为越来越多的企业由专注核心产品转向专注核心服务，越多产品的核心价值由有形的产品转向无形的服务，甚至社会产品的价值构成也日益由产品为主转向服务为主；越来越多的服务企业注意通过服务整合资源、集成优势并营造良好的企业生态环境，成为价值链的主导者；或通过实施服务转型战略谋求发展，使服务成为企业收入和利润的主要来源，并通过企业组织形式、商业模式和企业文化的变革予以保障；越来越多的农业或制造业企业由以生产有形产品为主转向以提供无形服务为主，或完成由农业企业、制造业企业向服务业企业的转型。吴海宁、马丁（2008，第25页）概括的如下趋势，较好地反映了服务经济的微观表现："对于企业而言，服务的概念正在发生改变——服务已经不再是某个部门的职责，而是企业整体关注的对象；服务部门不再是传统的成本中心，而是成为企业重要的利润中心；服务不再局限于售后环节，而是渗透到设计、制造、销售等各个领域；企业的CEO们也不再是高高在上的管理者，而纷纷成为首席客户经理；精明强干的营销人员在努力完成自己销售任务的同时，也在努力为顾客提供满意的服务；制造企业努力把产品和服务一起打包出售，服务企业正在努力提高自身的技术含量；企业一边高喊着'顾客就是上帝'，一边又悄悄地对顾客群体局限着'二八'分类；顾客在享受着更好的服务品质的同时，提出了越来越高的服务要求；各个企业都在宣传自己的服务品牌或品牌服务，而服务问题却成为全社会日益关注的问题。"服务业在供给结构（产业结构）演进中的主导作用不断增强，在微观上，还表现为服务业企业的迅速崛起，以及服务业企业的成长快于农业和制造业企业。

3. 从要素投入结构看服务经济

从要素投入结构及其演进来看，服务业的主导作用主要表现在两个方面，一是在经济社会发展中，知识、科技、信息、人才等创新要素的重要性迅速凸显，服务业，尤其是现代服务业对这些创新要素形成和要素结构升级的支撑、引领、带动作用显著增强。二是在服务业迅速发展的同时，服务业结构升级加快推进，生产性服务业在服务业中的比重迅速上升，以知识、技术、信息密集和人力资本含量高的现代服务业迅速崛起，逐步成为服务业发展的主体；信息化对服务业发展的引领和支撑作用迅速增强，成为引领服务业发展和结构升级的龙头，成为促进服务业与工业、农业深度融合的动力源。随着在需求结构、供给结构（产业结构）中服务业主导地位的确立，随着生产性服务业、现代服务业的发展及其在服务业结构中主导地位的形成，整个社会的要素投入结构，必然转向以知识、技术、信息、人才等创新要素为主导。

三、服务经济的基本特征

基于前文分析，要科学认识服务经济，需要从需求结构、供给结构（产业结构）和要素投入结构三方面综合考察，单纯使用服务业占 GDP 或全社会就业的比重来判别是否进入服务经济，虽然简单明了，但还不够全面和准确。除此之外，综观当今世界服务经济的发展趋势，与工业经济或农业经济相比，服务经济还具有以下基本特征。这些特征的形成，很大程度上是由服务业特别是现代服务业在服务经济中的主导地位决定的。

1. 创新驱动

服务经济首先是创新驱动型经济。创新是现代服务业发展的灵魂，也是服务经济的活力所在。服务业，特别是现代服务业具有高度的顾客导向性。经济的发展和收入水平的提高，带动社会最终消费水平的提高和需求结构升级，也导致居民或社会的消费需求日益分化和多样化。随着分工分业的深化，社会生产对中间服务的投入需求迅速扩张并加快分化。与此同时，服务业内部及服务业与其他产业之间的融合关系日益深化与复杂。尤其是服务经济达到较高水平进入体验经济阶段后，注重通过服务消费的个性化体验达到价值增值。服务经济的运行要适应社会中间需求和最终需求的变化，必须保持旺盛的创新活力。服务经济的要素投入结构，也为服务经济保持创新驱动的特征提供了基础。现代服务业的创新不仅包括制度创新、技术创新、文化创新、管理创新和市场创新，还包括业态创新、过程创新、组织创新形式和经营方式的创新等多方面内容。在服务经济中，企业的竞争力很大程度上取决于其创新活力。

2. 开放包容

在服务经济中，由于知识、科技、信息、人才等创新要素的作用迅速凸显，开放包容的发展环境，不仅有利于提高开放的水平和质量，还有利于更好地凝聚和利用创新资源，提高服务经济的发展质量。按照提升自我、以我为主、为我所用的原则，形成开放包容的发展环境，也有利于更好地分享其他国家或地区发展服务经济的先进经验和创新模式，开拓服务业的市场空间。随着经济全球化的推进，区域经济之间、国别经济之间的融合不断加深，国际投资和产业转移的重点日益由制造业转向服务业，服务贸易在国际贸易中的重要性不断增强。因此，开放包容的发展环境，有利于发展中国家加快发展服务经济、推进服务业结构升级。发展服务经济，开放包容不仅表现在对外，对内开放包容同样重要。

3. 专业分工和产业融合

服务业，特别是现代服务业的发展，很大上是分工深化和专业化发展的产物。随着服务经济的发展，生产性服务业迅速崛起，其相对地位不断提升，也是分工深化和专业化发展的结果。服务经济的创新驱动与分工深化，实际上是一个硬币的两个方面，二者互为表里，相互依存，相互促进。服务业的发展又为进一步深化分工和专业化创造了条件。分工和专业化，还有利于知识、技术、信息、人才等创新资源的凝聚和升级。因此，服务经济是典型的分工导向型经济。在分工深化和专业化发展的基础上，服务业内部不同部门之间，服务业与工业、农业之间的产业融合不断深化，产业服务化与服务产业化互动发展，从工业经济向服务经济的转型深入推进，服务经济的产业体系不断健全，其功能逐步提升。

4. 高度的网络化和集群化

当一种产品给某个消费者带来的价值或效用，与其他使用该产品的消费者人数呈现正相关关系时，经济学上称其存在网络效应。按照 Ethernet 发明人以其名字命名的 Metcalfe's Law：一个网络的价值量与它使用人数的平方成正比。服务经济首先是一个完整的体系，其创新驱动与分工导向，必须以拓展网络效应、增强整体功能为前提。因此，在发展服务经济中，不仅要注意培育创新能力，深化社会分工；还要注重利益相关者的协作和合作，注重产业链、价值链和产业体系的整合，借此提高交易效率、降低交易费用，强化网络效应。许多国家或地区在发展服务经济的过程中，注重引导产业集聚，培育产业集群，注意发挥大城市、特大城市和城市群的作用，注意培育城市现代服务业功能区、集聚区，既是为了更好地凝聚创新资源，培育开放包容的发展环境；也是为了更好地利用规模经济、范围经济和外部效应，推进服务经济的深度分工和融合，强化产业关联。

5. 信息化引领

现代服务业的发展及其在服务经济中主导作用的强化，服务业乃至产业结构的升级，往往是同服务业乃至整个经济的信息化同步推进的。在服务经济中，知识、科技、信息、人才等创新要素的凝聚和要素结构的升级，甚至服务业功能的提升，往往离不开信息化的支撑与引领。甚至经济的服务化与服务的信息化，往往互为表里，互为因果。信息化作用的不断深化，不仅可以对发挥服务经济的创新驱动效应、开放包容效应、分工和融合效应，发挥了"乘数"作用；还为服务经济的网络化和集群化提供了降低成本与风险，增强功能的平台与手段。

6. 制度的弹性化和环境的诚信化

服务经济的前述特征，标志着服务经济相对于工业经济或农业经济，具有本质不同的发展方式；也意味着服务经济中市场主体之间的关系更为复杂多样。因此，服务经济的运行要求在完善市场经济制度的基础上，推进制度的弹性化，为服务经济倡导创新驱动、开放包容，为创新要素更好地生成和发挥作用，提供更大的空间和灵活性。服务经济的发展，也要求通过制度的弹性化，为推进专业分工和产业融合，推进经济的网络化和集群化，提供有效机制，帮助其降低成本和风险，提高效率和效益。要发挥信息化的引领作用，更好将推进制度的弹性化与加快制度创新结合起来。当然，推进制度的弹性化，不等于推进制度的随意化，弹性化的前提是有利于创新要素的生成、优化组合及其功能发挥。

服务无形性、异质性、不可储存性、顾客参与性和生产、消费的不可分离性特点，决定了服务品具有较强的经验品和信任品特征，服务质量如何，消费者或购买者很难通过外观等因素预先感知。因此，结合制度环境的优化，倡导诚信化的发展环境至关重要。推进产业标准化、品牌化，加强质量认证体系和职业资格鉴定体系建设等，都与推进服务经济环境的诚信化相关。

第十二章　发展服务经济路在何方

　　《国民经济和社会发展第十二个五年规划纲要》明确提出，"优化服务业发展布局，推动特大城市形成以服务经济为主的产业结构"。但就我国总体而言，发展服务经济的条件是否成熟，要不要、应该怎样发展服务经济，仍有很大的认识分歧。但是，考虑到以下两方面的事实，在我国发展服务经济，不仅具有重要性，同样具有紧迫性。一是到"十二五"期末，我国服务业很可能成为三次产业中增加值规模最大、占 GDP 比重最高、吸纳就业人口最多的行业；二是单就特定区域而言，我国已有不少城市达到初步进入服务经济时代的门槛标准；在我国部分大城市、特大城市，发展服务经济的条件已逐步成熟。到 2010 年，在我国 36 个省会城市和计划单列市中，已有 16 个城市服务业占 GDP 的比重超过 50%，服务业占 GDP 的比重超过第一和第二产业的城市更多。[①]在更多的大城市和中小城市，虽然尚未进入服务经济时代，但是服务业对经济形态演变和发展方式转变的主导作用正在迅速增强，发展服务经济也不可错失良机。要顺应服务经济的发展规律与趋势，把发展服务经济作为推进发展方式转变的重要切入点，积极促进服务经济的"星火之火"，加快燃成"燎原之势"，[②]积极培育进入服务经济时代的条件，为发展服务经济储备充足的动力。

---

　　① 2010 年,在我国,服务业占 GDP 比重超过 60%的城市有北京(75.1%)、广州(61.0%)和海口(69.6%)等 3 个,超过 50%的城市有上海(57.3%)、太原(53.4%)、呼和浩特(58.7%)、哈尔滨(51.0%)、南京(51.9%)、济南(52.6%)、武汉(51.4%)、深圳(52.7%)、南宁(50.2%)、成都(50.2%)、贵阳(54.2%)、西安(52.2%)和乌鲁木齐(53.7%)等 13 个。括弧中的数据为服务业占 GDP 比重。需要指出的是,用服务业占 GDP 或就业的比重是否达到一定水平,来衡量一个城市或地区有无进入服务经济时代,有一定局限性。因为国家与国内特定地区相比,在经济开放度和产业关系上往往有明显不同。在此仅供参考。

　　② 1930 年,毛泽东同志在《星星之火,可以燎原》一文中就指出,我们党内一部分同志对于时局估计和行动问题存在错误认识,批评他们"没有在游击区域建立红色政权的深刻的观念,因此也就没有用这种红色政权的巩固和扩大去促进全国革命高潮的深刻的观念。他们似乎认为在距离革命高潮尚远的时期做这种建立政权的艰苦工作为徒劳","他们这种全国范围的、包括一切地方的、先争取群众后建立政权的理论,是于中国革命的实情不适合的"。在这篇文章发表 80 年后的今天,借用此文的分析方法,来分析我国发展服务经济的出路和选择,也是适合的。

那么，在我国，发展服务经济出路何在？

一、培育网络结点

审视当前及今后我国服务经济发展的实际，在我国发展服务经济，首先要培育发展服务经济的网络结点。

(一) 加强产权和要素流转服务体系建设

产权和要素流转服务体系主要包括产权交易服务体系和土地流转服务体系、技术流转服务体系、劳动力市场服务体系、资金市场服务体系、技术交易服务体系、知识产权服务体系等。产权和要素流转市场的发育及其服务体系建设，本身就是服务业发展的成果，也是发展服务经济的重要支撑条件。发展服务经济，必须把加强产权和要素交易服务体系建设放在突出位置。在产权和要素流转服务体系建设中，产权和技术交易服务体系建设往往处于重要地位，并更多占据中高端层次。关于产权和技术交易服务体系建设，第13章将有专门讨论，为避免重复，此处存而不论。

(二) 加强现代服务业集聚区建设

根据浙江发改委课题组的研究，从国际经验和我国当前的实际来看，现代服务业集聚区大致有以下几种形式：微型 CBD、总部基地、软件与服务外包基地、科技创业园、创意产业园、物流园区、生产性服务集聚区、新型专业市场、文化商旅聚集区等。①这些现代服务业集聚区建设可能位居不同规模、不同层级的城市内部，也可能临近现代制造业或现代农业基地。

形形色色的现代服务业集聚区，是发展现代服务业的重要载体，也是服务业集聚集群发展的重要形式。顾客的地理接近性和现代服务业高度的顾客导向性，完善的基础设施和方便快捷的信息交流渠道，发达的要素市场，人才、技术、信息等创新要素密集且可获性较强，以及崇尚分工合作和诚信、鼓励创新创业的文化氛围，是推动现代服务业集聚集群发展，特别是向大城市及其中心商务区集中的重要原因。作为发展服务经济的后来者，我国在发展服务经济的过程中，不仅服务业的运行机

---

① 浙江省发改委课题组：《加快浙江生产性服务业发展的若干意见》，《改革与发展研究》，2008 (5)；浙江省发改委课题组：《现代服务业集聚区建设若干问题研究》，浙江省发改委网站 2009-12-10。

制和政策引导、宏观监管机制亟待完善，基础设施、信息网络和要素市场的功能亟待提升，创新要素稀缺、要素结构升级滞后，特别是崇尚分工合作和诚信、鼓励创新创业的文化氛围不足，更是一个突出问题。在此背景下，积极发挥政府的统筹规划和政策引导作用，选择优势区域，培育现代服务业集聚区，不仅有利于加快现代服务业集聚集群的形成进程，还有利于增强现代服务业的服务功能，促进服务业更好地与三次产业融合发展，促进服务经济更好地与城市化和信息化互动发展。因此，加强现代服务业集聚区建设，可以为培育服务经济的"星星之火"提供重要平台，也是发展服务经济的重要节点。

近年来，现代服务业集聚区建设已经引起了国家和部分省、市、区的重视。上海市早在 2004 年就提出了构筑现代服务业集聚区的工作设想，到 2011 年年初，该市 20 个现代服务业集聚区已经初具规模。江苏、浙江、广东等省现代服务业集聚区建设也在加快推进。2010 年《国家发展改革委关于开展服务业综合改革试点工作的通知》明确提出把建设生产性服务业集聚发展示范区作为试点的五大任务之一。可以预见，"十二五"期间，现代服务业集聚区、功能区建设将会进一步引起各级政府的重视。但是，从国际经验和我国当前实际来看，加强现代服务业集聚区建设，还需注意以下问题：①加强规划引导和可行性研究，促进现代服务业集聚区建设同区域产业发展规划、区域基础设施建设规划协同；②提高现代服务业集聚区的发展质量和产业特色，优先考虑其对区域产业发展的引领、支撑与带动功能，规避产业雷同和低水平重复建设问题；③完善现代服务业集聚区的政策引导和支持体系。面向现代服务业集聚区，加强对信息化和基础设施建设的支持，鼓励其培育崇尚分工协作和诚信、创新、创业的文化氛围，培育有利于企业家和其他创新要素集聚、成长的制度环境，引导进入集聚区的企业增强本土根植性和产业关联。鼓励现代服务业领军企业在集聚区建设及其主导产业发育中发挥龙头带动作用。

（三）加强公共服务平台和行业协会建设

借鉴工业和信息化部、国家发改委、科技部等 7 部委 2010 年 4 月联合发布的《关于促进中小企业公共服务平台建设的指导意见》，我们可以将公共服务平台界定为主要按开放性和资源共享性原则，为企业提供信息查询、技术创新、质量检测、法规标准、管理咨询、创业辅导、市场开拓、人员培训、设备共享等服务的机构。鉴于当前我国在总体上尚未进入服务经济时代，鉴于大多数地区不具备建设现代服务业聚集区的条件，当前在我国发展服务经济，最为普遍而又现实的路径是建设公共服务平台。通过公共服务平台为更好地发挥服务业特别是现代服务业对产业结构优化升级和发展方式转变，对区域、产业和企业转型发展的引领、支撑、带动作用创造条件。从国际经验来看，行业协会往往不以营利为目的，它所提供的公共服务往往是政府或营利性组织不常做、不便做、不愿做或做得不好的，具有政府和企业不可替代的重要作用。行业协会往往是现代服务业发展的重要载体，也可成为发展服务经济的重要节点。中介服务组织的服务质量，也在很大程度上取决于公共服务平台和行业协会的支撑作用。

借鉴国内外经验，以产业集群和产业园区为重点，加强公共服务平台和行业协会建设，还可以在以下方面达到一举多得之效，加快服务经济的发展进程。一是促进中小企业、民营经济向服务业集聚区、功能区和产业集群、产业园区集聚发展，促进服务业发展的集群化和网络化，带动服务业的体制改革和机制创新；二是引导服务业的专业化、信息化和集约化，通过加快服务业发展方式的转变，增强服务业对产业发展、结构升级的引领支撑能力；三是更好地凝聚、引导和激发中小企业、民营经济对生产性服务业的需求，实现对生产性服务业的资源、信息和网络共享，节约服务业的发展成本与风险；四是更好地满足企业对生产性服务的差异化、多样化和高端化需求，更好地发挥生产性服务业对产业集群改造、产业结构升级的引领和带动功能；五是通过产业集群、产业园区的服务业发展和生产性服务业体系建设，更好地带动集群、园区内部的企业实现转型发展；六是加强服务业，特别是生产性服务业品牌建设，形成不同类型的服务业品牌，甚至服务业品牌与制造业品牌良性互动、共同发展的格局。

近年来，我国行业协会和公共服务平台建设日益引起重视，但就总体而言，行业协会和公共服务平台数量少、规模小、功能弱、同质性强、分工协作机制不健全等问题仍然比较突出，严重制约其功能作用的发挥。要培育发展服务经济的网络节点，应该突出加强对行业协会和公共服务平台建设的支持，鼓励行业协会在推进行业信息化、标准化和公共服务平台建设，促进行业交流和合作，加强行业自律、完善行业监管与治理中发挥作用。要注意适应运行环境的变化，及时调整行业协会同地方政府的关系，逐步完善行业协会的政府监管制度，促进行业协会自主发展，完善行业协会同地方政府之间的优势互补关系。要按照政府引导、市场运作，面向产业、服务企业，资源共享、分工合作的原则，引导和支持公共服务平台完善运行机制，增强服务功能，更好地引导企业加快产业（产品）结构升级，促进发展方式转变。优先支持企业（行业、产业）技术联盟、跨区域技术转移联盟、科技企业孵化器、服务业集聚区或功能区、大型仪器共享平台等公共服务平台建设。大力支持各类人才、社会资本、非营利机构和高等院校、科研院所参与公共服务平台建设。结合推进科技、教育体制改革和服务业体制创新，鼓励高等院校、科研院所兴办或转制为公共服务平台，注意引导各类公共服务平台形成分工协作、优势互补关系。要结合加强知识产权、信用评级等公共服务平台建设，加强相关预警机制建设，引导本土企业有效应对国际纠纷。

（四）引导服务经济的龙头企业和中介服务组织健康发展

企业是经济的细胞，发展服务经济也要从培育细胞层次开始。吴海宁、马丁基于国内外经验，将服务转型在企业层面带来的变化概括为3个方面，即转型前服务意味着成本支出，转型后服务成为企业的利润之源；转型前服务是某个部门的职责，转型后服务成为企业的整体性活动；转型前服务是企业的营销手段，转型后服务是企业的战略重点。[①]企业的服务转型意味着企业的服务化，如制造业企业从提供产品为主转向提供产品——服务包；制造业企业向服务业企业转型；制造业企业分离发展服务业，形成服务业企业的独立化；服务业企业提升服务品质，或提供问题的综合解决方案等。尤其是部分行业领军企业通过提升面向本行业的服务功能，成为全新概念的行业发展领头羊。这些行业龙头企业，也是发展服务经济的重要节点。随着分工的深化，部分传统的行业龙头企业日益专注于核心业务，把不具比较优势的业务分化或外包出去，由此导致企业之间的协作网络逐步延伸拓展，甚至居于行业龙头地位的企业也由单个转变为多个，形成行业发展的动态多元化格局。

与此同时，要健全对中介服务组织的引导和支持政策，鼓励其走专业化、市场化、产业化发展道路。发达完善的中介服务体系，是服务业发展的重要载体，也是现代服务业主导经济形态和发展方式演变的重要路径。[②]它还有利于疏通产权或要素的流动渠道，整合战略性创新资源，增强提供公共服务的能力与质量。中介服务组织的发展，还有利于扩大对公共服务平台，甚至行业协会等非营利组织的需求。推

---

①吴海宁、马丁：《服务转型问题管理》，第18、19页，上海，上海人民出版社，2008。
②姜卡罗·科洛和斯特法诺·米切利在研究作为地方创新体系的产业区时发现，制定新的产业区政策应该注意三项原则，一是承认领航企业在变革中的主角作用，二是价值链向国外开放，三是中介机构的创新。罗红波、〔意〕M.巴尔巴托主编：《产业区直面经济全球化——中意比较研究》，第263页，北京，社会科学文献出版社，2008。

进服务业的规模化、品牌化和网络化经营，也要以引导中介服务机构向专业化、规模化、规范化和品牌化发展为基础，鼓励其走产业化、社会化甚至国际化道路。要围绕产权或技术、知识产权等要素交易，重点加强产权或要素价格评估体系和市场信用体系建设，加大对相关中介服务机构，特别是中介认证机构发展的支持。鼓励各类资本、科技或经营人才、技术和知识产权权利人创办、领办或合办技术或知识产权转移等中介服务机构。鼓励高等院校、科研院所或行业协会等非营利组织兴办技术成果转化促进中心或知识产权服务中心等。鼓励有条件的技术或知识产权交易服务机构建立产品研发中心，开发适应市场需求的技术或知识产权服务产品。

二、科学选择区域切入点

早在 1930 年，毛泽东同志在《星星之火，可以燎原》一文中，分析了红军和游击队以及随之而来的"成长于四围白色政权中的小块红色区域的存在和发展"之合理性，还指出红军、游击队和红色区域的建立和发展，"无疑是促进全国革命高潮的最重要因素"，"政权发展是波浪地向前扩大的"，"现在虽只有一点小小的力量，但是它的发展会是很快的"。借用这种分析范式，在我国发展服务经济，从区域层面科学选择发展服务经济的切入点，也是重要的。具体地说，就是要把大城市、特大城市和大中城市的中心商务区及其部分转型升级压力大的老城区，作为发展服务经济的区域重点。把推动特大城市形成以服务经济为主的产业结构，作为优化服务业发展布局、构建城市化战略格局的重要手段。

在大城市、特大城市，大、中城市的中心商务区和部分转型升级压力大的老城区，要重点发展以信息化为引领支撑的知识密集型服务业，建设发展服务经济的核心区。通过加快核心区的产业转型和现代服务业发展，促进服务业结构优化和能级提升，引领带动和改造提升城市及周边地区的服务经济网络节点，形成对城市功能转型和产业结构优化升级的战略性带动效应，为在大城市、特大城市率先建成以服务经济为主的产业结构创造条件。要在统筹规划和鼓励分工协作、加强创新能力建设的基础上，以长三角、珠三角和环渤海三大城市群为重点，结合加强各具特色的服务经济网络节点建设，积极引导城市群内部不同规模、不同层次的城市形成各有特色的现代服务业主导产业，促进不同城市之间的功能分工，培育城市特色，增强城市群内部的有机联系和网络关系。要围绕支持这些重点，直接带动以大城市、特大城市为龙头的城市群逐步形成适应服务经济的政策和制度环境，辐射带动更多地区培育适宜服务经济的发展方式。

在我国发展服务经济的过程中，要以大城市和特大城市为重点，主要基于以下原因：一是这些地区基础设施和信息化的基础条件较好，要素市场较为发达，人才、知识、信息等创新资源密集，且可得性较强；二是这些地区土地、资金、劳动力等要素价格较高，附加值较低的制造业和传统服务业难以承受，容易因此向外转移，为现代服务业发展和区域产业转型留下空间；三是附加值较高的现代服务业，通过向这些地区集聚发展，可以获得市场需求规模化、集中化的优势，也可以增进企业之间合作交流的便利和互补性，有利于凝聚适应现代服务业发展的创新要素和人才。

要把大城市、特大城市的中心商务区及其部分转型升级压力大的老城区，作为发展服务经济和现代服务业的核心区，主要原因是：大城市、特大城市的中心商务区，往往是城市功能的核心区，也是城市经济、文化、科技资源高度密集，人流、资金流、信息流高度集中的地区。这些地区往往是城市现代服务业最为旺盛的增长极，也是现代服务业最具发展潜质的地区，具有主导经济形态和发展方式演变的优势条件，容易左右未来城市功能的演变方向。这些大城市、特大城市转型升级压力大的老城区，由于土地等要素价格较高且可得性下降，加之经济结构老化、社会负担沉重等问题突出，往往面临不转型即衰退的尴尬境地。通过发展现代服务业促进城区功能转型，是其摆脱困境难以回避的选择。当然，在服务业尤其是现代服务业的发展过程中，聚集经济和聚集不经济往往是一对矛盾。[1]基于国际经验，城市中心商务区建设可以依托城市中心区或老城区改造，也可以选择在新城区或其他更具潜力的地区。[2]

但是，以大城市、特大城市为重点发展服务经济也好，建设城市中心商务区、促进其老城区转型升级也罢，都应放在推进城市化的战略高度统筹考虑，努力促进

①蒋三庚：《中央商务区与现代服务业研究》，第5页，北京，首都经济贸易大学出版社，2008；刘奕：《服务业集聚发展：重塑城市空间形态的主导力量》，裴长洪主编：《中国服务业发展报告No.8》，第118～122页，北京，社会科学文献出版社，2010。

②如鉴于伦敦金融中心曾经出现以公司总部和专业服务业为主的商务活动集中区不断侵蚀市民住宅区，并破坏中心区的历史风貌，伦敦市政府推动形成了以泰晤士河码头区城市更新为代表的新城市化中心，使之成为伦敦第二个中央商务区。见.刘奕：《服务业集聚发展：重塑城市空间形态的主导力量》，裴长洪主编：《中国服务业发展报告No.8》，第118～122页，北京，社会科学文献出版社，2010。

城市化与服务经济的互动发展。①城市化不仅会带动生产方式、生活方式的转变，还会带来产业和创新要素分布的集聚化，为加快发展服务业，特别是现代服务业创造条件。与此同时，服务业，尤其是现代服务业的发展和结构升级，影响着城市知识、技术、信息、人才等创新要素的流动，决定了城市功能转型升级的程度与方向，影响着城市对周边地区的辐射带动能力，进而影响着城市化质量。一个城市能否成为区域中心城市，它是综合型城市，还是工业城市、旅游城市、文化城市、专业型服务城市，抑或消费型城市，与其服务业结构也有密切关系。以传统服务业为主导的城市服务业结构，很容易导致低效劣质的城市化和城市功能老化，影响城市对周边地区的辐射带动能力。以现代服务业为主导的城市服务业结构，往往导致高效优质的城市化和城市功能的新型化，有利于增强城市对周边地区的辐射带动能力。在一个城市群内部不同城市之间，各具特色、分工明确的服务业结构，也容易形成各具特色、优势互补的城市功能。

当今世界，知识经济和信息技术、网络技术的迅速发展，不仅为产权和创新要素的流动与优化组合提供了便利，也会对城市化和服务经济发展的路径选择产生深刻影响，为城市化和服务经济的互动发展提供新的更高平台；对于提升城市功能和城市群、城市化及服务经济的发展质量，具有重要的乘数效应。知识经济和信息技术、网络技术的迅速发展，还导致城市内外的产业之间、城市之间的组合关系日趋复杂多样，有利于促进城市功能分化，推动城市化和服务经济发展模式的多样化。可见，以大城市、特大城市为重点加快发展服务经济，还需要注意统筹推进信息化和城市化、服务经济的发展。

基于我国实际，为此需要注意以下问题：①加强区域性乃至全国性中心城市建设。按照建设世界城市、国际大都市、区域性中心城市等不同目标，因类制宜地重新定位中心城市服务业的发展方向和重点，强化各具特色的城市服务业结构。从国际经验来看，世界城市作为全球经济运行管理和控制的中心，与其在高端现代服务

---

①需要注意的是，关于服务经济与城市化的关系，不同的研究者往往有不同的结论。研究服务经济的学者往往认为城市化是发展服务经济的动力所在，城市化带来的人口集聚和经济集中，有利于带动生活性服务业和生产性服务业的需求向城市集中，强化对服务业发展的需求拉动效应。研究城市发展和城市化的学者又可能认为，现代服务业是城市功能转型的支撑，加快发展服务业，尤其是现代服务业，有利于带动城市功能转型和城市化质量的提高，增加城市对人口集聚的吸引力。然而，从国际经验和大量实践来看，二者应该是一个互动发展、互为表里的关系，单纯强调某一方面，往往是片面的、武断的。

业方面的优势地位密不可分。区域性中心城市作为城市群发展的主导力量，往往以其作为区域生产性服务中心、信息中心、文化中心、创新中心作依托。②要在推进区域基础设施建设一体化的同时，统筹推进城市群内部的信息化建设，积极发挥信息化对区域经济一体化的龙头带动作用，培育区域之间、企业之间的资源共享和产业合作机制，引导创新要素交流和互补。③跳出盲目模仿、功能雷同的城市发展套路，引导不同规模、不同类型城市增强服务业发展的特色，形成不同的功能定位和服务业梯度，借此促进城市功能优化转型，为增强城市功能和强化城市之间、城乡之间的产业联系和分工协作关系，为培育布局合理、功能完善、联系紧密、特色鲜明的城市群，为增强城市群的竞争力创造条件。④跳出以土地城市化和城市美化为重点的传统城市化道路，积极推进农民市民化，提高城市化的发展质量。近年来，我国农民进城规模不断扩大，许多农民进城后，成为城市服务业的主要就业者，但其大部分难以分享城市公共服务，农民工在子女入学和享受保障性住房、社会保障、公共卫生等方面的问题迟迟得不到有效解决，市政公用事业惠及农民工的程度也很有限。因此，许多农民工虽然进城了，但难以真正融入城市，与此对应的城市化质量也不高。要加快发展主要面向农民工的服务业，推进城市公共服务业向农民工延伸服务能力，疏通城市基本公共服务惠及农民工的通道，让更多的农民工更好地融入城市发展和生活。

三、完善产业政策和战略、规划

长期以来，从战略上重视服务业和服务经济发展，健全支持服务业的产业政策和法律法规，是许多发达国家发展服务业和服务经济的重要措施之一（见专栏12-1）。2007 年《国务院关于加快发展服务业的若干意见》（国发〔2007〕7 号）、2008 年《国务院办公厅关于加快发展服务业若干政策措施的实施意见》（国办发〔2008〕11 号）相继发布，2007 年 9 月在安徽合肥召开了全国服务业工作会议。此后，在国务院层面，尚未专门出台新的系统性支持全国服务业发展的政策文件，也未召开新的全国服务业工作会议。

专栏 12-1：发达国家重视发展服务业和服务经济的战略与规划

如 2006 年，日本颁布的"新经济成长战略"，改变了以往单纯依靠制造业带动经济增长的传统思路，提出通过服务业和制造业双引擎共同带动日本经济可持续发展的新战略，其服务业政策的主线是适应生产专业化分工发展的要求，促进服务业创新，提高服务业效率，增加产品和服务的附加值，进而提高日本产业在国际上的综合竞争力。近年来，日本政府根据人口老龄化及制造业服务活动产业化的趋势，将提升生活品质和商业运营效率作为服务业发展的目标，提出重点发展健康福利服务、旅游观光业、内容产业、育儿支持服务、商务支持服务和零售服务业等6大服务行业。新加坡政府1985年就提出将服务业与制造业作为经济发展的"双引擎"，1998年提出要将新加坡发展为面向全球化的亚洲服务经济中心。2002年提出未来10年的服务业发展战略，目标是成为全球贸易中心、全球领先的物流集聚中心、国际海事中心、体验式数据中心、亚洲金融中心、旅游商业之都和旅游教育中心，最终成为亚洲提供世界级服务的主要国家。2009年，新加坡经济发展局又推出了全新的总部经济战略——"家"战略，提出包括"企业之家"、"创新之家"、"人才之家"等3个方面的概念框架，提升新加坡的服务业定位。韩国政府从本世纪初开始，出台了许多服务业发展的鼓励政策，减少或消除服务业与制造业之间的政策差别，消除不利于服务业发展的政策环境，并制定重点服务业领域发展计划。2007年，韩国综合已出台的服务业发展政策，制定了新的"增强服务业竞争力综合对策"，包括改善服务业经营环境、培育有发展前景的服务业门类和强化产生赤字部门的竞争力，显示了着力培育"新增长动力产业"的决心。这些综合对策还提出按照不同行业的特点和需求，进行特殊政策倾斜。

（参见上海市经济和信息化委员会、上海科学技术情报研究所编著：《2010年世界服务业重点行业发展动态》，第26、27页，上海，上海科学技术文献出版社，2011。）

但是，近年来，全国服务业改革发展的形势出现了一系列重大变化。首先，各省、市、自治区，中央政府各部门结合相关服务业工作，出台了许多鼓励服务业发展的政策措施。在国务院层面也陆续出台了一系列专门支持服务业重点地区、重点行业发展的政策措施。①国家和部分省市服务业综合改革试点，在完善服务业发展的体制机制和政策环境、创新服务业发展模式方面，正在积极展开探索和试点工作。许多地方还结合发展服务业，进行了自发探索和试验、示范。在此基础上，系统总

---

①如2009年《国务院关于推进上海加快发展现代服务业和先进制造业建设国际金融中心和国际航运中心的意见》、2010年《国务院办公厅关于发展家庭服务业的指导意见》、2011年《国务院办公厅关于促进物流业健康发展政策措施的意见》等陆续出台。

结近年来各地、各部门支持服务业改革发展、完善服务业发展的体制机制和政策环境、创新服务业发展模式等成果，从促进服务业整体发展和健全现代产业体系的角度，形成目标更高、基调更清晰、保障更有力、战略性和系统性更强的服务业支持政策，并在产业政策中提高支持服务业发展的定位，加快消除服务业相对于制造业的差别待遇，条件已逐步成熟。更重要的是，当前，我国工业化、信息化、城市化、市场化、国际化深入发展，经济社会结构加速转型，①正在不断提出对加快发展服务业的新要求和新挑战，要求通过服务业支持政策的整体创新和产业政策的战略性转型，更好地支持产业结构的战略性调整和发展方式转型。尤其是"十二五"规划要求以科学发展为主题，以加快转变经济发展方式为主线，坚持把经济结构战略性调整作为加快转变经济发展方式的主攻方向，把推动服务业大发展作为产业结构优化升级的战略重点。这些方面，进一步要求从整个产业结构优化升级和发展方式转变的大局出发，超前谋划服务业发展的战略、规划，完善支持服务业发展的产业政策体系。这比发展服务业的单项政策创新，要重要得多。

　　基于上述方面，建议加强对服务业发展的战略、规划、政策和国内外经验研究。建议近期在全国范围内，加强对服务业发展现行政策落实情况的检查，廓清影响政策落实的难点；加快总结近年来各地、各部门发展服务业的政策创新和改革试点，并对妨碍服务业发展的政策措施进行系统梳理。在此基础上，顺应我国经济转型发展的要求，逐步调整产业政策支持服务业发展的基调，②坚持服务业与制造业并重发展、服务业适度优先的方针，着力把服务业培育成我国经济转型发展的战略引擎，着力促进服务业成为经济结构战略性调整的主要驱动力，着力促进产业融合和经济服务化、服务产业化。按照这个基调，顺应服务业鼓励创新和分工协作的方向，重

---

①比如，当前我国正处于从中等收入国家向中等发达国家迈进的阶段，需要时刻警惕落入"中等收入陷阱"。"十二五"期间，我国城市人口占总人口的比重将会超过农村人口；服务业占 GDP 的比重将会超过第二产业，服务业占就业的比重将会超过农业，成为三次产业中占 GDP 和就业比重最大的产业，农业占 GDP 的比重将会低于 10%，人口老龄化形势日趋严峻。

②许多发达国家的服务业支持政策主要表现在两个方面，一是服务业专门领域的发展政策，二是综合性、普适性的服务业中长期发展规划和产业政策。近年来，第二个方面日益受到各国政府的青睐，并注意将科技政策、竞争政策和产业政策结合起来，支持服务业发展。发达国家推进制造业服务化，更多重视的往往是系统性的政策架构和方案，而不是项目。政策内容涉及前期研发、愿景规划与塑造、建立运营模式共创与知识交流平台、分析与发展相关议题、要素和模式、设立主要研发计划和发展支持网络等。参见上海市经济和信息化委员会、上海科学技术情报研究所编著：《2010 年世界服务业重点行业发展动态》，第 353 页，上海，上海科学技术文献出版社，2011。

新调整产业政策支持服务业发展的定位和方向，系统清理不适应服务业发展的政策措施；围绕妨碍现代服务业、影响其对发展方式转变发挥主导作用的重点难点问题，鼓励各地、各部门积极开展试点试验，并加大财税、金融等支持力度。在最近两三年内，积极争取召开第二次全国服务业工作会议，并以国务院名义出台新的系统性支持服务业发展的政策文件。

我国"十二五"服务业发展规划正在修改定稿的过程中。待这个规划发布后，建议抓紧规划的实施组织工作，鼓励各地、各部门围绕规划精神，积极出台以"十二五"为重点，面向2020年的相关专项规划，并积极做好组织实施和修订完善工作。鼓励具备条件的大城市、特大城市和大中城市的中心城区、转型升级压力大的老城区，制定和组织实施以"十二五"为重点、面向2020年的服务经济发展规划，促进城市功能转型和服务业发展。

第十三章 搭建发展服务经济的平台：
产权和技术交易服务体系①

"十二五"规划提出以加快转变发展方式为主线，是综合性、系统性、战略性的转变，必须贯穿于经济社会发展全过程和各领域，在发展中促转变，在转变中谋发展。而转变发展方式涉及需求结构、产业结构（供给结构）、要素投入结构和产业组织结构的转变等主线。其中要素投入结构的转变和产业组织结构的转变，相对于产业结构的转变，更多地居于基础层次，更多地涉及体制机制等内容。加强产权和技术交易服务体系建设，可以为要素投入结构的转变提供基础平台。加快发展方式转变，必然对加强产权和技术交易服务体系建设，不断提出新的更高要求。当前我国产权和技术交易服务体系建设滞后，增加了服务业发展的成本、风险和困难，影响了服务业对产业结构优化升级和发展方式转变的支撑能力；还导致产业体系的运行发展难以得到有效的引领支撑，制约了经济结构战略性调整和发展方式转变。因此，加强产权和技术交易服务体系建设，对于发展服务经济具有重要的平台效应和结点作用。

一、边界的确定

产权和技术交易服务体系，旨在为产权和技术流动提供平台支撑。本文重点关注产权交易、技术交易和知识产权服务体系等。产权包括物权、债券、股权、知识产权等各类财产权，涵盖有形资产产权和技术产权、知识产权等无形资产产权。产权交易对应于国际上的并购重组交易和私募股权交易。广义的产权交易还包括股票、债券等交易。鉴于国内外对股票和债券交易的研究较多，本文在研究产权交易服务

---

①在写作过程中，参考了洪群联对知识产权服务体系、王佳元对产权交易市场、刘文纲对技术交易服务体系的专题研究报告。但文责自负，且与其他章节一样，由作者独立完成。

体系时，不关注股票交易和债券交易。国外没有有形的产权交易市场，国际并购重组市场等仅为无形市场。与此不同的是，目前我国的产权交易主要是在有形的产权交易市场进行的。技术交易包括技术开发、技术转让、技术咨询和技术服务等内容，其直接目的是实现技术转移和科技成果转化。技术交易服务主要为技术交易供求双方提供交易条件和交易配套服务，包括技术交易场所服务、技术交易经纪服务、技术交易咨询服务、技术评估服务、技术信息服务等。知识产权服务体系旨在提升知识产权创造、运用、保护和管理的能力，为社会提供知识产权代理、评估、质押、风险投资、预警、展示交易、许可、培训、诉讼、维权、信息等服务。

产权交易服务体系、技术交易服务体系、知识产权服务体系有一定交叉，但侧重点和范围有较大差别。产权交易服务体系包括技术产权交易服务体系和知识产权服务体系等。技术产权交易在实现技术交易的同时，还带有入股、并购等产权交易行为，旨在实现技术成果与资本的结合。技术交易服务体系包括技术产权交易服务体系，但其中的技术咨询、技术服务等与技术产权交易没有直接关系，不属于产权交易服务。技术转让交易的对象是有明确所有权、可商品化的技术，其可交易性多来自于法律保护或所有者自身采取的保密措施。因此，技术转让意味着知识产权权属的变更，等同于知识产权中的专利及非专利技术交易，技术所有者同时也是知识产权的拥有者。同时，技术开发、技术咨询和技术服务的交易可能涉及知识产权保护的内容，却在知识产权交易的范围外。至于著作权、商标权等知识产权的非技术部分，则不属于技术交易。

二、重要性与紧迫性

（一）促进产权和技术的流动与优化组合，为推动经济平稳较快发展和改善民生创造条件

"十二五"时期，是加快转变经济发展方式的攻坚时期。转变经济发展方式必然体现在需求结构、产业结构和技术投入结构的转变等方面。加强产权和技术交易服务体系建设，强化其功能，第一，可以为在更大范围、更广领域内促进产权和技术的流动与优化组合，提高其配置效率和利用效益创造条件。产权交易市场、技术交易市场、知识产权交易市场，还为产权和技术交易提供了发现价格和投资者、降低成本与风险的市场平台。第二，有利于规范国有企业的股权融资和国有产权转让行为，按照公开、公平、公正原则，促进国有资产保值增值。以 2008 和 2009 年山东

产权交易中心为例，共成交国有产权交易项目 140 宗，国有资产评估值 20.51 亿元，通过该中心挂牌后实现溢价成交 51.27 亿元。

加强产权和技术交易服务体系建设，还有利于农户、中小企业、民营经济等弱势群体拓展融资渠道、增强其参与股权流转和利用优质要素的能力，对于保障和改善民生、促进发展成果更好地惠及全体人民，具有重要的社会价值。如相对于证券市场，产权交易市场作为非上市公司的股权交易平台和较低层次的资本市场，为更多中小企业和民营经济提供了进入资本市场的便捷机会。如近年来，山东产权交易中心一方面，为国有企业盘活存量资产、优化增量投入提供配套服务；另一方面，开展了民营产权、信托受益权、技术产权、实物资产、金融资产等交易业务，以及企业增资扩股、为上市公司征集重组方、股权质押、典当融资、财务顾问等配套服务，成为集股权、物权、债权、知识产权交易于一体的综合性产权交易平台，其信息积聚、价格发现、制度规范和中介服务功能日臻完善，集聚资源的能力迅速增强，服务领域明显拓展。

（二）有利于健全对创新成果、创新要素的保护和开发利用机制，支持产业创新能力的发育和创新型国家建设

加强产权和技术交易服务体系建设，不仅有利于优化产业发展环境，降低产业发展的成本和风险；还有利于健全对产权，特别是知识产权、技术产权和人力资本产权等创新成果、创新要素的开发利用机制，引导资金、人才、技术、知识产权等创新要素向企业聚集，提升企业和产业的核心竞争力。借此，还可以创造、提升更多的高级或专业型生产要素，推动产业要素结构升级，形成需求结构、产业结构和要素投入结构优化良性互动的机制，促进经济发展更好地转向主要依靠科技进步、劳动者素质提高和管理创新的轨道。以江苏省为例，近年来该省技术交易服务体系健康发展。到 2010 年 11 月，已有 7 家技术交易机构被科技部评为国家级技术转移示范机构，全省技术市场网上统计成交 3311 项，成交金额 128.82 亿元，较上年同期增长 61.2%。通过在全国率先开展职务技术成果挂牌转让工作，无偿为职务技术成果提供挂牌、筛选、评价、商业策划等服务，降低了高校、科研院所等职务技术的转化成本，提高了转化率，2010 年实现挂牌项目 800 余项。2009 年和 2010 年，全省累计完成 18 笔企业知识产权质押贷款业务，累计贷款 3080 万元。该省还依托技术市场业务平台，面向技术供给方、技术需求方、技术经纪人和其他社会中介，以建设共享机制为核心，整合高等院校、科研院所、各类科技企业、技术经纪人、资

产评估机构、担保公司和会计、律师、咨询、专利等商务服务机构，集成服务，形成涵盖全省、支撑科技创业的技术经纪服务体系，以及技术市场网站、交易大厅、内部管理业务三大信息发布系统。

（三）有利于支撑和带动服务业发展，增强其对产业结构优化升级和发展方式转变的引领带动能力

产权和技术交易服务体系既是服务业的重要内容，又是服务业发展的重要环境。由于其公共品属性较强，加强产权和技术交易服务体系建设，不仅有利于规范服务业市场秩序，降低服务业发展的成本与风险，增强服务业的自我发展能力；还可以为规范产权、技术或知识产权领域的交易行为提供载体，为发挥信息化对服务业发展的支撑、引领和带动作用提供平台，从而有利于带动商务服务业、科技服务业、金融服务业等服务业重点行业加快发展。如到 2010 年 11 月，江苏省已拥有签约技术经纪人 2000 名，其中具有中、高级职称者超过 70%。又如山东产权交易中心从 2008 年开始推行产权交易会员代理制，将中介机构纳入中心会员管理，依托会员对交易双方提供投资咨询、经纪代理、项目推介和价值评估等服务。在该中心现有会员中，已形成投资咨询公司、拍卖公司、会计师事务所、律师事务所、招标公司、评估公司、清算公司等中小型服务企业 220 余家，中介服务机构从业人员 2000 余人。随着经济全球化和知识经济的迅速发展，企业和区域经济的竞争能力越来越多地取决于对产权特别是技术产权和知识产权的运营能力，由此导致加强产权和技术交易服务体系建设的重要性进一步凸显。

（四）加强产权和技术交易服务体系建设，有利于加快深化服务业改革

加强产权和技术交易服务体系建设，往往需要同促进其运行机制的市场化结合起来，为发挥市场机制对资源配置的基础性作用创造条件。因此，加强产权和要素交易服务体系建设，往往是个深化改革和对非国有经济开放的过程。借此，为不同类型经济主体公开、公平、公正地参与产权和技术交易服务体系建设创造条件，引导和激发不同利益主体参与其建设的积极性。这还有利于提高产权和技术交易服务的运行效率与效益，化解其需求快速增长与公共财政投入能力不足的矛盾。其次，推进产权和技术交易服务体系建设的市场化，本身就是推进服务业改革的重要内容，还会引发和带动服务业其他领域的改革与发展，并对推进服务业其他领域的改革提出新的要求和支撑平台。如从 1999 年 5 月起，江苏产权交易所强调以市场化服务为

手段，面向企业提供并购、重组咨询服务，借此培育产权交易市场。到 2011 年年初，其业务范围已覆盖 3 大领域，一是省属企业国有产权转让、省属行政事业单位国有资产处置、省属金融企业资产交易等国有产权转让业务；二是通过市场化方式，为非国有产权转让和企业股权融资提供服务，为企业改制和并购重组提供咨询，为非上市股份公司提供股权登记托管服务；三是作为全省企业国有产权转让信息的统一发布平台，为有关部门和交易所会员提供财经动态信息及投资资讯。

三、建设现状

长期以来，我国产权和技术交易服务体系在曲折中发展、在探索中前行，目前已开始进入规范发展和稳定运行阶段。其具体表现是：

（一）支持政策和法律法规不断完善，公共服务平台建设明显加强

如 2003 年 12 月，国资委就颁布了《国有企业产权转让管理暂行办法》，明确要求企业国有产权交易必须进场阳光操作。为支持技术交易服务体系建设，2006 年科技部发布了《关于加快发展技术市场的意见》。2007 年科技部、教育部和中国科学院决定联合实施"国家技术转移促进行动"，联合发布了《国家技术转移促进行动实施方案》。近年来，我国知识产权保护制度建设也在不断加强。

产权和技术交易市场本身就是重要的公共服务平台。近年来，许多地方日益重视其建设和发展，并将加强产权和技术交易公共服务平台建设放在突出位置。如山东济南市通过加大财政支持力度，促进了大型科学仪器设备共享平台、知识产权信息服务平台、国家专利技术（济南）展示中心、科技成果转化平台、软件开发与综合测试服务平台等良好运行。济南市知识产权交易市场的服务内容，已涵盖咨询登记服务、项目展示服务和项目、图书查询服务等方面。迄今为止，全国已完成 47 个地方专利信息服务网点的建设工作，大部分产权交易所都开辟了知识产权交易平台，中国技术交易所还推出了企业专利项目的投融资服务，并开通了"知识产权一站式服务平台"。

（二）面向需求的创新活动日趋活跃，服务功能和服务领域逐步拓展

长期以来，随着国有企业股份制改革的推进，仅靠沪、深两个证券交易所，远远不能适应众多国有企业股权融资和股权转让的需求。我国产权交易市场的发展，

顺应了国有企业改制重组和产权有偿转让迅速扩张的需求。这是 20 世纪 90 年代中后期我国产权交易市场形成和发展的重要原因。当前在我国产权交易市场，国有产权交易仍占较大比重，与此有很大关系。近年来，我国产权交易市场的创新，导致交易品种迅速增加，服务功能和服务领域迅速延伸，甚至非国有产权交易的比重也在明显提高，这与不同类型企业的产权交易需求迅速扩张有很大关系。如 2009 年和 2010 年前 11 个月，山东产权交易中心的交易项目金额分别达 69.45 亿元和 53.32 亿元。其中，非政策要求必须进场项目的成交额分别已占项目成交总额的 56.4% 和 66.7%（见案例 12-1）。2006～2008 年，在我国产权交易市场的成交额中，国有产权交易的比重已由 76.3% 下降到 62.3%，非国有产权交易的比重已由 23.7% 上升到 37.7%。有些产权交易市场的非国有产权交易已经超过国有产权交易。如 2009 年，北京产权交易所在全国央企业务市场的占有率已达 47%，但非国有资产交易业务仍占其交易总额的 57%。[①]该所已形成中央单位产权交易中心、市属单位产权交易中心、投融资服务、跨国并购、技术交易、林权交易、金融资产、环境交易、矿业权交易、石油交易、黄金交易、文化交易、股权登记和金马甲等市场平台。

案例 12-1

近年来，山东产权交易中心积极创新，拓展为非公非标准化资源提供市场化服务的领域。一是积极搭建金融资产并购交易平台，探索开展金融企业股权、债权、不良资产等处置与交易，同部分银行、省农信社及长城资产管理公司在金融资产交易、企业融资服务、并购贷款等方面开展全方位合作；并同民生银行和中信银行签订框架协议，为这两家银行通过产权市场开展信贷资产转让业务提供平台。二是培育作为非公非标准化产权交易平台的功能，吸引各类社会资源进场交易。到 2010 年年底，该中心已实现民营产权转让项目挂牌 240 余宗，成交额近 18 亿元；已开展信托受益权交易 38 亿元；已通过开展核销资产进场交易业务，取得核销资产处置收入 1.8 亿元。该中心还将与山东省黄河三角洲建设办公室合作，在东营市开展地方公共资产、公共产品、公有产权市场化业务；与大众报业集团合作，共同出资设立文化产权交易所，为相关文化产权主体提供产权交易、投融资与孵化成长服务。三是发挥市场融资功能，解决企业融资难问题。该中心积极开展中小企业股权托管及质押

---

① 王刘芳：《北京产权交易所成全国最大产权交易市场》，www.sina.com.cn，2010-01-20。

融资服务；并结合股权融资，通过市场化运作，帮助企业引入战略投资者；通过公开征集意向重组方，组织其竞争性谈判，将增值服务植入上市公司的股权转让领域。

与此同时，近年来，围绕技术交易或知识产权交易服务，许多地方的创新活动也在蓬勃展开。如江苏省在全国较早开展了职务技术成果挂牌转让工作和知识产权质押贷款业务，较早制定了《技术交易与技术产权交易服务规范》、《科技企业创业服务规范》、《知识产权质押贷款服务规范》等省级技术交易服务标准。

（二）发展规模迅速扩张，专业化、特色化和综合化、融合化并行发展

1988 年武汉市率先成立了全国第一家企业产权转让市场。迄今为止，全国已形成近 300 多家产权交易所和技术产权交易所。按 IPO（首次公开募股）口径融资额计算，2003 年以来，除 2007 年外，我国产权交易市场的融资额一直超过股票市场。如 2008、2009 年，我国产权交易市场的融资额分别为 4072 亿元和 5000 亿元，分别相当于股票市场融资额的 3.94 倍和 2.47 倍。作为全国最大产权交易所的北京产权交易所，各类产权交易额已由 2003 年的 214.3 亿元，增加到 2010 年的 2227.25 亿元，年均递增 39.7%。[1]到 2010 年年底，全国已建成各类技术市场 400 余个，由政府和企业投资建设的孵化器（或创业服务中心等）500 余个，科技咨询评估机构 13000 多家。自 1992 年全国第一家生产力促进中心成立以来，生产力促进中心已发展为全国行业总体规模最大的科技中介服务机构。2009 年，全国已有生产力促进中心 1808 家，从业人员 22575 人。[2]2003～2010 年间全国技术市场合同成交额年均递增 20.1%，2010 年达 3906 亿元，其中技术开发、技术服务、技术转让和技术咨询合同成交额分别占 41%、40%、16%和 3%[3]。

知识产权服务体系的发展情况，从专利代理机构的发展可见一斑。2009 年，全国仅专利代理机构就达 700 余家，专利代理执业人员近 6000 人。2009 年专利申请量和专利授权量位居全国第一的江苏省，2004 年共有专利代理机构 36 家，专利代理人

---

①根据北京产权交易所网站数据整理。
②产业促进处：《2009 年全国生产力促进中心统计报告》，hhtp://wenku.baidu.com/view/ea6ff310cc7931b765ce151d.html.
③佚名：《2010 年全国技术市场合同交易统计分析》，载于科技部火炬高技术产业开发中心网站，2011-04-22。

190 人，专利代理总量 15993 件；2010 年除有 2 家国防专利事务所未参加年检外，还有专利代理机构 45 家，执业专利代理人 283 人、辅助工作人员 467 人，专利代理总量达 95569 件；并有 7 家外省市专利代理机构在该省设立分支机构，17 名外省市专职代理人在该省执业。

近年来，在我国产权和技术交易服务体系的运行中，专业化、特色化与综合化、融合化并行发展的趋势迅速显现。如 2010 年浙江省成立公司制的林业产权交易所，主要功能为开展林权转让、大宗林产品交易、相关业务咨询和培训等。同年 8 月在安徽，省文化产权交易所、环境能源交易所、农村综合产权交易所和版权交易中心同时揭牌成立。2009 年 11 月，按照"文化对接资本、交易创造价值"的理念，深圳市文化产权交易所正式挂牌。

我国产权交易市场的综合化和融合化，一方面表现为随着其服务功能和领域的拓展，部分产权交易市场的内部分工日益细化，对不同类型产权交易的协调整合能力逐步增强；另一方面表现为产权交易市场、技术交易市场、知识产权交易市场相互融合和渗透的趋势加快显现。如 2003 年，上海产权交易所与上海技术产权交易所合并，形成上海联合产权交易所。2004 年，北京产权交易中心和中关村技术产权交易所合并为北京产权交易所。由国务院批准成立，北京市政府、科技部、国家知识产权局和中科院联合共建，北京产权交易所、北京高技术创业服务中心等共同投资组建的中国技术交易所，采取有限责任公司形式，按照"技术＋资本＋服务"的创新理念，致力于打造技术交易互联网平台、科技融资创新平台和科技政策市场化操作平台，通过与经纪、咨询、评估等专业中介机构合作，为专利技术、商标及其他知识产权通过转让、许可、入股、融资、并购等方式实现转移转化的全过程，提供低成本、高效率的专业化服务。

（四）分层、分化趋势迅速显现，联合化、网络化加快形成

当前，全国产权交易市场大致可分为 3 个层次，第一层次为上海联合产权交易所、天津产权交易中心、北京产权交易所和重庆联合产权交易所，为经国务院国资委选择的中央企业国有产权交易试点机构。

第二层次和第三层次分别为各省级产权交易机构和地市级产权交易机构。在此基础上，近年来全国产权交易市场的分化重组进程不断加快，产权交易向大机构集

中的趋势日趋凸显，①产权交易市场联合、整合和网络化发展的态势加快形成。如湖北省国资委以统一监管机构、统一交易规则、统一信息发布、统一审核鉴证、统一收费标准为目标，整合省属和武汉市各类产权交易机构，组建了武汉光谷联交所。武汉光谷联交所通过独资或控股方式，在市州设立分支机构，并启动产权型分支机构标准化建设和网络系统改造升级，形成以资本为纽带、全省统一的区域性产权交易市场和全省产权交易市场共享的网络交易支撑平台②。

　　我国产权交易市场的联合、整合和网络化发展，还表现为产权交易市场的跨区域联合和合作不断增加，区域性市场联盟逐步形成和发展。早在 1997 年，上海产权交易所就联合西起青海、东至福建的 29 家产权交易中心，建立了"长江流域产权交易共同市场"，在全国率先探索产权交易一体化活动。"长江流域产权交易共同市场"现有 22 个省市的 43 家产权交易机构参加，系非营利性区域性民办非企业合作组织，正在着力打造多层次、多板块、多元化的区域性产权交易大市场，大力推动"中国并购网"建设，逐步实现共同市场的联合挂牌、联合推介、联合竞价、联合统计、联合结算和联合自律。2002 年由北方 16 家产权交易机构组建的北方产权交易共同市场，其会员已经扩大到目前的 60 余家产权交易机构。嗣后，黄河流域产权交易共同市场、西部产权交易共同市场等产权交易共同市场、联合市场相继成立，这些市场的会员单位之间逐步深化合作或拓展联合。2005 年，北京技术市场管理办公室牵头，山东等 7 省市技术市场管理机构共同发起创立了环渤海技术转移联盟。2009年，北京产权交易所牵头，广州产权交易所、天津交易中心等 20 余家产权交易机构共同出资，创立覆盖全国、基于互联网的产权交易服务平台，形成了为产权交易提供在线服务的第三方电子商务平台等定位，相应设立了北京金马甲产权网络交易有限公司。

---

　　①如 2009 年，作为北京产权交易所和上海联合产权交易所的产权交易成交额分别达到 1296.18亿元和 1261.55 亿元，分别较上年增长 37.4%和 17.5%；相比之下，广州产权交易所、天津产权交易中心、重庆联合产权交易所、山东产权交易中心的产权交易成交额分别仅为 494 亿元、403 亿元、274.9 亿元和 207.51 亿元。而在全国省级地方产权交易机构中，山东产权交易所的成交额还基本处于领先位置。佚名：《京津沪渝穗 2009 年全年成交额齐涨》，www.sina.net，2010-02-09；对山东产权交易中心的调查。

　　②湖北省国资委：《湖北省基本形成多功能多层次的综合性产权交易市场》，湖北省政府门户网站，2010-12-29。

四、主要问题

（一）政策支持亟待加强，法律法规建设滞后

迄今为止，虽有部分地区明确规定公共资源和公共产品转让必须进场（产权交易市场）交易，但仍有不少地区对此缺乏明确、有力的政策引导和支持，至于国有产权转让未能做到"应进必进，能进则进"的更多。在许多地方，分属不同部门的公共资源转让，仍基本通过审批制或内部处理，难以通过进场交易实现增值，并规避权力寻租和暗箱操作；至于行政事业单位的国有产权（资产）转让，多数仍未进入产权交易市场。因政策引导和支持不足，要推进公共资源和行政事业单位国有产权的进场交易，往往因部门利益的阻挠而难以推进。随着国有企业产权改革的深入推进，多数地方的国有企业已明显减少。产权交易市场如果单靠企业国有产权进场交易，难免出现业务大幅萎缩的问题，拓展其服务品种和领域日趋迫切。但至今这方面尚缺乏系统化的鼓励政策和措施。在引导非国有产权和公共资源进场交易方面，情况尤其如此。至于适应形式变化，调整产权交易市场的政策定位更为迫切。

法律法规体系建设滞后，在产权交易市场也有突出表现。《企业国有产权转让管理暂行办法》虽对企业国有产权转让行为进行了规范，但已严重滞后于产权交易市场发展的需求。因为许多产权交易市场的服务领域已经超出企业国有产权转让的边界，甚至涉及民营经济的产权转让行为。迄今为止，产权交易过程中涉及的资产、债务、税收处理和人员安置问题，尚无明确的法律规定或行为规范，导致产权交易中的许多重要事项必须依靠政府行政行为或审批，难以体现市场经济的规范要求。在产权和技术交易服务体系的运行中，法律法规不健全，缺乏必要的失信惩戒制度，往往加剧地方政府急功近利的行为和市场秩序不完善的问题，加剧相关中长期支持政策的薄弱。如近年来，许多地方政府为落实《国家知识产权战略纲要》，出台了实施意见。但多数地方仍立足于快速提高知识产权申请量，对从战略上支持知识产权中介服务机构的发展重视不够，缺乏有效的财税、金融支持政策；多数只是针对技术开发、技术转让、技术咨询、技术服务等实行减免税政策，且设置了较为严格的限制条件。

（二）宏观监管和统筹协调仍然薄弱，行政垄断、条块分割、地区分割和部门分割问题突出

近年来，在我国产权和技术交易服务体系中，政策支持薄弱、法律法规不健全、

市场秩序不完善的问题日趋突出，侵权现象时有发生，与对产权和技术流动的监管体系薄弱，统筹协调和宏观监管能力不足密切相关。目前，全国产权交易市场的发展，基本上呈现地方政府主导的格局；数百个产权交易市场多属国资委主管，此外还有不少分属财政部门、发改委或科技等部门主管。至于不同产权交易市场分属不同层级政府部门主管的现象也比较多见，容易形成重复建设和过度竞争问题，最为突出的是省级和省会城市产权交易市场之间的竞争。这种重复建设和过度竞争，容易导致产权交易分散和信息流动的障碍，制约市场交易总规模的扩张和可持续发展能力的增强，加入市场运行和监管的成本与风险，甚至妨碍产权交易市场的改造升级，制约交易手段现代化和交易信息网络化。2011年成立、由国务院国资委主管的企业国有产权交易机构协会，其积极作用值得期待，但其首批机构会员仅66家，覆盖面有限。当前，我国产权交易市场、技术交易市场、知识产权市场有的属于事业单位，有的属于国有独资企业，或改成公司制。主管部门或微观体制不同，还导致这3类市场的政策定位之间缺乏协调，加剧政策支持不足和运行环境不完善的问题。

宏观监管和统筹协调薄弱，不仅导致我国产权或技术交易服务体系建设缺乏统筹规划，还容易强化政府对产权或技术市场资源配置和价格形成的影响，形成政企不分、政事不分、事企不分等问题，影响市场机制的发育，加剧行政垄断、条块分割、部门分割、市场分割和多头管理问题。由此容易导致产权和技术交易服务体系建设，一方面，出现"八仙过海，各显神通，各自为战"的问题，增加其建设和运行的成本，制约产权或技术在更大范围的合理流动与优化配置，影响其服务功能的提升；另一方面，形成对产权或技术交易市场中长期发展的严重制约和挑战：影响相关中介服务机构的发展及其运行机制的市场化和社会化，妨碍其可持续发展、社会认同度的提高和市场空间的开拓。

在我国技术交易市场和知识产权交易市场的发展中，条块分割、多头管理和协调整合不够的问题同样存在。如在我国知识产权管理体制中，国家知识产权局主要负责专利领域的行政管理事务，国家工商行政管理总局商标局、国家版权局、文化部等分别负责特定领域的知识产权行政管理工作。这种分散的知识产权管理体制分工精细、职能明确，但往往行政管理成本较高，容易出现政策或法律法规缺乏协调，甚至对知识产权中介服务机构支持不足、监管不力的问题。因此，世界上只有少数国家实行这种分散的知识产权管理体制。进一步看，在专利代理行业，当前我国实行国家和地方（省级）两级管理的体制，地方管理部门对专利代理机构的管理职能限于机构设立审批、机构年检和代理人执业培训等。因不掌握专利代理机构和代理人变更等信息，地方管理部门的管理权限仅是一个中间环节，其对专利代理机构的监管基本上处于放任状态，难以形成有效监管，更难以对该行业发展进行总体规划。

近年来，我国产权交易市场之间，甚至产权交易市场与技术交易市场、知识产权市场之间的联合和合作有所加强，但多处于业务交流层面，在交易规则、信息发布、准入资格和系统监测等方面的规范化、标准化和一体化建设尚处于启动阶段。宏观监管和统筹协调薄弱，制约着产权和技术市场的联合与合作向纵深推进，甚至加剧了产权或技术市场之间的竞争与摩擦，导致产权交易市场之间，甚至产权交易市场、技术交易市场和知识产权交易市场之间服务标准的不统一，加剧其协调对接的困难。近年来，越来越多的产权交易市场将业务领域拓展到企业国有产权交易之外，产权交易与技术交易、知识产权交易对接的需求迅速凸显。缺乏权威统一的监管机构，对于促进产权和技术流动的制约进一步增强。

（三）对非营利组织和重大公共服务平台建设重视不够，数量少、功能弱和分工协作机制不健全的问题比较突出

在许多国家的服务业发展中，非营利组织往往发挥了重要作用。这些非营利组织以供给某种公共服务或从事公共性事业为宗旨，不以营利为目标，其所提供的公共服务往往是政府或营利性部门不常做、不便做、不愿做或做得不好的事情，起着政府和企业不可替代的重要作用。但在我国产权和技术交易服务体系中，非营利组织的作用仍很有限。①如据 JS 省②反映，该省虽有专利代理人协会，但由于经费原因，该协会尚无专职聘用人员，会长作为某专利事务所负责人，也没有太多精力过问全省专利代理人和专利代理机构的建设，导致许多行业协会本应开展的工作难以有效展开。许多产权交易市场、技术市场的制度设计过分参照商品市场，制约市场作用的有效发挥。导致这种现象的一个重要原因是，相关行业协会发展不足，导致同业间的交流互动不够，对产权或技术交易市场的特殊性、复杂性考虑不够。由于非营利组织发展不足，目前在我国，非营利组织与政府、营利组织的竞争合作和优势互补关系也难以形成。

---

①究其原因主要是：第一，非营利组织的发展在总体上仍处于初级阶段，其内部治理、外部监管的完善仍需要一个过程，甚至政府与非营利组织职能不清的现象仍比较严重，影响其功能的延伸和拓展；第二，对非营利组织的地位和作用认识不足，政策支持和运行机制建设滞后，影响其功能的发挥。

②为避免对调研地区或机构形成可能的负面影响，本文将其名称用英文字母代替。

　　国际经验显示，在服务业监管中，行业协会等非营利组织可以发挥重要作用。比如，行业协会在知识产权保护中往往具有"行业自律，行业维权和行业助跑"等战略功能。但是，迄今为止，我国知识产权服务类行业协会的作用，与此差距较大；甚至《专利法》、《专利代理条例》中也没有关于专利代理行业协会的规定，《专利代理管理办法》仅授权专利代理人协会颁发、变更以及注销专利代理人执业证等纯事务性职责，未赋予其有效执法权。

　　类似问题在产权和技术交易公共服务平台建设中同样存在，由此加剧了行业协会和公共服务平台数量少、功能弱和分工协作机制不健全的问题。健全的知识产权交易、研发、保护等公共服务平台，是知识产权服务体系健康发展的保障。目前，我国功能强大、覆盖广泛的知识产权信息平台、融资平台和交易平台等发展不足，容易形成技术成果定价难、交易难、信息检索难等瓶颈制约。许多技术交易信息平台或技术信息网络平台兼容性弱、数据库内容不丰富，导致入网会员少、优质服务资源开发不足等问题严重。

　　（四）服务组织和服务平台"小、弱、散、同、低"的问题比较突出，人才队伍层次低、结构不合理的问题比较严重

　　当前就我国总体而言，无论是企业、行业协会等服务组织和公共服务平台，还是产权交易市场、技术交易市场和知识产权交易市场等市场平台，大多存在规模小，经济实力或研发能力弱，经营分散且相互间缺乏分工协作和资源、信息共享机制，经营结构、产品结构雷同，服务层次低等问题。许多相关服务组织，甚至产权、技术交易市场内部管理不规范、经济效益低、人员流动性大，甚至缺乏社会认同，与此有很大关系。如据我们对 SD 省的调查，信息来源渠道不畅，准确性和时效性较差，服务模式和内容单一，缺乏合作交流，权威性不足，成为该省科技中介服务机构面临的突出问题。在我国知识产权服务业中，行业集中度低，规模大、实力强的高端知识产权中介服务机构数量少，推进知识产权运用和产业化的产权融资、咨询、评估等中介服务机构更是缺乏。2008 年，全国知识产权服务业人均资产与人均利润仅有服务业总体水平的 30.7% 及 72.8%，知识产权服务企业从业人员 50 人以下、资产总计 100 万元以下的法人单位数分别占全部知识产权法人单位数的 97.7% 和74.8%。上述问题的存在，很大程度上是因为在我国产权和技术交易服务体系中，高端人才、领军人才稀缺，战略性或高技能人才较少。

（五）投入支持不足，对产权和技术交易服务提供方式的创新缺乏有效的引导和激励措施

公共财政的投入支持不足，投入结构不合理，对营利组织和非营利组织增加投入的激励和诱导机制缺乏，是形成前述问题的重要原因之一。在此方面的公共投入不足，导致相关基础设施或公共服务平台建设滞后，严重影响其服务功能的提升。目前，在我国产权和技术交易服务体系建设中，标准化滞后的问题比较严重。固然，相关体制和政策障碍，以及产权和技术交易的复杂性、多样性，加大了制定服务标准的难度；但公共财政对于标准化支持少也是一个重要原因。许多服务标准不仅具有技术上的基础性，还具有较强的公益性、广泛的惠及面，社会效益较好、外部效应显著，但对标准制修订者的经济效益却不理想，难以通过市场渠道筹集足够的标准研究和制修订经费，导致标准委的相关依托单位积极性不足。近年来，国家对服务标准化的支持虽然不断加强，但仍有不少重大服务标准的研究和制修订缺乏专项经费。至于服务标准制订后，因缺乏从事标准化培训、宣传和标准实施的工作经费或激励措施，导致标准难"化"的现象更为多见。

此外，对产权和技术交易服务的市场化，缺乏足够的引导和激励措施，制约着企业和非营利组织参与其发展的积极性，妨碍其融资渠道的开拓和可持续发展能力的成长，甚至制约相关市场需求的扩张、整合和凝聚。

五、战略思路和对策选择

（一）调整政策定位，健全相关引导、激励和约束机制

支持产权或技术交易服务体系的发展，是促进创新要素与创新金融结合的重要平台，对于加快发展方式转变可以产生重要的乘数效应。但是，支持产权或技术交易服务体系的发展，要以完善其政策定位为前提。产权交易市场尤其如此。随着国有企业改革的深入推进，可供交易的企业国有产权规模越来越小，传统的政策定位越来越不适应产权交易服务领域拓展和功能延伸的需求。同时，一方面，公共资源、公有产权和公共产品的进场交易仍有很大潜力；另一方面，加快发展方式转变和促进中小企业、非国有经济发展，必然要求加快多层次资本市场建设，为点多面广、难以接近主板市场、中小板市场或创业板市场的中小企业、非国有经济提供进入资本市场和要素市场的通道。因此，未来产权交易市场的政策定位，应该是按照公平、公开、公正的原则，促进其"三位一体"的健康发展。所谓"三位一体"，一是实现

公共资源、公有产权、公共产品市场化交易的基础平台；二是多层次资本市场的重要组成部分和中低端层次，以及中小企业融资的重要渠道；三是各种权益资本进行市场化交易及中小企业凝聚优质要素的综合平台。这3方面的政策定位可以在同一空间上并存，但随着体制改革的深入和政策法规的完善，其时间继起的特征更为鲜明。换句话说，相对于第一方面的政策定位，第二特别是第三方面的政策定位，对完善政策和法律法规、深化体制创新和实现不同类型经济平等发展的要求更高。

按照公平、公开、公正原则促进其健康发展，要求加强产权交易市场的制度建设，完善促进其规范化、标准化运作的政策支持体系。如加快建立对公共资源、公有产权、公共产品进场交易的激励和奖惩机制，健全对其"应进必进，能进则进"的监督机制，强化对权力寻租、暗箱操作行为的惩处机制和舆论监督。在完善门槛标准、市场秩序和监管规则的基础上，对公共资源、公有产权、公共产品，实行必要的强制进场交易制度，鼓励其打破行政区划限制进入异地产权交易市场交易；鼓励各地产权交易市场加强联合合作，实现联网运行。作为多层次资本市场的重要组成部分，未来产权交易市场的发展，应注意对接"十二五"规划提出的代办股份转让系统试点和加快发展场外交易市场，鼓励非上市公司制企业或股份合作制企业通过产权交易市场进行产权转让，拓展促进资产证券化等功能。

技术市场未来发展的关键，是要结合优化其政策定位，引导和鼓励其向下列方向发展。一是引导技术交易市场和产权交易市场各自之间及其相互间完善分工协作和优势互补关系，鼓励其走专业化、特色化发展道路；二是结合产权交易市场定位的调整，鼓励产权交易市场与技术交易市场、知识产权交易市场等高级要素交易市场之间加强合作、融合或对接，在促进不同类型产权或技术市场标准化、规范化发展的同时，协调推进其相互间的标准化和规范化建设。

（二）建立健全相关法律法规，完善宏观监管或统筹协调机制

建议把制定《产权交易市场法》、《技术市场条例》尽快提到立法日程，借此明确产权交易市场或技术市场的法律地位与监管体系，规范利益相关者的交易行为，完善交易结算、风险防控、涉外交易监管等制度，为产权或技术交易营造有利的环境条件。要总结各地产权或技术交易市场的运行经验和新情况、新问题，针对其中资产、债务、税收处理、人员安置、人才支撑和标准化等问题，出台配套支持政策和奖惩措施，甚至通过法律法规进行规范。要结合推进知识产权立法向体系化发展，加快知识产权法律法规的制修订，增强可操作性。

　　要加快健全产权和技术交易的监管体系，完善主管部门牵头、跨部门合作的监管协调机制，加强对产权和技术交易服务体系的统筹协调、宏观引导和监督管理，规范市场秩序，完善运行环境。如随着产权交易市场服务领域的拓展和功能延伸，由国资委对产权交易市场进行监管的体制，日益不适应产权交易市场发展的要求。鉴于产权交易市场服务领域广、涉及关系复杂，为更好地发挥产权交易市场的作用，建议明确由中国证监会作为产权交易市场的行业主管部门，负责制定交易规则和服务标准，建立资格准入、系统监测和信息披露制度，统一信息发布平台，引导信息化和区域性产权交易市场建设，并研究出台相关扶持政策，形成证监会牵头，会同发改委、国资委等部门的联合协调机制。建议借鉴多数国家实行集中、统一的知识产权管理体制的经验，探索通过大部委方式整合知识产权管理机构的可能性。近期也可鼓励知识产权相关部门间通过加强部际合作，解决涉及知识产权的监管和法律协调问题。支持工商、税务、法院、公安、科技、国资、商务等部门建立信息共享、交流和联合执法等监管平台。

　　建议在试点和部分地区立法先行的基础上，加快优化产权交易和技术交易服务机构的准入条件，适度提高其经济技术门槛，放宽对民营经济、非营利组织和外资企业的准入限制；加强对市场秩序的监管，健全其退出机制和失信惩戒机制。

　　（三）强化对中介服务组织的引导支持政策，积极创造条件发挥公共平台和非营利组织的作用

　　产权和技术交易服务体系的运转，都必须以中介服务组织的运行为依托。发达完善的中介服务体系，有利于疏通产权或技术的流动渠道，整合战略性创新资源，增强提供公共服务的能力与质量。推进产权和技术交易的市场化，更应以引导中介服务机构向专业化、规模化、规范化和品牌化发展为基础，鼓励其走产业化、社会化甚至国际化道路。要围绕产权或技术、知识产权等交易，重点加强产权或技术价格评估体系和市场信用体系建设，加大对相关中介服务机构，特别是中介认证机构发展的支持。鼓励各类资本、科技或经营人才、技术和知识产权权利人创办、领办或合办技术或知识产权转移等中介服务机构。加强中介机构信誉评价标准体系建设及其应用。鼓励高等院校、科研院所或行业协会等非营利组织兴办技术成果转化促进中心或知识产权服务中心等。鼓励有条件的技术或知识产权交易服务机构建立产品研发中心，开发适应市场需求的技术或知识产权服务产品，形成先进的检索工具、分类标引工具、统计分析工具、专利预警工具等。

中介服务组织的发展，有利于扩大对公共服务平台，甚至行业协会等非营利组织的需求。中介服务组织的服务质量，也在很大程度上取决于公共服务平台和行业协会的支撑作用。要优先支持各种专业化的产权或技术交易市场、企业（行业、产业）技术联盟、跨区域技术转移联盟、科技企业孵化器、服务业集聚区或功能区、大型仪器共享平台等公共服务平台建设。按照政府引导、市场运作、面向产业、服务企业、资源共享、注重实效的原则，积极探索服务业公共平台的建设方式和发展模式，鼓励其按照市场化或非营利组织方式运作。

要借鉴欧盟创新驿站的运作经验，利用现代化的信息网络技术，整合集成各种创新资源和发展要素，加快建设以企业技术需求为导向，跨地区、跨行业、跨领域的技术转移服务平台。大力支持各类人才、社会资本、非营利机构和高等院校、科研院所参与公共服务平台建设。结合推进科技、教育体制改革和服务业体制创新，鼓励高等院校、科研院所兴办或转制为公共服务平台，注意引导各类公共服务平台形成分工协作、优势互补关系。要结合加强知识产权等公共服务平台建设，加强相关预警机制建设，引导本土企业有效应对国际纠纷。

要积极支持行业协会等非营利组织发展，注意发挥行业协会、商会在行业自律和维权、行业监管和治理、行业交流和合作、推进行业标准化和信息化、增强行业创新能力等方面不可替代的作用。要适应经济运行环境的变化，及时调整行业协会同地方政府的关系，促进协会自主发展。防止行业协会因过度依赖地方政府，丧失其自治、自律、自强、自卫能力，甚至演变为地方政府的附庸。要引导行业协会积极而又不失自主地加强同地方政府的合作，强化地方政府与行业协会的优势互补关系。要及时宣传先进行业协会的运作模式及其内部治理和外部监管经验，促进现有行业协会的功能完善，引导行业内部企业扩大对行业协会的服务需求。要逐步促进政府由对行业协会进行直接干预转向宏观引导和间接调控。超前谋划，高度重视行业协会评估制度和进入、退出机制建设，在试点、试验和总结经验的基础上，逐步完善行业协会的政府监管制度。要注意总结各地行业协会商业发展和政府监管的经验，尽快出台《行业协会商会法》。

（四）加快产权和技术交易服务供给机制的创新，着力推进其市场化

加强产权和技术交易服务体系建设，要把推进其市场化放在突出位置。坚定不移地深化改革开放，消除制约其运行发展的体制障碍，结合建立统一、开放、竞争、有序的服务业市场，为不同类型经济平等参与产权和技术交易服务体系建设创造条

件。推进产权和技术交易服务体系的市场化要注意：第一，统筹考虑产权和技术交易服务中政府失灵和市场失灵的问题，积极重视非营利组织在增加公共服务供给中的作用，为更好地发挥市场机制的作用创造条件。在产权和技术交易服务体系的运行中，既可能存在市场失灵问题，又可能存在政府失灵和非营利组织失灵问题，三者往往出现在不同环节、不同领域。政府、营利组织、非营利组织分工协作、优势互补，是优化服务供给的理想模式。因此，推进产权和技术交易服务体系的市场化，包括积极引导非营利组织发挥作用，为发挥市场机制的作用创造条件。许多产权和技术交易服务的供给成本高、利润少，私人企业不愿或无力承担，非营利组织的公益性往往导致其有动力或能力提供这些公共服务。第二，应同完善政府对产权和技术交易服务体系的监管机制结合起来，对企业等营利性组织和非营利性组织参与公共服务的供给，优化政府引导和监管方式。

（五）加强对产权和技术交易服务体系建设的财税支持，完善其融资机制

产权和技术交易服务体系具有较强的公共品属性或社会经济基础设施性质，影响重大且惠及广泛，对现代产业体系的运行发展具有重大支撑功能，是服务业乃至整个产业发展的基础性平台。建议中央政府率先垂范，加强对产权和技术交易服务体系建设的财政支持。为此，可设立专项资金或在服务业发展引导资金中单列一块，采取投资补助、贷款贴息、以奖代补等方式强化支持引导。借此支持开展重大共性技术或关键技术的推广转化，引导技术或知识产权资源的优化配置；支持建立全国相关市场联网运行的股份和产权电子报价系统；或按照区域试点、阶段推进的原则，推进区域性乃至全国性产权或技术交易市场的标准化建设。加强对信息化、标准化、基础设施建设和人才培养培训等支持，引导企业参与产权或技术交易，鼓励中介服务机构尤其是处于创新价值链薄弱环节的中介服务机构加快发展，并向区域服务业中心集聚。重点支持上述领域的公共平台和行业协会等非营利组织建设，支持相关试点试验示范项目和公共服务能力建设。

与此同时，要加快完善支持产权和技术交易服务的政府采购制度和税收优惠政策。可在多方案试点基础上，积极探索面向非营利组织优先购买公共服务的制度，支持非营利组织发展；通过建立健全政府通过竞争性购买方式提供公共服务的办法，支持中介服务机构发展。通过政府补贴、面向中小企业发放服务消费券、面向中介服务机构发放征信服务或标准化服务补贴等方式，优先鼓励技术咨询、技术经纪等领域的中介服务机构扩大相关服务需求，促进其加强规范化、标准化和品牌化建设，

提升自身信誉和发展质量。

鼓励地区或行业在试点基础上，创新产权和技术交易服务体系建设的融资方式，在加强财税支持的同时，引导或鼓励企业、行业协会等非营利组织成为产权和技术交易服务体系建设的投入主体，形成以政府投入为引导、企业投入为主体、非营利组织和其他社会投入为补充的多元化融资机制。

（六）积极组织相关试点、试验和示范活动，加大宣传和普及的力度

产权或技术交易市场既是产权或技术交易的平台，又是相关中介服务的集成商。以试点、试验或示范项目为依托，通过支持基础设施建设、信息化改造和标准化建设等方式，加强对产权或技术交易市场建设的支持，对改造和提升相关中介服务具有画龙点睛的作用。通过完善政策法规，以支持产权或技术交易市场建设为切入点，可以有效引导相关中介服务机构建立分工协作机制，创新服务模式。要加大对产权和技术交易服务的宣传和知识普及力度，引导企业强化服务需求。

在部分大城市、特大城市，或大中城市的中心城区及老城区，发展服务经济的条件逐步成熟。建议国家发改委会同财政部、科技部，开展创建服务经济示范区活动。鼓励具备条件的地区，积极探索发展服务经济的模式、经验和政策，探索通过部门合作，整合资源，支持服务经济发展的路径和方式，为更多地区加快发展服务经济创造条件，提供引领和示范。为做好此项工作，一方面，应加强相关绩效考核机制建设；另一方面，应注意整合资源、集成项目，加大对相关地区发展服务经济的支持力度。建议在开展此项工作3~5年后，组织开展创建服务经济示范区验收工作，符合条件的地区授牌，并给予奖励。

参考文献

［1］阿马蒂亚·森. 能力、贫困和不平等：我们所面临的挑战. 见. 姚洋主编. 转轨中国：审视社会公正和平等. 北京：中国人民大学出版社,2004

［2］阿瑟·奥肯. 平等与效率——重大的抉择. 北京：华夏出版社,1987

［3］白和金. 当前宏观经济形势与树立科学发展观问题. 调查·研究·建议,2004(3)(增刊)

［4］陈秋玲等. 中国服务产业研究. 北京：经济管理出版社,2010

［5］德布拉吉·瑞. 发展经济学. 北京：北京大学出版社,2002.16

［6］高培勇等. 公共经济学. 北京：中国社会科学出版社,2007

［7］E.C.萨瓦斯. 民营化与公私部门的伙伴关系. 北京：中国人民大学出版社,2002

［8］〔法〕弗郎索瓦·佩鲁. 新发展观. 张宁等译. 北京：华夏出版社,1987

［9］郭熙保主编. 发展经济学经典论著选. 北京：中国经济出版社,1998

［10］何德旭主编. 中国服务业发展报告 No.6——加快发展生产性服务业. 北京：社会科学文献出版社,2007

［11］何德旭主编. 中国服务业发展报告 No.7——中国服务业 30 年：1978～2008. 北京：社会科学文献出版社,2008

［12］何德旭等. 中国服务业发展报告 No.9——加快发展生产性服务业. 北京：北京社会科学文献出版社,2008

［13］何传启. 第二次现代化理论. 现代化研究第一辑. 北京：商务印书馆,2002

［14］洪银兴、刘建平. 公共经济学导论. 北京：经济科学出版社,2003

［15］江小涓. 服务业增长：真实含义、多重影响和发展趋势. 经济研究,2011(第 4 期)

［16］蒋三庚. 现代服务业研究. 北京：中国经济出版社,2007

［17］姜长云、杜志雄、刘志荣等著. 农村中小企业转型发展论——关于政策转型和服务体系建设的研究. 北京：经济科学出版社,2011

［18］姜长云. 第三产业发展的现实维度：由家庭服务业观察. 改革,2010(7)

［19］荆林波等主编. 中国服务业发展报告 No.9——面向"十二五"的中国服务业. 北京:社会科学文献出版社,2011 年

［20］课题组. 我国农民合作经济组织的现状分析. 农村经济文稿,2004(8)

［21］卡尔·里斯金. 贫困、不平等和中国的总体经济政策. 见. 姚洋主编. 转轨中国: 审视社会公正和平等. 北京:中国人民大学出版社,2004

［22］来有为等. 生产性服务业的发展趋势和中国的战略抉择. 北京:中国发展出版社,2010

［23］〔意〕M.罗红波、巴尔巴扰主编. 产业区直面经济全球化——中意比较研究. 北京:社会科学文献出版社,2008

［24］林光彬. 等级制度、市场经济与城乡收入差距. 管理世界,2004(4)

［25］吕银春. 经济发展与社会公正——巴西实例研究报告. 北京:世界知识出版社,2003

［26］刘志扬. 美国农业新经济. 青岛:青岛出版社,2003

［27］刘福垣. 新发展观宣言. 北京:新华出版社,2004

［28］L.道欧、J.鲍雅朴等. 荷兰农业的勃兴.厉为民等译. 安徽:中国农业科学技术出版社,2003

［29］卢锋. 经济学原理(中国版). 北京:北京大学出版社,2002

［30］马凯. 未来我国经济社会发展面临的形势和需要解决的若干重大问题. 中国经济导报,2004-03-06

［31］迈克尔·波特. 国家竞争优势.北京:华夏出版社,2002

［32］马晓河. 结构转化与农业发展——一般理论和中国的实践. 上海:商务印书馆,2004

［33］马晓河、王为农. 当前农业与农村经济发展特点、问题及建议. 农村经济文稿,2004(7)

［34］慕海平. 我国经济对外依存度提高的成因、影响及对策. 调查·研究·建议,2004(30)

［35］曼昆. 经济学原理. 北京:北京大学出版社,1999

［36］曼瑟尔·奥尔森. 集体行动的逻辑. 上海:上海三联书店,1995

［37］农业部课题组. 农业生产性服务问题研究. 见. 现代农业发展战略研究. 北京:中国农业出版社,2008

［38］任兴洲、王微主编. 服务业发展:制度、政策与实践. 北京:中国发展出版社,

2011

[39] 速水佑次朗、神门善久. 发展经济学——从贫困到富裕(第三版). 北京:社会科学文献出版社,2009

[40] 速水佑次郎. 发展经济学. 北京:社会科学文献出版社,2003

[41] 世界银行. 2003 年世界发展报告:变革世界中的可持续发展. 北京:中国财政经济出版社,2003

[42] 上海市经济和信息化委员会等. 2009 世界服务业重点行业发展动态. 上海:上海科学技术文献出版社,2009

[43] 上海市经济和信息化委员会、上海科学技术情报研究所. 2010 世界服务业重点行业发展动态. 上海:上海科学技术文献出版社,2011

[44] 上海市经济委员会、上海科学技术情报研究所. 2007～2008:世界服务业重点行业发展动态. 上海:上海科学技术文献出版社,2007

[45] 孙林岩. 服务型制造:理论与实践. 清华大学出版社,2009

[46] 孙立平. 传统与变迁——国外现代化与中国现代化问题研究. 黑龙江:黑龙江人民出版社,1992

[47] 孙立平. 我国在开始面对一个断裂的社会. 战略与管理,2002(2)

[48] 孙立平. 权利失衡、两极社会与合作主义宪政体制. 战略与管理,2004（第1期）

[49] 石国亮等. 国外公共服务理论与实践. 北京:中国言实出版社,2011. 20

[50] 吴仲斌等. 关于乡镇或区域性农业技术推广公共服务机构改革与建设若干问题的思考. 农村经济文稿,2009(7)

[51] 吴敬琏、柳红. 台湾怎样扶持中小企业. 北京:中国经济出版社,1999

[52] 吴海宁、马丁. 服务转型问题管理. 上海:上海人民出版社,2008

[53] 王小平. 现代产业体系与服务业发展.北京:人民出版社,2011

[54] 王一鸣. 新的发展阶段和战略选择. 调查·研究·建议 2004(28)

[55] 熊焰. 向世界敞开中国产权交易市场的大门. 北京产权交易所网站,2004-10-15;www.baidu.com"产权交易"、"产权交易市场"等词条

[56] 夏杰长等. 迎接服务经济时代来临. 北京:经济管理出版社,2010

[57] 约瑟夫·斯蒂格利茨. 中国的均衡发展战略问题. 见. 王梦奎. 中国的全面协调可持续发展. 北京:人民出版社,2004

[58] 曾福生. 湖南省农技推广体系建设的调查与思考. 农村经济文稿,2009(7)

［59］张红宇等.准确把握农业农村经济发展大趋势.农村经济文稿,2010(10)

［60］张红宇等.关于"十二五"农业农村经济发展的基本思路.农村经济文稿,2009
（7）

［61］张晓山、苑鹏.合作经济理论与中国农民合作社的实践.北京:首都经济贸易
大学出版社,2009

［62］张晓山等.联结农户与市场——中国农民中介组织探究.北京:中国社会科学
出版社,2002

［63］郑吉昌等.论新型工业化和现代服务业的互动发展.社会科学家,2004(6)

［64］詹姆斯·A.菲茨西蒙斯等.服务管理:运作、战略与信息技术.北京:机械工业
出版社.2010(12)

［65］Anthias, Fl., Lazaridis, G.(eds.). 2000. Gender and Migration in Southern
Europe. Women on the Move. Oxford, New York: Berg, Mediterranea Series

［66］Bacas, L. J. 2002. Greece and its New Immigrants. Features and Consequences of
the Recent Immigration to Greece. Ethnologia Balkanica, No 6: 197–208

［67］Baldwin–Edwards, M.(ed.). 2005. Statistical data for immigrants in Greece. Greek
Institute of Migration Policy–Mediterranean Migration Observatory

［68］Cooper, S. M. 2004. From family member to employee: Aspects of continuity and
discontinuity in English domestic service, 1600–2000. In A. Fauve–Chamoux (Ed.),
Domestic service and the formation of European identity. Understanding the globalization of
domestic work, 16th–21st centuries (pp. 277–298). Bern: Peter Lang

［69］Destremau, B., Lautier B. 2002. Femmes en domesticit è. Les domestiques du
sud, au Nord et au Sud. Revue Tiers Monde, V. XLIII, No. 170

［70］Duroux, R. 2004. Emigration, gender, and inheritance: A case study of the High
Auvergne, 1700–1900. In D. R. Green, & A. Owens (Eds.), Family welfare. Gender,
property and inheritance since the seventeenth century. Westport, CT: Praeger

［71］Ewald, F. 2000. Le risque dans la société contemporaine. Agir, La crise du
politique. No. 3: 41–54

［72］Fakiolas, R., Maratou–Alipranti, L. 2000. Foreign female immigrants in Greece.
Papers 60: 101–117

［73］Karakatsanis, N. M., Swarts, J. 2003. Migrant women, domestic work and the sex
trade in Greece–A snapshot of migrant policy in the making. pp. 239–270 in Tastsoglou, E.,

Maratou-Alipranti, L. (Eds.). Gender and international migration: focus on Greece, The Greek review of social research, A/110. Athens: EKKE

[74] Kassimati, K. 2003. Immigration fé minine d'Albanie et de Pologne. Emplois et diff é rences. pp. 587-617 in Droits de l'homme. Crime-Politique Criminelle, Etudes en hommage à Alice -Yotopoulos-Marangopoulos, Vol. A. Athens, Brussels: Nomiki Bibliothiki, Bruylant

[75] Kavounidi, T. 2002. The Characteristics of immigrants: the Greek Programme of Legalization of 1998, Athens-Thessaloniki: Sakkoulas (in Greek)

[76] Lazaridis, G., Poyago-Theotoky, J. 1999. Undocumented Migrants in Greece: Issues of Regularization. International Migration, Vol. 37, No. 4: 715-740

[77] Lazaridis, G. 2000. Filipino and Albanian Women Migrant Workers in Greece: Multiple Layers of Oppression. pp. 49-79 in Anthias, Fl., Lazaridis, G. (Eds.). Gender and Migration in Southern Europe. Women on the Move. Oxford, New York: Berg, Mediterranea Series

[78] Maratou-Alipranti, L., Fakiolas, R. 2003. The lonely path of migrant women in Greece. pp. 165-188 in Tastsoglou, E., Maratou-Alipranti, L. (eds.). Gender and international migration: focus on Greece, The Greek review of social research, A/110. Athens: EKKE

[79] Psimmenos, I. 2000. The Making of Periphractic Spaces: The Case of Albanian Undocumented Female Migrants in the Sex Industry of Athens. pp. 81-101 in Anthias, Fl., Lazaridis, G. (eds.). Gender and Migration in Southern Europe. Women on the Move, Oxford, New York: Berg, Mediterranea Series

[80] Rosenthal, G. 2004. Biographical Research. pp. 48-64 in Seale, Cl., Gobo, G., Gubrium, J.F., Silverman, D. (eds.). Qualitative Research Practice. London, Thousand Oaks, New Delhi: Sage Publications

后 记

20世纪90年代初，我在研究农村产业结构问题时，开始接触农村第三产业，即现在通常所称的农村服务业问题。1998年，时任中国社会科学院农村发展研究所副所长、现任国务院发展研究中心副主任韩俊研究员和我共同完成的课题报告《农村经济结构的变革与国民经济发展》，对农村第三产业问题进行了比较深入的探讨。这一课题成果于2001年获得了第九届孙冶方经济科学奖。此后，第三产业或服务业问题日益引起我的浓厚兴趣。2000年到国家发改委宏观经济研究院及产业经济与技术经济研究所工作以来，对宏观经济特别是产业经济和产业政策问题的关注，进一步增强了我对服务业的研究兴趣，并让我从对农村服务业的关注拓展到对整个服务业的关注。转眼之间，本人参与和主持服务业的课题研究已经有七八年的时间。这些年的研究让我发现，在工业化、信息化、城镇化、市场化、国际化深入发展的背景下，研究当今中国的服务业问题，必须做好发展和转型两篇文章。所谓发展，就是要通过推动服务业发展，更好促进经济社会的科学发展。所谓转型，一是要通过推动服务业发展，做好经济结构战略性调整特别是产业结构转型升级的大文章，更好地推动经济社会发展方式的转型；二是要通过推动服务业自身的发展方式转变，更好地增强服务业对发展方式转变的引领、支撑和带动能力。因此，本书冠名《中国服务业：发展与转型》。

服务业是一个引人入胜的研究领域。作为所在单位——国家发改委产业经济与技术经济研究所的研究员，对产业经济问题的长期关注，让我深切地体会到服务业研究的重要性和紧迫性。作为长期主要从事中小企业和"三农"问题的学者，本人深切地感受到中小企业发展和解决"三农"问题对服务业的强烈需求。长期参与中央政府相关部门和地方政府决策咨询的经历，让我深切地感到服务业理论和政策研究与实践的反差，以及加强服务业理论和政策研究的紧迫性。近3年来，我在主持国家自然科学基金课题"新农村建设中支持农村中小企业的政策转型和服务体系建设机理、模式及其区域比较研究"（项目批准号70773025）、国家发改委产业协调司委托课题"市场化重大公共服务体系研究"、人力资源和社会保障部委托课题"家庭服务业发展战略研究"、农业部软科学委员会委托课题"农业生产性服务业发展模式、机制与政策研究"以及参与王昌林所长主持的国家发改委产业经济研究所重点课题"国际金融危机背景下的中国产业发展"、杨玉英副所长主持的国家发改委宏观经济研究院重点课题"我国服务经济发展的趋势和战略研究"等过程中，深切感受到拓宽思路、换个角度研究服务业的重要性。"十二五"规划纲要提出，"促进经济增长向依靠第一、第二、第三产业协同带动转变"，"发展……现代产业体系"。近年研究服务业的经历告诉我，从现代产业体系和三次产业融合互动的角度，来研究产业经济和服务业问题，别有一番情趣，能够带来全新的享受。

本书内容的取舍力图体现3个方面的原则。一是突出对服务业的全局性、总体性研究；二是适当结合笔者已有的课题成果；三是尽可能协调与本套丛书其他各本的分工，尽可能减少其他各书已经专门研究的内容。本书面世，固然与笔者多年的努力分不开，也是我的老朋友——山西经济出版社总编辑赵建廷先生、第一编辑室主任李慧平女士鼓励和"督促"的结果。一年前同李慧平女士在北京见面时，我向她建议出一套有特色的服务业丛书，当时也只是说说而已，并没准备自己参与或主编这套丛书。未曾想到，这一建议引起了赵建廷总编辑和李慧平主任的极大兴趣。他们数次鼓励我主编这套丛书。他们对服务业研究的热情和支持令我感动，老朋友的信任也为我撰写这本书和主编这套丛书提供了重要动力。

本书中家庭服务业、农业生产性服务业的相关内容，先后获得人力资源和社会保障部、农业部软科学委员会的课题支持。感谢农业部政策法规司张红宇司长、杨春华处长、张海阳处长、杨洁梅女士，人力资源和社会保障部农民工工资司汪志洪司长、吴厚德处长等对课题研究的指导和关心。

近年来，我在从事服务业研究的过程中，得到了国家发改委产业协调司夏农副司长、才立新处长和服务业处各位朋友的多方关照与支持。本书写作和相关课题的研究，得益于我所在单位——国家发改委宏观经济研究院、产业经济与技术经济研究所良好的学术和政策研究氛围、理论联系实际的学风。在此特别感谢院、所领导，尤其是我所在的产业经济与技术经济研究所王昌林所长、王岳平副所长、杨玉英副所长提供的支持。我的同事王佳元、郭怀英、刘中显、洪群联、邱灵等，也提供了各种形式的方便。

对于以上领导、朋友和同事的支持，在此一并表示感谢。

姜长云

2011 年 11 月 17 日于国宏大厦

图书在版编目(CIP)数据

中国服务业:发展与转型 / 姜长云著. —太原:山西经济出版社,2012.1

(中国服务经济丛书)

ISBN 978 – 7 – 80767 – 487 – 0

Ⅰ.①中… Ⅱ.①姜… Ⅲ.①服务业—经济发展—研究—中国 Ⅳ.①F719

中国版本图书馆 CIP 数据核字(2011)第 278579 号

中国服务业:发展与转型

著　　者:姜长云

责任编辑:李慧平

助理责编:吴　迪

封面设计:卫　玮

出 版 者:山西出版传媒集团·山西经济出版社

社　　址:太原市建设南路 21 号

邮　　编:030012

电　　话:0351 – 4922133(发行中心)

　　　　　0351 – 4922085(综合办)

E – mail:sxjjfx@163.com

　　　　　jingjshb@sxskcb.com

网　　址:www.sxjjcb.com

经 销 者:山西出版传媒集团·山西经济出版社

承 印 者:山西人民印刷有限责任公司

开　　本:787 毫米 ×960 毫米　1/16

印　　张:15

字　　数:265 千字

印　　数:1—3000 册

版　　次:2012 年 1 月第 1 版

印　　次:2012 年 1 月第 1 次印刷

书　　号:ISBN 978 – 7 – 80767 – 487 – 0

定　　价:38.00 元